여성, 목소리들

여성, 목소리들

초판 1쇄 펴낸날 2014년 9월 17일
초판 2쇄 펴낸날 2019년 5월 20일

지은이   안미선
펴낸이   박재영
편집   이정신 임세현
디자인   나윤영
제작   제이오

펴낸곳   도서출판 오월의봄
주소   경기 파주시 회동길 363-15 201호
등록   제406-2010-000111호
전화   070-7704-2131
팩스   0505-300-0518

이메일   maybook05@naver.com
트위터   @oohbom
블로그   blog.naver.com/maybook05
페이스북   facebook.com/maybook05

ISBN   978-89-97889-42-6 03300

여성, 목소리들

섹슈얼리티,

가족,

노동,

삶…

대한민국에서

여성으로

산다는

것

안미선 지음

오월의봄

여성들이 말을
시작한다

여성인권에 대한 르포를 연재하자는 제의를 잡지사에게서 받고, 여성의 삶을 두루 기록할 수 있으면 좋겠다 싶었다. 이른바 공식적인 영역으로 여겨지는 일터의 이야기뿐 아니라 가족 안에서, 자신의 몸과 부대끼며 여성들이 겪는 내밀한 이야기까지 쓰고 싶었다. 섹슈얼리티와 가족의 이야기까지 르포에서 다루려고 한 것은 이런 내밀한 감정이 결국 사회적으로 구성되는 것이고, 그것은 여성이 어떤 존재여야 한다고 규정하는 사회적 힘에서 비롯된다는 믿음 때문이었다. 섹슈얼리티와 가족과 일터의 영역이 어떻게 연결되어 있으며 여성의 삶에서 전체적으로 작동하는지의 모습도 함께 보여주고 싶었다. 그래서 이 책의 각 장은 분리된 이야기가 아니라 이어지고 있다. 독자들은 책을 읽어가며 여성의 삶을 안팎으로 규정짓는 시선과 사회적 힘들이 어떻게 작용하는지 볼 수 있을 것이다. 마지막 장에서는 한 사람, 한 사람의 여성이 자신의 삶을 어떻게 받아들이고 해석하며 살아내는지 구체적인 목소리를 기록했다. 그녀들의 목소리 또한 연결되어 있으므로, 여러 여성들의 목소리들이 중첩되며 더 큰 울림으로 다가가는 것이 있으리라고 보았다.

모인 글을 다시 읽으니 인터뷰를 해준 그녀들의 목소리가 다시 들렸다. 침묵하거나 떨리던 목소리, 붉게 물들던 얼굴, 소리 없이 흐르던 눈물, 때로 활기차고 꿋꿋하게 외치던 소리, 그런 억양이나 모습까지 글에서 다 드러나진 않는다. 그 삶을 목격하며 내 속의 떨림이나 공감이 있었는데 그것은 나를 얼마간 변화시켰고, 그 여성들도 말을 함으로써 그것이 위로든 속 시원함이든 조금은 얻었으면 하고 나는 염치없이 바랐다. 그녀들은 머뭇거리며 곰곰이 생각하며 혹은 확신에 차서 말을 했고, 그 목소리가 이 책을 읽는 독자들의 마음의 영토를 한 뼘 더 넉넉하게 넓혀주었으면 좋겠다.

목소리는 눈물방울로 사라질 수 있지만 들불처럼 번지는 것이기도 하다. 한 마디를 꺼내고, 두 마디를 꺼내었을 때 그 목소리가 다른 목소리를 만나 공명한다면 그것은 전에 없던 또 다른 힘이 될 테니까. 한 여성은 "저기 저 공장 속에, 다른 침묵하는 여성들이 많아요. 내 말이 그 사람들이 한마디라도 꺼낼 수 있는 힘이 되었으면 좋겠어요" 하고 말했다. 그런 용기와 간절함은 경쟁에 찌든 일상에서 보기 힘든 것이었다. 기륭전자의 한 조합원은 "누가 나한테 좋았을 때가 언제냐고 물어본다면 저는 스물한 살 때가 진짜 좋았다고 말하겠어요. 그때 나는 내가 열심히 살면 된다고 생각했어요"라고 대답했다고 한다. 인터뷰에서 나도 '열심히만 살면' 세상이 공정하게 자신에게 대가를 돌려줄 거라고 믿는 스물두 살의 여성을 만났다. 안타까웠지만 나는 경망스럽게 그 느낌을 내비치진 않았다. 되풀이되지 않는 시간을 위해서 그녀들은 말하고 있었고 천천히 바뀌는 것들이 분명히 있긴 하니까. 결국 그녀들은 던져진 질문에 답을 하는 것이 아니라 세상에 말을 걸고 질문하고 있었다. 아무도 정말 포기한 사람은 없었다.

세상에는 다양한 세대와 지역, 계층의 여성이 있고 그녀들의 노동과 삶이 있다. 우리나라는 노동시장이 이분화되고 저임금 노동자의 비중이 높으며 사회보험의 사각지대가 있고 사회 서비스가 미발달했으므로 여성의 삶은 더욱 불안정하다. 일과 생활의 영역에서 여성은 혹사당한다. 성별 임금 격차는 20년째 제자리에 정체되어 있고 자녀 양육으로 인한 경력 단절은 여성 일자리의 질을 여전히 떨어뜨린다. 돌봄 노동이 제대로 사회 서비스화되어 있지 않은 상황에서 여성은 일을 구하기 어려워지고, 새롭게 생기는 일자리는 민간 시장화 방식으로 진행된다. 우리나라 여성은 아직도 남성 임금의 68%에 지나지 않는 임금을 받으며, 임시, 일용직의 비율이 남성보다 높고, 경제활동 참가율은 남성보다 낮다. 기혼 여성의 20%는 경력 단절을 겪었다. 사회가 안전하다고 여기는 여성은 11%에 지나지 않으며, 2013년

22만 건의 긴급 상담 전화의 주된 내용은 가정 폭력이었다. 모성은 성스러운 것으로 신화화되지만 그것은 또한 일터에서 여성이 비효율적인 노동자라는 낙인을 받게 되는 이유가 된다. 결혼제도와 노동시장은 여성의 시간을 착취하고 의존적 삶의 굴레를 종종 덧씌운다. 여성은 기꺼이 노동하고 최선을 다해 살아갈 작정을 하지만, 자신의 몸과 관계와 노동에서 소외되기 일쑤다. 그녀들은 연대해 목소리를 내며 권리를 요구한다. 이데올로기가 아니라, 실제 들리는 여성의 목소리와 그 목소리가 겨냥하는 체제의 문제를 심각하게 받아들이고 이 사회가 그것을 바꾸어내야 한다. 불가능한 일이 아니기 때문이다.

여성으로서 살아가면 낯선 순간이 종종 찾아온다. 나도 그랬다. 텔레비전이나 영화를 보다가, 집에서 청소를 하거나 홀로 아이를 보다가, 직장에서 일하다가, 다른 사람들과 대화하다가 그 낯선 느낌은 문득문득 찾아왔다. 이를테면 이런 시간이었다. 텔레비전에서 피임약 논란 보도가 짧게 스쳐갈 때, '낙태'한 적이 있다고 말하는 친구의 얼굴과 마주할 때, 놀이터에서 노는 아이들 옆을 지키며 엄마들이 성폭력을 이야기하고 근심할 때, 엄마, 아빠 다 있어서 행복한 '가족송'이 위풍당당하게 들릴 때, 아무 일도 없는데 왜 나만 힘든지 모르겠다며 한숨 쉬는 목소리를 대할 때, 나는 뭐든지 주절거리고 싶다는 충동을 느꼈다.

여자들이 어떤 고민을 하고 괴로워하는지 아랑곳 않는 제도 속에서 묵묵히 사는 건 정말이지 곤혹스럽다고 말이다. 그런 것을 느낄 만한 힘이 아직 남아 있다고 말이다. 느낄 뿐 아니라 정확히 이해하고 항의하고 새로운 세상을 요구하고 있다고 말이다. 거리에서 만난 미혼모들은 차별에 저항하며 아이를 키울 수 있게 법과 제도를 바꾸라고 외쳤다. 불법파견 속의 한 하청 여성 노동자는 원청과 하청의 관계가 '상전과 종의 처지'라고 토로했지만 자신이 당한 성희롱을 묵과하지 않고 끈질기게 투쟁해 복직했다. 자신은 '비천한 사람'이라고 표현한 한 청소 노동자는 노동조합을 지키고 최저임금을 넘어 생활임금을 요구하는 동료들과 나란히 한겨울의 추위를 이기며 서 있었다. 그들은 모두 자신들이 여성으로서 노동할 권리, 차별받지 않고 생존할 권리를 위해 싸웠다. 고립되어 있는 상황을 극복하고 자신과 다른 여성이, 자신과 다음 세대의 여성이 이어져 있다고 인식했다. 천박하고 인습적인 조롱과 강요가 끝내 짓밟지 못한 것은 그러한 것들이었다. 자신의 삶에 의미가 있고 그 삶이 다른 이의 삶과 이어져 있다고 믿기에 짓는 웃음 앞에서였다.

그런 동시대의 여성들을 비빌 언덕으로 삼아 기록을 했다. 그 새로운 풍경 속에서 평범한 이웃들이었던 여성들의 삶이 새로운 의미를 띠고 다가왔다. 호기심과 활기를 가지고 삶을 개척해나간 결혼이주 여성, 한국 사회의 대화 없음을 성찰하는 비혼 여성, 한 달에 연금 20만 원을 받으면서 끝까지 웃음을 잃지 않고 묵묵히 노동하는 여성, 텔레마케터 일을 하고 아이들을 기르며 자아를 성취하고 싶어하는 한

부모 여성, 경계에서 던질 수 있는 질문이 좋아 삶의 자리를 변방에 튼 젊은 활동가, 그 여성들의 목소리에서 무엇이 남아 있고 무엇이 바뀌고 있는지 느낄 수 있었다. 무엇보다 공고한 가난과 차별이 삶을 무화시키려 할 때도 그녀들은 자신의 삶에 의미를 부여하기를 그치지 않고 앞으로 나갔다는 것을 알았다.

여성들은 교육을 받고 노동을 하고 자립을 하고 원할 때 스스로 아이를 키우고 자신의 몸과 섹슈얼리티에 결정권을 가지기를 바란다. 이전의 여성들이 그렇게 바라고 힘껏 목소리를 내어 터전을 만들었듯이, 지금의 여성들도 차별을 받지 않고 살아갈 수 있고 그 삶들을 선물처럼 다음 세대에 물려줄 수 있기를 바란다. 그래서 바뀌어야 하는 건 세상이다. 조건 없이 정당한 대우를 받으며 노동할 수 있고 삶의 안전망을 체제 속에서 보장받을 수 있으며 평등한 시민권을 누릴 수 있어야 한다.

이 책에 실린 글들은 격월간 문예지 《삶이 보이는 창》과 여성주의 저널 〈일다〉에 3년 동안 연재한 르포들을 모아 수정 보완한 것이다. 그녀들은 인터뷰를 했다고 알려지기 원하지 않았으므로 책에 나오는 이름들은 공식적인 직함을 가진 분들을 제외하고는 대부분 가명을 썼다. 들리거나 들리지 않아도 목소리들은 존재하고 보이거나 보이지 않아도 그녀들은 당신 곁에 있고 언어로 모두 기록되지 않아도 삶은 뚜렷한 역사를 제각기 지니고 있다. 이 책이 삶에서 맞닥뜨리는 쓸쓸함, 낮은 한숨, 낯설어서 혼자 몰래 흘리는 눈물의 느낌을 전해줄 수 있었으면 좋겠다. 구호보다는 잊혀진 삶의 질감을 문득 전달해줄 수 있기를 바란다.

나는 이 세상에서 쓸쓸함들이 얼마나 커지고 있고 쓸쓸함들이 어떻게 어깨 겯고 꿈틀거리는지도 동시에 목격한다. 그녀들이 표현한 것처럼, '개미들처럼' 그녀들은 이 세상에서 저 세상으로 꾸준히 '건너가고' 있었다. '작은 삶이 그려내는 장엄한 질서'가 있다고 했다. '우리가 원하므로 바뀌어야 하는 건 세상이다'라고 말하는 여성들이, 또한 평등한 삶의 가치에 공감하고 연대하며 싸우는 사람들이 지금도 여전히 자리를 지키고 있다. 부디 떠난 것들이 눈물겹게 북돋아준 자리에 약속을 지키며 익어가는 것들이 있기를, 그리고 끝내 익숙해지지 않아 새로운 낯선 세상을 줄기차게 상상할 수 있기를 꿈꾸어본다.

3부 여성, 노동

4부 여성들, 삶의 목소리

1부

여성,
섹슈얼리티

피임약을 먹는
시간

손에 쥔 사후 피임약

○

그것은 작은 알약이었다. 작고 둥근 약이었다. 은민은 몇 번이고 약을 내려다보고 시계도 여러 차례 쳐다보았다. 약을 살 수 있었던 것은 그나마 피임에 대한 지식이 있어서였다. 누구나 사후 피임약에 대한 정보를 알고 있는 것은 아니다. 자기처럼 직접 병원에 찾아가 선뜻 약을 처방받을 생각을 하지 않을 것이다. 그런 자부심이 필요했다. 잎이 뾰족하게 싹터 오르는 나무 아래에서 스물여섯 은민은.

후회가 되기도 했다. 함께 있자고 말을 건넨 남자친구의 제안도, 그것을 받아들인 자신의 선택도 후회가 되었다. 가임기에 성관계를 가진 것도, 알아서 피임을 하겠다던 남자친구의 말을 그대로 믿은 것도 후회스러웠다. 관성처럼 지루하던 성관계도, '지금 임신이 된다면 어이없겠지' 하던 때 이른 상상마저 후회가 되었다.

남자친구가 피임을 하지 못했다고 일러주었을 때 은민은 침대에서 내려와 여관 방 구석에 한동안 쭈그려 앉았다. 이제 오롯이 자기 몸의 문제로 돌아와 책임을 져야 한다. '이제 너 어떻게 할래?' 하는 눈으로 남자친구는 은민을 쳐다보았다. 그 시선을 피해 그녀는 더 단호한 자세로 일어났다. 이런 상황에서도 파트너의 감정을 고려하고 되레 위로해주면서 당당한 척 굴어야 한다는 게 짜증이 났다.

사후 피임약이 남아 있다. 약의 부작용도 알고 신중히 써야 한다는 것도 알지만, 지금 바로 복용하면 된다. 은민은 날이 밝자마자 그곳을 나와 산부인과로 갔다. 사후 피임약을 달라고 하자 의사는 군말 없이 그 자리에서 처방전을 써주었다. '이렇게 간단하게 줄 약을 왜 굳이 번거롭게 병원에서 타야 하지?' 의아했다.

"언제 성관계를 했어요?"

문득 의사가 물었다.

"몇 시간 전에요."

의사와 간호사가 마주보고 킥킥 웃었다. 복용 시간을 일러주나 싶어, 곧이곧대로 대답한 것이 후회가 되었다. 아침부터 성관계를 해놓고 부랴부랴 달려와 약을 타가는 칠칠맞은 여자, 그들 눈에는 은민이 그쯤으로 보인 모양이었다. 모욕을 지불하고 처방전을 쥐고 돌아서서 앞만 보고 걸었다. 약국에 가서 처방전을 내밀고 약을 샀다. 일부러 얼굴을 마주보지 않았다. 약사는 시간에 꼭 맞춰 먹으라고, 그렇지 않으면 약효가 떨어질 수 있다고 일러주었다.

빈속에 먹으면 혹시 더 탈이 날까봐, 은민은 식당에서 밥을 먹었다. 굼뜨게 숟가락질을 한다. 이렇게 가끔 혼자가 된다. 남자와 잘 때도 가끔은 몸만 있을 뿐 마음은 그 자리를 떠나고, 약을 얻기 위해서 입을 꾹 다물고 있을 때도, 아무도 없는 아침 식당에서 주인이 켜놓은 텔레비전 소리를 들으며 밥을 먹을 때도 그렇다. 어쩐지 남모르게 나쁜 짓을 하는 것 같은 죄책감마저 든다.

집으로 가려고 버스를 타고, 약을 먹었다. 입에 머금은 물속에 약이 잠깐 떠 있다가 목구멍 속으로 빠져 들어갔다. 창으로 환한 햇살이 들어와 몸에 얼룩을 그려놓았다. 감은 눈앞을 주황빛으로 물들였다. 사후 피임약은 강력한 호르몬제라고 했다. 슬그머니 겁도 났다. '토하면 안 돼. 토하면 소용이 없어, 다시 먹어야 해.' 긴장되어 눈을 감고 잠에 빠지려 하지만 다행히 부작용은 느껴지지 않았다. 은민은 덜컹거리는 창밖을 보았다. 지나가는 풍경이 낯설게 보인다. 하늘로 날아가는 풍선처럼 자신의 몸이 땅에서 실뿌리가 뽑혀 멀어지는 것 같다. 혹은 물 표면을 이리저리 출렁이며 흔들리는 개구리밥 같다. 기대할 것은 90%가 넘는다는 이 약의 성공률이었다. 누구나 자신이 평범하므로 다수의 확률에 속할 거라고 생각할 것이다. 그날 은민도 그랬다.

그래서 화장실 안, 임신 테스트기에 선명하게 떠오른 두 개의 선 앞에서 은민은 할 말이 없었던 것이다. 자신이 다수가 아닌, 소수의 확률에 속했다는 것을 받아들이기 힘들었다. 시간이 지나서야 알 수 있는 것이 있다. 그리고 그런 사실은 대부분 알게 되었다 해도 돌이킬 수 없는 것이다.

늘 그랬듯 다음에 자신이 할 수 있는 것만 생각한다. 시간이 흐를수록 할 수 있는 선택은 점점 줄어드니까. 궁지에 몰릴수록 마음은 차분해졌다. 담담함. 현실을 받아들여야 한다는 데서 오는 자포자기. 그림자를 발 아래로 모으듯 욕망을 거둬들일 것. 심란하던 머릿속이 찬물을 끼얹은 것처럼 잠잠해졌다.

남자친구의 수사 섞인 위로는 오히려 거리를 두고 바라보는 자의 여유에서 나온 것이었다. 그 거리감이 상처가 되었다. 거리감에서 나온 타인의 말은 그것이 무엇이든 날을 품고 있었다. 섣부른 위로라도 받을까봐 자신의 이야기를 꺼낼 수 없었다.

은민은 가방을 꾸려 병원에 갔다. 의사는 모체를 위한다는 이유로 수술을 거부했다. 의사의 차트에는 분만을 권했다는 말에 자랑처럼 별표가 몇 개 쳐져 있었다. 은민은 눈앞에 보이는 그 별표의 숫자를 속으로 세고 다시 세었다. 이곳에서 자신의 몸은 누군가에게는 웃음거리였고 또 누군가에게는 자랑거리였으며, 누군가에게는 위로의 대상이었으나 어떤 것도 자신과 상관없는 것이었다. 자기 몸을 은민은 그런 시선으로 바라볼 수 없었다. '더 할 수 있는 건 없어. 내가 아는 건 다 했어.' 그런데도 은민은 무엇을 더 할 수 있을지 찾는다. 자신의 손에 잡히지 않는 그 무엇을 바란다.

누구를 위한 피임약일까

○

스무 살, 사랑에 빠지다.

짜릿하고 부드럽게. 그녀는 안다.

내 몸에 부드러운 피임약. 머시론.

에스트로겐을 1/3 줄인 나의 첫 번째 피임약, 머시론.

– 텔레비전 머시론 광고 문구[1]

경구피임약은 정해진 기간 동안 하루하루 빠지지 않고 먹어야 한
다. 알약이 들어 있는 자리를 누르면 포장이 찢기는 소리와 함께 둥근
알약이 튀어나온다. 그렇게 뜯긴 자리가 뜯기지 않은 자리와 함께 나
란히 줄 서 있다.

2012년 6월 7일, 식품의약품안전청은 피임약에 대한 재분류 안을
발표했다. 이전에 전문의약품으로 분류되어 병원에 가서 처방전을
받아야 구입할 수 있었던 사후 응급 피임약을 일반의약품으로 전환
하고, 일반의약품이어서 약국에서 손쉽게 구할 수 있었던 경구피임
약을 전문의약품으로 전환하겠다는 내용이었다. "경구피임제는 여
성 호르몬 수치에 영향을 미치고 혈전증 등 부작용이 나타날 수 있으
며 투여금기 및 신중투여 대상이 넓어 의사의 상담과 검진이 권장되
는 의약품이다. 그러므로 전문의약품으로 전환한다. 또한 사후 응급

피임약은 단회 복용하며, 임상 시험, 학술 논문, 시판 후 조사 결과 등을 검토한 결과 혈전증 등 부작용이 거의 나타나지 않는 의약품이기 때문에 일반의약품으로 전환한다"[2]는 것이 그 이유였다.

이에 대해 찬반 논란이 거세게 일어났다. 식품의약품안전청이 사후 응급 피임약은 '낙태약'이 아니라고 보도자료에서 밝혔음에도 일부 종교계는 응급 피임약을 일반의약품으로 전환하는 것을 반대했다. 또한 식품의약품안전청이 "대한의학회(26명)와 대한약학회(20명)에서 추천한 총 46명의 분야별 전문가로 '의약품 재분류 전문가 자문단'을 구성하여 수시 자문을 받아 재분류에 반영했다"고 했지만 사후 응급 피임약의 일반의약품 전환에 대해 의료계의 엇갈린 이해관계로 의학계와 약학계의 찬반 논란이 일어났다. 여성계는 2012년 6월 15일 보건복지부 앞에서 기자회견을 열어 경구피임약과 사후 피임약 모두 일반의약품으로 전환하라고 촉구했다.[3]

2012년 7월 4일, "피임약 재분류, 왜 '여성'이 결정의 주체여야 하는가"라는 제목으로 '피임약 재분류 방안 모색을 위한 토론회'가 국회도서관에서 열렸다. 그날 한 여성 참가자가 "먼저 사과하셨나요?" 하고, 그 자리에 참석한 식품의약품안전청 소화계 약품 과장에게 질의했다.

"우리 다 알고 있듯 1960년대부터 40년간 여성들은 피임약을 잘 먹어왔죠. 국가는 여성들에게 뭐라고 말씀하실 건가요? '여러분 죄송합니다. 40년간 그렇게 위험한 피임약을 자유롭게 잘 드셨죠. 죄송합니다.' 저는 국가의 정책이 이 막중한 부분에서 여성을 어떻게 보는지 책무감을 말씀드리고 싶고요. 더불어 여성의 몸이 국가의 이익이나 의료진의 이익에 좌지우지되면 안 된다고 생각합니다."

몇십 년간 안전하다며 자국 여성들에게 먹여온 경구피임약을 부작용이 우려되니 전문의약품으로 바꾸겠다고 했지만, 피임약의 위험에 대한 자세한 통계가 제시되지 않고, 얼마나 위험하다는 건지, 세대와 개인차를 고려해 여성들에게 어떻게 적용될 수 있는지, 약의 복용에서 얻는 이점은 무엇인지 구체적으로 논의되지 않았다.[4]

경구피임약은 40여 년간 일반의약품으로 판매되어왔다. 1960년대와 1970년대에는 정부가 앞장서서 가족계획 정책을 통해 경구피임약을 적극 권장했다.[5] 그러니까 우리나라 여성들에게 먼저 경구피임약을 권한 것은 국가였다. 한국 여성들에게 피임약을 먹여주고 불임수술을 해준 것은 미국이었다. 냉전 시대에 제3세계의 인구 성장은 정치적으로 위험하다는 판단에서였다. 박정희 독재정권은 경제 성장을 위해 가족계획 사업을 적극적으로 추진했다.[6] 1960년대에는 루프와 먹는 피임약이 주요 피임 수단이었지만 1970년대에 불임수술 시술이 급격히 늘어나며 피임약 이용은 상대적으로 낮아졌다. 현재 우리나라 여성들의 경구피임약 이용률은 2%에 머무는 수준이다.

토론회의 발제자 중 한 명인 추혜인 서울대 가정의학과 전공의는 "경구피임약이 더 안전해지고 있고, 경구피임약 복용률과 임신중절수술의 비율이 반비례한다는 사실이 잘 알려져 있는데 지금 일반의약품에서 전문의약품으로 재분류하려는 이유가 무엇인지, 실제로 이번 조치가 여성의 건강에 미칠 영향이 복합적으로 분석된 적이 있는지" 의문을 제기했다.[7] 또한 이인영 홍익대학교 법과대학 교수는 '피임약 재분류(안)에 대한 법리적 분석'을 주제로 다음 사항을 지적했다.

"사전 피임약의 전문약 전환의 재분류 정책은 헌법의 기본권 보장 의무 규정을 위배한 것입니다. 여성의 기본적 인권을 침해하며, 법적 안정성과 신뢰의 원칙을 위반했습니다. 또한 취약계층의 의료 보장권을 침해할 뿐 아니라 국가권력의 '과소보호 금지원칙'을 위반한 것입니다."

여성에게 의료 정보가 제대로 전달되고 있는지, 여성이 결정권의 주체로 여겨지는지 문제가 제기되었다. 토론회에서는 장애 여성과 청소년의 건강권에 대한 문제도 제기되었다. 저소득층, 미혼 여성, 만성질환을 가진 여성들은 사회 경제적 조건 때문에 병원에서 처방전을 받기 어렵고, 지방에는 산부인과의 수 자체가 적지만 이들 여성들도 피임약에 접근할 수 있어야 한다는 것이다. 경구피임약과 응급 피임약에 대해 여성들이 충분한 정보를 가지고 원할 때 이용할 수 있어야 한다는 것이 내용의 요지였다.

침묵하며 지켜보는 눈빛

○

내가 쉼터에 성교육 강의를 나갔을 때, 한 달 치 피임약을 한꺼번에 먹어버렸다면서 "임신이 안 되겠지요?" 하고 조심스레 묻던 여자아이가 있었다. 제대로 된 복용법을 알지 못하고 임신이 두려워서 마구 삼키던 알약. 올바른 피임 방법을 학교에서도 병원에서도 들어본 적 없다 했다.

20대 여성들의 사이트에 들어가서 의약품 재분류 안에 대한 댓글들을 읽어본다.

"그냥 약을 편의점 생리대 옆에 놓고 팔아라."

"사후만 중요하냐, 사전에 예방 교육 좀 잘해라."

우리나라 20대들은 경구피임약 피임 실천율이 다른 세대보다 높다.[8] 이 사이트들에는 의약품 재분류 정책을 비판하는 댓글이 줄지어 달려 있었다. 약을 병원에서 파는가, 약국에서 파는가가 핵심이 아니다. 여성은 피임을 포함해 자신의 몸에서 일어나는 일을 제대로 알고 이를 교육받을 권리가 있다. 피임에 접근하기 더 어려워지거나 정부 기관과 의료진의 권위적 태도에 움츠러들면 자기 몸에게 할 수 있는 것이 더 줄어든다.

학교와 기관에 가서 성교육을 하며 나 또한 경구피임약을 피임의 방법으로 곧잘 소개했다. 그때 교육용으로 들고 다니던 〈섹스, 젊은 이들을 위한 가이드〉 만화 비디오에서는 여러 피임 방법과 함께 서구에서 많이 쓰는 경구피임약을 적극 소개하고 있었다. 교육 시간에 사후 응급 피임약에 대해서도 따로 설명해 알려주었다. 부작용이 있을 수 있다는 것과 올바른 복용법을 함께 일러주었다. 몸을 위해 할 수 있는 피임법이 있다는 얘기를 들을 때마다 여성들은 진지했다. 그 눈빛과 침묵을 잊을 수 없다. 그 속에는 어떤 든든함마저 있었다. 할 수 있는 것이 한 가지 더 있다는 것, 아는 것이 한 가지 더 늘어났다는 것이 자기 몸과 부대끼며 사는 여성들에게는 힘이 되는 것이다.

식품의약품안전청은 2012년 8월 말까지 의약품 재분류 확정안을 발표한다고 했다. 그리고 보건복지부와 식품의약품안전청은 2012년 8월 29일 의약품 재분류 최종 결과를 발표해 "그간의 사용 관행과 사회·문화적 여건을 고려해 현 분류 체계를 유지하기로 했다"고 처음의 재분류 안을 번복했다. 아무 일 없었던 것처럼, 경구피임약은 다시 일반의약품이 되었고, 응급 피임약은 전문의약품이 되었다.[9]

아직 있다. 자신이 아는 마지막 지식인 사후 피임약을 손에 꼭 쥐고 버스를 타고 가는 은민과 경구피임 알약을 하나, 둘, 다시 셋, 넷, 성급한 손놀림으로 뜯어 한 입에 털어 넣고 채 삼키기도 전에 다섯, 여섯 개를 뜯어 먹던 여자아이가 있다. 자신의 몸이니까, 충분치 않은 설명 속에서도 스스로 몸을 책임져야 하고 잘못된 정책 속에서도 몸을 위해 최선을 다하고 싶은 여자들이 있다.

사랑한다면
들어야 할 것들

섹스 이즈 코미디?

○

카트린느 브레야 감독의 영화 〈섹스 이즈
코미디〉에서는 한 여자 감독이 남자 배우와 여자 배우의 섹스 신을
제대로 찍기 위해 고군분투하는 이야기가 코믹하게 전개된다. 감독
은 서로 싫어하고 서먹해하는 두 배우에게 어떤 포즈로 어떻게 스킨
십을 해야 하는지 일일이 코치한다. 잘생긴 남자 배우가 거드름을 피
우거나 반항할 때 감독은 코웃음을 치거나 그의 매력에 끌리는 듯한
태도를 보이다 마지막엔 언제나 그에게 제대로 연기를 하라고 다그
친다. 여자 배우에게는 자신감을 북돋아주고 다독이면서 연기를 지
도한다. 자, 드디어 모든 준비가 끝났다. 감독은 카메라로 남자 배우
와 여자 배우를 찍기 시작한다. 남자 배우는 보기에도 우스꽝스런 거

대한 성기 모형을 차고 있다.

"남자는 바로 섹스를 하고 싶어해. 자기 욕망을 채우려고 하지."

여자 배우는 등을 돌리고 남자와 얼굴을 마주치지 않고 있다.

"여자는 자신의 욕망과 여자다워야 한다고 배워온 것 때문에 갈등하지."

등을 돌린 여자는 욕망과 불안과 두려움 때문에 어쩔 줄 모르는 표정을 짓고 있다. 피하지도 마주하지도 못한 채, 정숙한 여자여야 한다는 강박과 낯선 손길에 대한 호기심과 초조함 사이에서 자신이 무엇을 원하는지 모르거나 표현하지 못한다. 동의하는 것도 동의하지 않는 것도 아닌 관계. 더 이상 소통이 되지 않고 평범하지만 가학적이고 폭력이 스며 있는 관계.

"완벽해!"

감독은 소리를 치고 침대로 뛰어가 여배우를 끌어안는다. 흐느끼는 여배우를 안고 감독도 눈물을 흘린다. 현실과 가장 가까운, 자신의 마음속에 스며 있는 생생한 첫 섹스의 장면을 재현했다는 만족감. 이 장면을 재현한 여자 배우의 가슴에 남았을 고통에 대한 친숙함, 연대감. 감독의 표정은 그런 것을 담고 있었다. 일상적인 성관계가 여성에게 어떤 느낌으로 오는지, 이성 간의 성관계가 왜 우스꽝스럽고 허위적이고 부자연스러운지 브레야 감독은 영화에서 신랄하게 묘사했다.

오래된 방의 문을 열고 나오다

○

　　반지하의 그 방은 낮에도 어두컴컴했다. 스무 살 정연에게 그 방은 빠져나갈 수 없는 덫 같았다. 대학을 다닌다고 열아홉에 고향을 떠나 서울에 와서 스무 살 때 처음으로 데이트란 것을 했다. 갑자기 비어버린 부모의 자리를 한 남자가 차지했다. 몇 살 더 많은 남자가 보호자처럼 여겨져 든든했고 남자 또한 보호자를 자처했다. 집에서 착한 딸이었듯 남자에게도 착한 연인이기를 바랐다. 자신의 주장을 펴거나 느낌을 말하는 일이 드물어졌다. 느낌을 말하면 남자가 화를 내고 헤어지자고 할 것만 같았다. 남자가 싫어할 일은 하지 않았고, 속이 상해도 표현하지 않았고, 이유 모를 불편함은 참아 넘겼다.

　아버지에 대한 애증이 그렇듯 그 남자는 완벽했고 터무니없었으며 존경스럽고 경멸스러웠다. 남자는 점점 더 무례해졌다. 정연이 어떤 상황에서도 '싫다' 말하지 못하고 침묵하고 받아들인다는 점을 그는 재빨리 이용했다. 남자는 상처받은 듯한 목소리로 말하거나 화난 듯이 말하거나 "내가 가버릴까?"라고 말하면 충분했다. 이상하게도, 정연은 가장 안전하다고 여긴 사람에게서 상처를 받았다. 하지만 감정을 느끼지 않으려고 했다.

그가 내 자취방으로 찾아왔을 때는 겨울이었다. "들어가도 돼?" 밖에서 들리는 목소리를 듣고 나는 잠시 망설였지만 날씨가 추워서 들어오라고 했다. 차를 준비하고 창문을 열려고 했는데 그가 춥다며 열지 못하게 했다. 차를 비우고 났는데 할 말이 없었다. 그가 한번 안아도 되느냐고 머뭇거리며 정중하게 물었다. 나는 당황했는데 그 사람 눈이 전에 없이 눅눅한 모습에 더 당황해 대답을 할 수 없었다. 그는 나를 안더니 천천히 누웠다. 부드럽게 얼굴을 쓰다듬길래 따뜻한 손길이 싫지 않아서 눈을 감고 있었다. 그런데 손을 목선을 따라 가슴 안에 넣어서 벌떡 일어났다. 그 게슴츠레한 눈과 거뭇거뭇한 피부가 갑자기 불결하게 느껴졌다.

"피부에 닿고 싶어, 그냥. 그뿐이야."

그가 갑자기 여리고 처량하게 말해서 어떻게 해야 할지 몰랐다.

"너, 싫어?"

그가 움츠리고 손을 거두며 물끄러미 나를 내려다봤다. 정말 어린애처럼 원망스러운 표정이었다. 일어나려는 그가 내게서 상처입은 것 같아서 그의 팔을 붙잡았다. 그러자 그는 내 눈을 보더니, 눈에 비릿한 냄새가 나는 입술을 맞췄다. 그리고 얼굴을 더듬어 내려와 내 입술을 내리눌렀는데 그 후덥지근한 입술이 그렇게 불쾌할 수 없었다. 나는 남의 일인 양 나무토막처럼 누워 있었다. 그런데 생살을 뚫어버리는 듯한 통증이 퍼져서 외마디 소리와 함께 그를 밀쳐냈다.

"한 번만 더 할게. 한 번만"하고 그는 집요하게 자기 아랫도리를 부딪쳐댔다. 나는 하지 말라고 몇 번이고 애원했다. 그는 수긍하는 눈치더니 곧 어리광부리는 표정으로 "딱 한 번 넣기만 해도 안 돼?"하면서 입을 맞추었다. 나는 도대체 그를 종잡을 수 없어서 놀란 눈으로 올려다봤다. 내가 묵묵하니까 그는 내 눈을 가리고 다시 시작했다. 나는 비명을 지르지 않으려고 이를 악물고 있었다. 내가 가라고 하면 그가 '아, 그렇게 하라'고 하며 그냥 일어나버릴 것 같아서 대놓고 그 말을 하지 못했다. 그가 순순히 물러가면 뭔가 내가 잘못한 것 같아 혼자 안절부절못할 것이었다. 그는 내 다리 사이에 손을 넣고 피 묻은 손가락을 눈앞에 대고 한참 들여다보았다. 마치 생물 시간에 현미경으로 관찰하는 모습 같아서 나는 두려웠다. 그는 잘했다고 나에게 말했다. 그리고 토막토막 떠오르는 이야기를 해줬는데 그중에는 사지가 침대에 묶여져 왕에게 바쳐지는 공주에 대한 것도 있었다. 그는 간간이 넘어갈 듯 껄껄 웃었고 나는 그 웃음소리가 야비하게 느껴졌다. 내 눈물을 뻔히 보면서도 아무렇지 않게 농담을 하는 그는 자신만만해 보였다. 나는 한없이 바닥으로 꺼지는 느낌이었다. 그에게서 영영 벗어나지 못할 거 같았다. 나는 싫다는 말을 못하고 주저했다.

15년이 지나 정연은 자신의 일기를 읽는다. 그리고 이제야 분노했다. 자신의 말을 묵살하고 욕구를 채우기 바빴던 그 남자의 파렴치함에 대해, 나이가 몇 살 많다고 자신을 어린아이 취급하며 의사를 존중하지 않았던 그 남자에 대해 비로소 분노했다. '싫다'라는 말을 못하고 굳어 있던, 버림받을까 두려워 참으려 애쓰던 어린 자신의 모습이 바로 보였다.

"나는 데이트 성폭력을 당했던 거예요."

지금 그 일을 가지고 법적으로 처벌을 하거나 사회적으로 알릴 수는 없지만 정연은 이제 상황에 정의를 내릴 수 있다. 그때 자신은 혼란스러웠다. 그 남자가 자신에게 잘해준다고 느낀 적도 있었다. 그러나 그 행위에 대해서 그를 용서할 수 없다.

"어린 딸들이 여자가 되기 위해/ 손발에 돋은 날개를 자르는 동안/ 여자 아닌 모든 것은 사자의 발톱이 된다."[10]

그녀는 오랫동안 되돌아보지 않은 그 어두운 방의 문을 더듬거리며 열고 나왔다.

물리적 강제가 없이 일어난 성을 여성이 동의한 성이라고 볼 수 있는가? 남성이 여성에게 '감정적인 호소'를 하거나 '관계를 끊겠다고 협박'을 하면서 성관계를 요구할 경우가 있다. 이때 순응 이외에 대안이 없을 때, 남성의 요구를 거절하는 것이 미안하고 죄책감을 느낄 때 여성이 동의했다고 해도 이것은 강제라고 보아야 할 것이다.

　　－《여성학》(이재경 외, 미래인) 4장 '섹슈얼리티, 욕망과 위험 사이'에서.

한국여성민우회 성폭력상담소는 2012년, '20대 성적 의사소통의 경험과 인식'을 조사했다. 여성 603명, 남성 288명의 설문조사 결과, '상대가 나에게 스킨십을 할 때 거절하기 어려웠던 적이 있는가'를 묻는 질문에 여성의 60.4%, 남성의 27.1%가 '있다'고 응답했다. 거절하기 어려웠던 이유에 대해, 첫째로는 '상대가 무안해할까봐'를 들었고(53.7%), 두 번째는 '사이가 멀어지거나 헤어지게 될까봐'(20.4%)를 꼽았다.

섹스를 앞둔 상황에서 걱정거리를 묻는 질문에 남녀 모두 반 이상 '임신'을 대답했지만, 남성은 상대에게 성적 만족감을 주어야 한다는 의무감이 그에 버금가는 대답이었던 반면, 여성은 자신의 체형을 걱정하고, 남성과 달리 순결 상실을 더 걱정하고, 부모에게 미안해하며 성관계가 알려지는 것에 두려움을 느꼈으며, 더 죄의식을 가졌다.

대학생인 이들은 학교에서 성교육을 받았고 피임 방법을 배웠다. 자신은 상대에게 피임을 제안할 수 있다고 대부분 답변했지만 실제로 피임을 안 하거나 못하는 경우가 있었는데 그 이유는 갑작스런 섹스 때문(47%)이었다.[11]

대학생 유나의 이야기

○

　　2011년, 졸업을 앞둔 대학생 유나의 이야기를 듣는다. 대학을 입학하고 여성주의 공부를 하면서 유나는 '데이트 성폭력'이라는 말을 처음으로 알게 되었다.

　"그때는 '아! 그렇구나'라는 명쾌함이 있었어요. 우리가 겪는 연애 관계에서의 폭력이 성폭력으로 명명될 수 있구나, 여성을 보호하는 남성, 남성에 의지하며 따르는 여성이라는 틀로 여전히 관계를 맺고, 그런 관계 속에서 남성이 여성에게 폭력적으로 성적 접촉을 강제하는 경우가 허다하더라고요. 여자들은 자기 성적 욕구 자체를 거부하고 인지하지 못하도록 교육을 받아왔기 때문에 자신이 성적 접촉을 바라는지, 바란다 하더라도 어떻게 해야 하는지 알지 못해서 문제가 일어나기 쉬운 것 같아요. 게다가 '성적'인 부분에서 적극적으로 의사 표현을 하게 된다면 '싼 년'으로 찍힐 게 뻔하니까…… 이미 성적 경험이 있다고 하더라도 '남자친구 기죽이고 싶지 않고 나 헤픈 여자라는 것 드러내는 것 같아서' 숨기는 경우가 훨씬 많죠. 그러다보니 강제적인 성 접촉에서 거부 의사를 확실하게 표현하기 힘들고."

　성폭력은 강간과 추행같이 법적으로 인정하는 행위에 한정된 문제가 아니라 한 사람의 성적 자기결정권에 대한 침해 문제다. 인권에 대한 침해이기 때문에 상대가 원하지 않는 성적 언행은 그것이 어떠한 행위든 폭력이다. 나는 성교육 강사 활동을 할 때 원하지 않는 관계는 '싫다'라고 말하라고 여자아이들에게 누누이 일러왔다. 그것이 최선의 방안은 아니었지만 최소한 자신을 지킬 수 있는 방어가 되었으면 하는 바람에서였다. '싫다'라고 말하는 것에 대해 유나는 어떻게 생각할까?

"음, 말할 수도 있지만 스스로 헷갈리는 경우가 많을 거예요. 이전 세대와 그리 크게 달라졌다고 생각하지는 않아요. 특히 연애 관계에서 여자들이 자신의 욕망이 무엇인지 명확히 아는 데에 시간이 꽤 걸리고, 그냥 연애 과정에서 '남자친구가 이끄는 대로 해야 하지 않을까? 안 그러면 우리 관계 자체에 문제가 있는 거라고 생각할 거야'라고 여기기도 하고요."

유나는 주변 이야기를 들려준다. 한 친구는 클럽에서 만난 남자가 데려다준다고 해서 그 남자 차를 타고 가는데 집이 아니라 모텔로 가서 엄청 화를 내고 다시 집으로 방향을 돌리게 했다고 한다. '순결한', '보호해야 하는 정숙한 여성'이라는 통념적인 잣대로 잰다면, 클럽에서 만난 남자의 차를 얻어 타고 간 여자에게 어떤 일이 일어나든 이 사회는 폭력적이라고 여기지 않을 것이다.

유나가 놀란 것은 무엇보다 성관계에서 피임을 하지 않는 경우가 생각보다 아주 많다는 점이었다. 여성들은 제대로 된 피임을 남자에게 요구하지 못했고 남자들 또한 피임은 자기 책임이 아니라고 여겼다. 그래서 '생리할 때 되어서 엄청 불안해하다가 테스트하고 한숨을 돌리는' 일이 반복되었다. 무엇 때문에 자신이 성관계를 하고 싶은지 아닌지 판단하기 어렵고 왜 피임을 요구할 수 없고 원하지 않는 임신을 피하지 못하게 될까?

"평등한 관계가 어떤 걸까요? 저도 그렇고, 친구들을 보면 다양한 불편함이 있지만 자신이 원하는 대로 성관계를 끌어가기 힘든 경우, 어떻게 이 불편함을 표현해야 하는지 방법을 잘 몰라요. 가부장적 권력 관계와 사고에 익숙해져서 그냥 계속 참고 인내하는 편이에요. 생각해보면 어떤 성적 접촉이, 스킨십이, 섹스가, 성폭력적인 구도와 상관없이 가능한지 상상조차 할 수 없는 사회에서 살아왔기 때문에…… 대부분 사람들이 당연하게 생각하는 성적 접촉의 '단계'는 정말 조금만 다시 생각해보거나 조금만 '더' 나아가면 성폭력적인 경우가 허다해요."

성폭력이 일어났다고 하면 사람들은 묻는다. '어디까지 갔느냐? 강간이라도 당했느냐? 추행을 당했다고 폭력 운운하는 것은 엄살이 아닌가?' 외국의 경우 적극적인 동의 문제를 판단 기준으로 삼는다면, 우리나라에서는 성폭력을 입증하려면 적극적으로 저항했는가를 증명하라고 한다. 성적인 주체로서 한 인간이 권리를 침해당했다는 것은 쉽게 간과된다. 여성이나 소수자에 대한 성적 침해는 일상이지 처벌되는 범죄로 여겨지지 않으므로.

유나는 대학에 들어와서 남자아이들과 친하게 지내고 소통도 잘 된다고 여겼지만 막상 연애를 본격적으로 시작했을 때 혼란에 빠졌다.

"어떤 관계 맺기를 바라는 건지 스스로 모르겠고, 의지하는 게 편하기도 하면서 자괴감도 들고……"

이성과 데이트만 하는 관계가 그는 더 힘들었다. 다른 기억도 함께 떠올랐다. 유나는 최근에 갇힌 공간에서 용역들과 대치한 적이 있었다. 지금까지 겪은 어떤 대치 국면보다 직접적인 폭력의 가능성을 가장 크게 느꼈고 무서웠다. '희망 버스'를 타고 갔을 때는 여자 말고 남자들에게 앞으로 나오라고 하는 선동에 반발했다.

"효율적이고 어쩌고 말하길래 처음엔 웃기지 말라고 하고 앞에 있었죠. 한데 그때 '남성 동지들 앞으로 와달라'고 하는데 여자인 나는 못 가겠더라고요. 갔다가 제대로 만져지고 맞겠구나, 이 깡패들한테. 불려간 남자들은 무슨 죄인가, 얘네도 신체적인 폭력 앞에서 유약하고 겁을 내는 나와 크게 다르지 않을 텐데…… 그 자괴감이란……"

자괴감. 나는 여성일까? 왜 여성이어야 하나? 나는 왜 이렇게 행동할까? 나는 왜 두려워할까? 나는 왜 두려워하라는 말을 들을까? 남자는 왜 보호해야 하고 여자는 왜 보호받아야 할까? '자신이 바라는 관계를 잘 모르겠고 의지하는 것이 편하고 두렵기도 한' 자괴감. 그렇지만 폭력적이지 않은 평등한 관계를 희망하기 때문에 드는 괴리, 그 깊은 간극을 안고 유나는 계속 상상한다.

이름 붙여지지 않는

일상의 폭력들

○

사람들은 성폭력을 법적인 용어로만 알고 있다. 일상의 문제, 관계의 문제로는 아무도 생각하지 않는다. 그게 가장 큰 문제다. 반성폭력운동의 역사가 20년 이상이 흘렀고 성폭력 개념은 어느덧 언론이 장악했다. 성폭력이라고 하면 무섭고 끔찍한 사안만 보여주니까 사람들의 머릿속에는 그것만 각인되고, 성차별적 사회에서 발생하는 일상의 문제를 성폭력을 통해서 부각시키려고 했던 우리 의도가 잘 전달되지 않는다.

–《반성폭력》2호 '내가 생각하는 반성폭력운동의 쟁점과 방향' 중
이임혜경 활동가의 말.

정연은 이제 편지를 쓸 생각을 하고 있다. 오래전에 쓰고 다시 펼쳐 보지 않으리라고 덮어둔 일기가 그때의 상황을 고스란히 알려준 증거물이 된 것처럼, 아직 가슴에 남아 있는 말을 편지로 쓰려고 한다. 평범하게 묻히는 경험, 쓸모없는 말이라고 여겨지는 것을 정연은 종이에 꾹꾹 눌러 써내려갈 것이다. 이 편지를 읽고 이해할 사람이 있으리라고 생각한다. 이제 그 남자가 마음속에서 영영 떠나도, 헤어지겠다고 위협해도 아무 영향을 받지 않는다. 혼자 되는 것, 의존하지 않

37

고 자신의 판단과 느낌을 믿는 것. 그것은 오랫동안 얽매인 '여성다운' 노릇에서 떠나는 것이었다. 유나는 '성관계와 성폭력이 연속선상에 있고, 그 경험을 어떻게 설명해야 하는지 마땅한 언어가 없다'는 생각을 한다.

"정해진 이성 연애 각본 자체가 성별 권력관계에 기댄 것이라 어느 지점까지 폭력이고 어느 지점에서부터는 아니라고 구분 짓기가 정말 힘들잖아요. 그런데 이를 문제제기하려면 '이건 이래서 폭력이야, 이건 문제가 있어'라고 명확히 밝혀야 하니 어떤 경험은 삭제되고 무언가는 의도적으로 부각되더라고요. 제가 학내에서 함께한 데이트 성폭력 사건 대응은 대체로 '데이트' 쪽보다 '성폭력' 쪽에 더 큰 초점이 맞춰져 있었어요. 그래서 성폭력 사건으로 처리할 수 있었죠. 하지만 데이트 관계에서 당사자나 주변에서 보기에 애매한 폭력적 상황들, 불편함은 사건으로 다뤄지지 않아요. 친구들끼리 서로 토로하고 고민하고 방법을 찾아보죠. 그 기준은 무엇일까요? 당사자가 이것을 '성폭력'이라 명명하고 싶다면 성폭력이고 그 관계를 유지하면서 바꿔나가고 싶다면 성폭력이 아니고? 명명하여 문제제기하고 해결해 나가는 것, 운동적 측면에서 분명 필요한 작업이지만 명명하기 애매한 일상의 다면적 요소들은 어떻게 바꿔나갈 수 있을지 고민이 커집니다."

창문마저 하나 열려 있지 않고 모두 닫힌 방이었다. 누가 들여다볼 수도, 안에서 밖을 내다볼 수도 없었다. 그렇게 둘밖에 없는 방에서

둘은 서로 눈을 마주치지 않았다. 서로를 볼 수 없고 서로의 말을 들을 수 없었다. 대화는 사라지고 감정이 지워진 자리에서 다급하고 부산한 몸짓만이 있었을 뿐이다. 그 자리에 두 얼굴은 사라지고 평생을 쫓기듯 익혀온 남자 배우로서, 여자 배우로서 연기를 할 뿐이었다. 이로써 데이트는 완성되고 마지막 단계에 이르렀다는 구태의연한 만족과 낯선 소외감이 남아 있을 뿐이었다. 그것은 아무것도 아닌 일, 사랑을 증명하겠다는 이름으로 한 번은 거치게 되는 일, 혹은 그것은 폭력적인 일, 사람을 껍데기만 남기고 뒤흔드는 일.

네가 나를 만나고 싶다면 내 감정에 귀 기울이라, 내 침묵을 들어라, 내 목소리를 들어라, 내가 너의 집이 아니고 다른 사람임을 받아들여라. 너의 당당한 권리가 그러한 것처럼 서로 볼 수 없는 이 캄캄한 방에서 언제든 떠날 수 있는 나의 권리 또한 엄연하다는 것을, 너는 언제든지 받아들여야 한다. 적어도 우리가 사랑한다면. 사랑의 이름으로 지금 손을 잡으려 한다면.

'낙태',
다르게 질문하기

말하지 않는 이야기
○

눈앞에 늘어놓은 기구들은 길고 차갑고 반짝이는 쇠붙이들이었다. 끝이 작고 둥글게 구부러진 기구, 날카로운 큐렛 따위를 나는 쉼터의 청소녀들에게 보인다. 큐렛 끝으로 한 아이의 손바닥을 긁는다. 이것이 자궁 속에 들어가 태아를 긁어낸다고 말했다.

나중에 슈퍼비전을 맡은 상담 전문가가 내가 한 성교육 프로그램을 보고 물어왔다.

"무엇을 위해 아이들에게 그것을 보여주었나요?"

나는 "생명의 소중함, 수술의 위험성" 때문이라고 얼버무려 답했다.

"그들이 이것을 보고 죄책감을 더 느끼게 하는 게 필요한가요?"

상담가는 재차 물었다.

"죄책감을 느낀다고 해서, 그들이 원하지 않는 임신 상황에서 다른 행동을 할 수 있을까요? 그것보다는 피임을 제대로 알려주는 교육을 하는 게 낫지 않을까요?"

상담가는 죽은 태아 사진이나 영상물 같은 건 죄책감만 가중시킬 뿐 아무것도 변화시킬 수 없다고 일렀다.

나는 후회했다. 그랬다. 내가 그 기구들을 늘어놓았을 때 쉼터의 청소녀들은 그것을 똑바로 보지 못했다.

"치워주세요."

"안 보고 싶어요."

외면한 눈들은 이때까지 충분히 겪은 고통 때문에 겁에 질려 있었다. 그들은 집이 더 이상 자신들을 보호하는 공간이 아니어서 가출했다가 거리에서 성폭력을 당했고, 성매매를 했고, 임신중절을 했거나 출산을 했다. 그들은 앞으로 임신을 할 수 있을지 걱정했고, 입양을 보냈거나 입양되지 않는 자식 때문에 슬퍼했고, 중절을 한 다음 태아를 어떻게 했는지 간호사에게 망설이며 물었으며, 피임에 대해서는 여전히 무지했다. 학교를 졸업하지 못했고 직장이 없었고 결혼하지 못했다. 그래서 공식적으로 임신하거나 아기를 낳을 자격이 없었다. 10대의 성관계와 낙태[12]와 출산은 '있을 수 없는' 것이었지만, 그 자리에는 얼마든지 '있었고' 그들은 침묵했다. 왜 원치 않는 임신과 중절과 출산을 하게 되는 것일까? 왜 자신이 원하는 성관계와 임신과 출산과 양육을 할 권리가 없는 것인가? 우리 사회에서 인간 재생산권의 주체가 여성이었던 적이 있는가?

'둘도 많다!', '잘 키운 딸 하나 열 아들 안 부럽다'는 표어가 벽마다 붙어 있던 고향 관공서의 모습을 기억한다. 1973년에 제정된 모자보건법은 가족계획 사업을 추진하기 위한 것이었다. 모자보건법은 의학적, 우생학적, 윤리적 이유같이 제한된 몇 가지 사항에만 인공 임신중절을 허용하고 나머지는 1953년부터 있었던 형법의 낙태죄에 따라 범죄로 간주했다.

1970년대, 인공 임신중절은 사회적으로 공공연히 허용되거나 강요되었다. 여성들은 중절 시술을 받음과 동시에 영구피임 시술을 받아야 했다. 기혼자들이 자녀를 더 원하지 않거나 경제적 곤란이나 터울 조절 때문에 임신중절 시술을 할 때 그것은 통용되었다. 한 번 수술을 하고 나서 '평생 죄 밑'이라고 죄책감에 시달려도, 길에서 자기를 닮은 아이만 봐도 낙태한 막내가 아닌가 하고 남몰래 나이를 꼽아 보아도 그것은 오로지 여성들이 무덤까지 가져가야 할 비밀이었을 뿐이다. 그들은 범법자로 처벌받지 않았다.

2005년 보건복지부 인공 임신중절 실태조사는 낙태가 한 해 34만여 건 발생하며 이 가운데 4.4%만 합법이고, 나머지는 불법이라고 밝혔다.[13] 불법 낙태의 90%는 사회·경제적 이유 때문에 일어난 것이었다. 현실에서 관행적으로 법은 지켜지지 않았고 한국의 인공 임신중절률은 이를 허용하는 국가보다 오히려 높았다. 2011년 보건복지부자료에 따르면 2010년 인공 임신중절 추정 건수는 16만 8,738건이었다. 인공 임신중절률은 1,000명당 15.8건이었다. 그 가운데 기혼 여성은 57.1%, 미혼 여성은 42.9%였다.[14]

처벌의 시작

○

우리나라에서 낙태는 불법이지만 공공연히 만연했다. 2010년 2월 3일, 산부인과 의사 모임인 프로라이프 의사회는 불법 인공 임신중절 시술을 하는 산부인과 병원 세 곳을 서울중앙지검에 고발 조치했다. '임신 출산 결정권을 위한 네트워크'에서 활동한 김희영(한국여성민우회 활동가) 씨가 2010년 가을에 들려준 이야기다.

"프로라이프 의사회에서 산부인과 세 곳을 고발했어요. 한 건은 기소유예, 한 건은 의료법 위반 등 벌금형을 받았어요. 그러자 30~40만 원이던 수술비가 500~600만 원으로 올랐어요. 중국으로 가서 시술을 하거나 브로커까지 생겼습니다. 전화가 빗발쳤고요. 보건복지부가 3월에 불법 인공 임신중절 예방을 위한 종합계획을 내놨어요. 주요 정책이 '생명 존중 사회 분위기를 조성해 인공 임신중절을 예방하겠다, 낙태신고센터를 마련해서 산부인과 의사가 세 번 시술하면 자격정지를 하겠다'는 겁니다. 이건 낙태를 개인의 가치관에 따른 문제로 환원하는 거잖아요. 한국여성민우회는 상담받은 사례들을 가지고 보건복지부를 피진정인으로 해서 '처벌 위주 낙태 정책의 여성인권 침해에 대한 진정서'를 인권위에 냈어요."

국가인권위원회는 2010년 11월 23일, 이를 각하했다. 이유는 '피진정인의 정책으로 인한 피해자 및 피해의 내용이 특정되지 않고, 낙태의 비범죄화는 형법의 개정에서만 가능하기' 때문이라고 했다.[15]

정부는 2009년 말부터 저출산 종합대책의 일환으로 '낙태 방지 정책'을 실시하겠다고 밝히고 추진해왔다. 프로라이프 의사회의 행보는, 저출산의 대안으로 낙태를 단속하겠다는 정부 방침을 등에 업은 것이었다.

"저출산의 이유는 낙태의 이유와 같은 겁니다. 여성이 애를 낳아서 키울 수 없는 사회 상황은 말하지 않게 하면서 낙태하지 말고 무조건 낳으라고 하는 거죠. 정부 방침의 연결고리가 몹시 단순하고 인권이라는 말은 얘기할 수 없을 만큼 폭력적이에요."

유엔 국제인구개발회의(ICPD)는 1994년에 인간의 재생산 활동과 관련한 권리를 여성인권 보장 관점으로 보아야 한다고 천명했다.[16] 유엔 여성차별철폐위원회는 낙태죄를 비범죄화하라는 협약을 각국에 권고하고 있다.

영국, 미국, 캐나다 같은 나라에서는 인공 임신중절이 합법화되었지만 그 비율은 우리나라보다 매우 낮다. 많은 유럽 국가들도 임신 초기에 임산부 결정에 따라 인공 임신중절을 허용한다.[17] 반면 한국은 사회경제적인 이유, 즉 미성년이라거나 미혼 임신이라거나 양육이 어렵다는 이유로 인공 임신중절을 하는 것을 금지한다.

2010년 9월 3일, 울산지방법원은 불법 인공 임신중절을 시술했다는 이유로 해당 의사에게 1심에서 징역 6월에 집행유예 1년, 자격정지 1년을 선고했다.

"형법상 처벌을 1년 이상 받으면 의료법상 의사 자격을 박탈당합니다. 그 의사는 10주 초기시술을 했는데, 남편이 고발한 거예요. 이혼 전 부인이 판단을 해서 수술한 건데 이혼한 후에 남편이 알고 의사를 고발한 거죠. 작년에는 여성이 낙태로 인해 50만 원 벌금형을 받았어요. 법에 1년 이하 징역 200만 원 이하의 벌금형이 있지만 이때까지 실제 적용된 사례가 없었는데 적용한 거죠."

시술을 하지 않는 분위기가 확실해지자 여성들은 절박해졌다. 환경은 바뀌지 않고 처벌만 강화된 것이다. 상담실로 전화가 온다.

"결혼을 준비하다 맞지 않아 남자와 헤어졌는데, 임신 4개월이라 낙태하려 합니다. 병원에 온 남자는 무조건 낳으라고 협박해요. 어떻게 하면 좋습니까?"

뭐라고 답할 수 있을까? 관계가 끝난 상황에서 낳아서 어떡할 건지 속수무책이지만 시술을 받으면 현행법으로 고발당할 수 있다. 낳을 수도, 낳지 않을 수도 없는 여자가 마지막으로 묻는다.

"애를 낳으면 그 남자가 키운다는 법적인 방안이 있습니까?"

이전에 없던 사례가 잇따랐다. 2010년 6월에는 중절수술을 해주겠다면서 여성을 유인한 뒤 협박해 성폭행한 사례도 생겼다. 2012년 11월에는 서울의 한 병원에서 수학능력시험을 치르고 난 임신 23주째의 10대 여성이 중절수술을 받다가 사망했다.[18]

"인공 임신중절이 불법화된 서구 사례를 보면 자가 낙태를 하다가 정말 많은 여자들이 죽었어요. 낙태를 불법화한 루마니아는 500만 명의 여성이 낙태 때문에 죽었어요. 낙태를 불법화한다고 낙태가 줄어드는 것이 아니라 여성이 줄어들고 여성인권이 침해될 수밖에 없는 거죠. 한국은 낙태하는 여성 비율이 1,000명당 30명인데(2005년 기준) OECD 국가 중 제일 높거든요. 실은 낙태를 하는 이유를 말해야 문제를 해결할 수 있어요. 우리나라는 기혼자의 낙태가 60%이고 미혼의 경우는 40%예요. 기혼자는 주로 경제적 문제, 터울 조절, 여아, 장애아 낙태 문제로 시술을 하고, 미혼인 경우는 혼자 낳아 키울 수 없다는 문제가 있죠. 10대 낙태는 성교육의 부재, 피임을 제안할 수 없는 성별 관계를 다 함께 고려해야 합니다. 노동 조건, 사회복지, 성교육, 성 담론의 문제를 해결해야 이 문제를 해결할 수 있어요."

낙태 시술의 선택권이 남자에게 있다는 점도 문제가 된다. 여성이 원하지 않는 임신과 출산에서 벗어날 수 없는 상황을 만들기 때문이다.

"모자보건법 14조에 배우자 동의가 있어야 시술할 수 있다는 항목이 있습니다. 하지만 최종 선택권은 여성에게 있어야 합니다. 자기 몸에서 일어나는 수술이잖아요. 출산을 하거나 처벌을 받는 문제는 여성의 생애주기에서 매우 중요한 사건인데 실은 남편과 판사와 검사에 의해 결정되는 상황이 일어나는 겁니다."

사회적으로 담론화된 것은 태아의 생명권 대 여성의 선택권이었다. 주류 언론과 방송에서도 이 구도로 문제를 제기했다.

"언론사 토론회 같은 데서도 생명권과 선택권 중 무엇이 중요하냐는 이분법적 구도로 몰아가요. 생명이 중요하다는 것이 당연히 올바른 답이라 하고 그 외의 데이터는 다 삭제합니다. 논의를 침묵시키는 거죠. 어떻게 질문하느냐가 중요합니다."

2013년 8월 9일, 의정부 지방법원은 판결에서 "낙태 행위는 태아의 생명권을 침해하는 중대한 범죄"라는 이유로 여성에게 벌금형 200만 원을 선고하고, 수술한 의사에게 징역 6개월과 자격정지 1년을 선고한 반면, 남성의 낙태 방조죄는 무죄를 선고했다.[19] 낙태죄 조항은 파트너 남성이 여성을 고소, 고발하겠다는 협박으로 이전 관계를 유지하려고 하거나 부당한 지배력을 행사하는 수단이 되기도 한다.

선택 자체가 없는 현실

○

미혼 때 임신중절을 경험한 한 여성에게 들은 이야기다.

"남자는 대체로 피임을 안 해요. 여자랑 자는 건 쾌감을 원하는 건데 임신을 자기 일로 생각하지 않더라고요. 피임을 말했더니 '콘돔 낄 거 같으면 안 한다. 느낌이 안 좋아. 너 그렇게 계산적인 애였냐. 우리 사이에 뭐' 하면서 사적이고 은밀한 분위기를 깬다는 식으로 말해요. 남자들은 질외 사정을 하면 알아서 피임을 다 했다고 생각해요. 그러다 여자가 임신이 되었을 때 여자를 비난하거나 도망가거나 헤어지기도 하구요. 그땐 억울해서 말도 못했어요. 내 몸을 다치고, 심리적 죄책감으로 사람이 거덜나요.

결혼 안 하고 애를 낳아 키울 수 있나요? 돈은 혼자 어떻게 벌고, 부모와 사회로부터 손가락질 받고, 미혼모로 살아갈 수가 없어요. 누구 하나도 사실 그걸 생명 대우를 안 하는 거예요. 중절을 하고 나니, 자살했다가 불구가 된 사람 비슷한 느낌이 들었어요. 스스로 한심하고 우울증이 생기고 내 잘못이라는 생각이 들고. 누구에게도 말을 못하니까 더 심해져요. 그 기억은 10년, 20년이 지나도 생짜로 묶여 있어요."

그녀의 어조는 날카롭고 거칠었다. 나는 그녀에게 "그것은 당신만의 잘못이 아니지 않은가?" 하고 조심스레 물었다. 그녀는 머뭇거렸다. 날카로움 뒤에는 깊은 자책과 분노가 있었다. 그것은 아무에게도 말하지 못한 외로운 시간의 무게이기도 했다.

"결혼하고 임신을 하니 보호받고 칭송받아요. 같은 임신인데 낙태할 때랑 엄청 비교돼요. 미혼 때 임신은 모든 세상이 배척하고 인간관계가 무너지는데, 결혼하고 임신하면 똑같은 앤데도 시어머니, 간호사, 친척, 나라까지 칭찬하고 애국했다 하고, 하늘과 땅 차이예요. 그 상황이 싫었어요. 제도 안에서 많은 도움을 받아야 애를 키울 수 있는데 결혼 안 하면 아무 지지도 받을 수 없어요. 혈육만 강조하고 입양은 힘들고 여자에게 모성만 강조하고 결혼을 통해 어머니가 되는 것 외에 다른 존재 자체를 불편해하죠."

애란원(미혼모 보호시설) 한상순 원장은 〈미혼 엄마에 대한 단상〉이라는 글에서 다음과 같이 의견을 밝혔다. 이 글은 한상순 원장이 〈10대 출산시켜 인구 늘릴 셈인가〉라는 신문 칼럼을 읽고 반대 의견으로 쓴 글이다.

'미혼모' 문제는 사람들이 생각하는 것처럼 성적 문제가 아니라 사회구조적 결함과 인식의 문제입니다. 우리나라의 '미혼모'는 아이를 태중에 열 달 동안 품고 살려서 낳는 미혼 여성들에게 붙여지는 이름입니다. 혼인 여부에 관계없이 아이를 낳을 권리, 아이를 키울 권리와 의무가 남녀 모두에게 동등하게 주어진다면 '미혼모'라는 이름은 사라질 것입니다. 나이가 10대이건 20대, 30대이건 엄마가 되었다는 사실은 동일한 경험이며 사회는 그들의 자녀를 지키고 낳는 선택을 제로선상에서 받아들여주어야 한다고 생각합니다. 우리가 편견을 버리고 그들을 돕고 자녀 양육에 대한 선택의 대안들을 넓혀준다면 입양으로 아이를 포기하는 것보다는 직접 키우는 결정을 지금보다 더 많이 할 것입니다.

– 애란원 소식지《사랑을 심는 사람들》, 2010년 봄호.

여자는 결혼 제도를 통하지 않고도 어머니가 될 수 있다. 안전하게 임신과 출산을 하고, 어머니 노릇을 선택할 수 있는 환경을 사회에 요구할 권리가 있다. 또한 여자는 성관계를 할 뿐 아이를 낳지 않을 수도 있다. 여자는 피임을 준비하고 요구해도 된다. 여자는 성욕을 가진 인간이고, 성을 통해 즐거움을 누릴 수 있는 건강한 존재이며, 노동하고 기본적인 생존을 보장받아야 한다. 여자는 사회·경제적 이유로 임신 중단을 할 수 있다. 여자는 스스로 판단하고 결정할 수 있는 존재다. 그러나 우리 사회는 그것을 믿지 않고 받아들이지 않는다. 여성의 성은 침묵되어야 하고 수동적이어야 하며 통제되고 계획되어야 하는 대상일 뿐이다.

활동가 김희영 씨의 말이다.

"낙태라고 하면 사람들이 떠올리는 시나리오가 문란한 미혼 여성들 문제라는 거죠. 임신은 남성과 함께하는 건데도 불순한 여성 개인의 태도로 여기는 게 문제예요. 여성이 낙태를 했다는 건 성관계를 했다는 거잖아요. 그것에 대한 거부감이 있을 거라고 생각해요. 사실 기혼의 낙태율이 더 많다는 건 이 문제에 대한 통념이 틀렸다는 거고, 사회구조적인 문제로 접근해 해결해야 한다는 거죠."

'임신 출산 결정권을 위한 네트워크' 활동을 하는 동안 여성단체에 협박 전화가 잇달아 걸려왔다. "너가 죽어봐야 알겠냐, 생명의 소중함을!", "시술할 때 쓰는 흡입기로 빨려봐야 알지" 하는 욕설이 수화기에서 튀어나왔다. 그 전화를 받으며 무서웠다고 했다. 여성의 인권과 태아의 권리는 대립하는 것이 아니다. 여성의 재생산권이 보장될 때 준비된 임신을 하고 원하는 출산을 하고 제대로 양육할 수 있는 것이다.

"선택이라는 것은 선택지가 있어야 하고, 그 선택에 대한 다른 선택을 강요받지 않아야 하고, 나중에 그 선택으로 인해 피해받지 않아야 하는데 많은 여성이 내가 정말 낙태를 해야겠다고 선택하는 경우는 거의 없다고 생각해요. 강요될 수밖에 없는 거죠. 낳아서 키울 수 없는 상황을 고려 안 할 수 없잖아요. 단순히 내가 낳기 싫어 안 낳는 게 아닙니다. 선택이 여성에게 강요된다면 강요된 것이 무엇인지 얘기를 해야 해요. 처음 성관계에서부터 남성에게 피임을 요구할 권리, 임신, 출산, 낙태까지 여러 권리를 총합해서 재생산권을 얘기하는 거예요."

나는 이전에 성교육을 할 때 만난 청소녀들의 말을 생각한다.

"피임은 결혼해서 배우면 돼요. 그런 얘길 남자친구한테 하면 의심받아요", "선생님, 배 때리면 아기가 떨어진다는데 그래요?", "저는 업소에서 연애(섹스)하고 나면 더러운 생각이 들어서 질 속을 박박 씻어내요. 그래도 임신돼요?", "저는 피임약을 한꺼번에 다 먹었어요", "루프를 했는데도 임신이 됐어요", "입양 보낸 아이가 나중에 저를 미워

할까요?", "우리 아기가 돌이 지났는데 아직 입양이 안 되었어요. 돌 반지를 해주고 싶은데……", "우리 아긴 4킬로그램이 넘었어요. 입양될 거예요. 나 이제 집에 가요".

말을 하면서 눈물을 참으려고 천정을 쳐다보고 눈길을 이리저리 돌리던 모습이 떠올랐다. 그들의 아이는 끝내 국가의 일원이 되지 못했다. 해외로, 입양으로 팔려갔다. 그들의 임신과 출산은 아무에게도 축복받지 못했다. 그들의 낙태는 외로운 것이었다. 성관계에서 그들의 몸은 때로 상품에 지나지 않았다.

김희영 씨가 한 말이었다.

"여성의 생명권은 아무도 말하지 않습니다. 임신한 여성의 정체성을 연구한 적도, 윤리적으로 말한 적도 없습니다. 임신 경험을 이해하고, 태아와 여성을 분리해서 보는 것이 아니라 여성의 경험, 여성의 생명권에 대한 이야기도 해야 합니다."

현재 법은 태아의 신체와 생명을 주되게 보호하는 반면, 임신한 여성의 몸과 생명은 부차적으로 여긴다.[20] 태아는 바로 한 인간이라고 여기면서 여성은 출산의 도구로 취급하는 것이다. 그러나 임신 기간은 여성의 적극적인 노력과 결심, 헌신으로 유지되는 기간이며, 태아는 태어나서도 보살핌과 양육의 노동을 통해 완전한 인간으로 설 수 있다. 여성은 그 모든 노력을 장기간 기울여서 임신과 출산과 양육을 한다. 여성의 생존과 삶의 문제는 태아의 삶을 유지할 조건이며 우선적인 차원의 문제가 된다.

1973년 미국의 연방대법원은 기존 낙태법에 대해 헌법상의 프라이버시 권리를 침해했으므로 위헌이라고 판결했다. 여성의 '낙태권'은 결혼, 출산, 피임, 자녀 양육과 마찬가지로 개인의 근본적 권리인 프라이버시 권리이므로 정부의 부당한 간섭이 허용되지 않는 영역임을 밝힌 것이다. 1976년 연방대법원은 기혼 여성이 인공 임신중절 시 배우자의 동의를 얻도록 한 조항과 미혼 미성년자가 부모 동의를 얻도록 한 조항을 위헌으로 판결했다. 돌볼 능력이 없거나 사회적 비난을 받게 될 경우, 여성의 신체적, 정신적 건강에 해악을 초래할 경우, 국가도 어느 누구도 한 여성에게 임신의 유지와 출산을 강요할 수 없다고 기술했다. 법원은 "여성의 역할에 대한 통념을 주장하기에는 여성의 고통이 너무도 내밀하고 사적인 것"이라고 그 이유를 기술했다.[21]

임신 중단을 죄로 볼 것이냐, 재생산권의 문제로 볼 것이냐는 그 사회의 관점과 가치관에 달려 있다. 우리나라의 모자보건법과 형법은 계속 개정 논의가 있었다. 2010년 7월, 대한의사협회와 대한산부인과의사회는 12주 이내의 인공 임신중절수술은 본인 동의만으로 시행할 수 있게 하는 모자보건법 개정안을 제시하기도 했다.[22] 한국여성학회 학술포럼에서는 현행 모자보건법과 같이 정당화 사유 방식이 아니라 기한 사유 방식이 제안되고, '사회·경제적 사유'의 낙태 요인을 포함할 것이 제안되기도 했다.[23] 경직된 법을 바꾸는 것은 살아 움직이는 사람들의 목소리다.

저출산의 대안으로 낙태를 별안간 처벌하겠다는 정부의 모습은 국가가 주도해 낙태를 종용하던 과거의 모습과 다르지 않다. 국가는 상황이 달라지면 언제든지 다시 낙태를 권할 수 있다. 생명에 대한 진정한 논의는 실은 국가 정책에서 부차적인 문제이기 때문이다.

침묵을 넘어
다르게 질문하기
○

김희영 씨가 마지막으로 한 말이었다.

"정말 많은 이들이 낙태를 했는데 그 여성들의 목소리만 담아도 이길 수밖에 없는 싸움인데 항상 불법이 계속되는 이유가 뭘까요? 사회에서 죄책감을 너무 강요하고 말하지 못하게 합니다. 생각하고 경험하는데 그것에 대해 말할 수 없게 침묵시키고 침묵의 이유를 만들어 강요하는 거죠. 여성이 성적인 주체, 재생산권의 주체가 되는 것을 비난하고 제재합니다. 법 개정이 가능하려면 사회적으로 인식이 많이 바뀌어야 합니다. 사람들의 침묵을 깨고 그 침묵의 의미를 알게 하고, 어떻게 해야 하는지 말 되어져야 합니다."

사실, 낙태 이야기는 하지 않는 이야기다. 가까운 이들에게도 입을 다무는 이야기다. 그러나 우리 곁의 동료와 친구와 가족과 연인이 낙태를 했다는 것을 우리는 알고 있다. 그 고통을 지켜보고 지지하거나 비난하거나 잊어버리기도 했다. 많은 이들이 직간접적으로 이 문제를 경험하고 고민했다. 어떻게 얘기할 것인가, 어떻게 질문하는가에 따라 이것은 다르게 사람들에게 다가갈 수 있다. 제각기 이 문제가 사회 문제가 아닌 개인의 문제, 인권의 문제가 아니라 개인의 잘못이라고 여기고 숨겨왔을 뿐이다. 목소리를 내고 경험을 듣고 말할 때 이것은 '많은 사람이 이해할 수밖에 없는 문제'가 될 것이다. 우리 사회는 이때까지 실은 누구도, 원하지 않는 임신과 중절수술과 출산을 겪은 당사자인 여성들만큼 아파하지 않았고 그 아픔을 인정하고 책임을 나누지 않았다. 여성들의 죄책감과 반성과 고통의 크기를 사회가 저울질하고 판단하는 것이 아니라 여성의 권리를 그 자체로 인정해야 할 것이다. 그동안 소리 없이 훼손당한 몸과 삶에 대한 뒤늦은 답변을 우리는 이제 같이 상상해보아야 한다.

성범죄,
오래된 뜬소문

그럴싸한 이야기들

○

　　어린이집 회의 시간에 한 학부모가 낸 의
견에 모두 잠시 조용해졌다. 말을 꺼낸 이는 다시 한 번 힘을 주어 되
풀이했다. 짧은 침묵을 통해 자기 말의 효과를 충분히 느낀 다음이었
을 것이다.

　　"요즘 세상에 자식 키우기 겁나잖아요. 그러니까 우리 어린이집 애
들을 모두 경찰서에 데려가 지문 등록을 하면 아이를 잃었을 때 바로
대조해서 찾을 수 있다는 거죠. 그리고 성범죄자 사진 있잖아요, 그
거도 집집마다 우편으로 공지되었다는데[24] 아직 모르는 분들이 있잖
아요. 어느 동네에 어떤 범죄자가 있는지 알아야죠. 그 사진도 메일로
서로 공유해요. 할 수 있는 건 다 해야죠. 애들을 지키려면."

그럴싸한 말이었다. 천천히 고개를 끄덕이는 이도 있고, 지레 놀란 눈을 하고 경청하는 이도 있었다. 미처 그런 정보를 알지 못했다며 감탄하는 이도 있었다. 개중엔 빌라 엘리베이터 앞에 붙여놓아 오가는 길에 들여다보는, 신상이 공개된 성범죄자의 사진을 떠올리는 이도 있었다. 얼굴뿐 아니라 전력, 집 주소 따위가 자세히 적혀 있는 공문이었다. 저주에 찬 부적처럼 그것은 사위스러웠다. 가슴을 철렁하게 하면서도 눈을 떼지 못하게 하는 힘이 있는 종잇조각이었다. "뭐 이런 걸 보내!" 봉투를 뜯자 튀어나온 성범죄자의 얼굴에 언짢았다는 부모도 있었다.

그동안 이어진 보도들이 좀 흉흉했나. 안양 어린이 납치 살해 사건 (2007년), 아이를 만신창이로 만들었다던 경악스런 조두순 사건(2008년), 2010년에 일어난 김길태 사건[25], 김수철 사건까지 요 몇 년 동안 언론에 보도된 성폭력 사건들을 떠올린다. 언론은 집요했다. 한 번 보도하고 마는 것이 아니라 수십 번, 수백 번씩 보도했다. 어디서 어떻게 피해자를 납치하고 폭력을 행사했으며 살해했는지, 어떻게 생긴 작자가 저지른 건지, 이웃의 분노는 어떤지, 작자가 무슨 말로 후회하는지, 전문가들이 보는 원인은 어떤지, 끔찍한 사진들과 함께 자세히 보도했다. 다음번엔 누구를 덮칠지 모르는 범죄자들이 지금도 횡행 중이라는 위협 어린 멘트도 끝에 빠뜨리지 않았다. 방송을 보고 있으면 천지가 위험했고 여자애들은 언제 무슨 일을 당할지 몰랐다.

학교는 더 이상 지역 주민에게 운동장을 개방하지 않았고 초등학생들은 수업 중에 화장실에 갈 때도 둘씩 짝을 지어 일어나야 했다. 놀이터에서 그네를 타는 초등학생 여자애들은 '성폭력, 성폭력' 소리를 곧잘 입에 올렸고 날이 저물기 전에 아이들의 손을 잡고 가는 부모의 발걸음은 괜스레 더 빨라졌다. 세상이 캄캄해지면 집의 문을 꼭 닫고 세상과 격리되면 안전하다고 여기지만 집까지 태연스레 들어와 납치하거나 성폭력을 저지른다는 기사를 보면 집 또한 안전한 경계가 되긴 틀린 것 같다 싶었다.

"요즘 뉴스 봐요. 우리 어린이집 애들도 안전하지 못해요. 어디서 무슨 일이 일어날지 어떻게 알아요? 애들한테 교육 철저히 하고 나들이 가서도 혼자 못 놀게 하고, 모르는 남자들 조심하게 해야 해요. 아무도 믿지 않는 게 차라리 안전하지, 어설프게 굴었다가는……"

불안은 금방 전염이 된다. 그 말이 끝나기 전에 모인 부모들이 수런거린다.

"왜 우리 집에는 우편물이 안 왔지?"

"난 받았어."

"우리 동네에는 전과자가 어디에 살지요? 아세요?"

"전자 발찌 같은 거 한다며?"

"소용없어, 발찌 차고 돌아다녀도 모른다던데."

"정말 애한테 그런 일이 일어난다면 끝장이지."

'끝장'이라는 말끝이 축축하다. 끝장은 성폭력을 당하는 것을 의미한다. 끝장나기 전에 철저히 대비하고 악마를 가려내고 추방해야 한다는 이야기인 셈이다.

그 자리에서 조심스런 반대 의견도 있었다. '아이들이 경찰서에 다 같이 가서 줄지어 지문을 찍으면 그 과정에서 불안을 느낄 것이다. 국가가 어른들의 지문까지도 모자라 어린아이들의 지문까지 통으로 가지고 있을 필요는 없다. 아이들이 오가는 길에 벽에 붙은 사진을 보며 이웃에 사는 성범죄자의 얼굴을 확인하는 것 자체가 우려된다. 어른들이 과민하게 반응하고 경계하는 것이 아이들에게 이롭지 않다'는 내용의 반박이었다.

그에 대해 반론이 바로 나왔다.

"아이한테 그런 일이 일어나지 않으리라는 보장 있어요? 만에 하나 그런 일이 일어나면 어떡할 건데요?"

협박 투였다. 이번에는 다른 부모가 말했다.

"하지만 일어날 수 있다는 것 하나 때문에 아이들에게 일상적으로 공포를 주입하는 행동을 할 필요는 없잖아요."

"그런 일이 있다면요? 뉴스 보세요. 요즘 얼마나 그런 일이 많이 일어나는데. 부모로서 할 수 있는 데까진 다 해야죠."

저녁 회의 시간에, 교사가 각자 자유롭게 알아서 선택하자고 중재할 때까지 서로 목소리가 높아졌다.

성폭력 범죄 보도가 불러오는
공포와 불안

○

　　　　　　미디어를 통해 성폭력에 대한 공포를 확
산하는 문제라면, 내 기억에 떠오르는 시간이 있었다. 1980년대였
다. 국가가 3S 정책(스크린screen, 스포츠sport, 섹스sex로 국민의 관심을 유도하여 정
치적 무관심을 갖게 하는 정책)을 펼치면서 산업형 성매매가 확산되고 성매
매 여성의 공급이 수요를 따라가지 못할 때 '인신매매' 괴담이 판을
쳤다. 여중생이었던 우리의 귀에 날마다 들리던 소문은 길에 가던 여
학생이나 유부녀를 인신매매 범죄단이 봉고차에 강제로 태워 납치
한다는 내용이었다. 우리는 학교에서 매일 낯선 봉고차를 진짜로 맞
닥뜨렸다거나, 아슬아슬하게 피했다거나, 의심스러운 사람을 보았
다고 호들갑스럽게 얘기를 나누었다. 길을 물으러 다가온 낯선 차를
피한 아이는 납치단에게서 마치 탈출한 것처럼 열에 들떠 얘기를 했
다. 우리는 학교와 집이 가장 안전하다는 것을 배웠고, 부모와 교사가
정해주는 길이 결국 험한 세상에서 보호받는 길이라는 것을 은연중
에 학습했다. 어떤 선생은 수업이 잘 안 된다 싶으면 "공부 안 하면 뭐
할래? 술집에 갈래? 지금 술집에 가면 니네 또래 애들 천지빛깔이야"
하면서 교단에 서서 협박을 했다.
　국가는 '범죄와의 전쟁'을 선포했고 어른들은 화끈한 정책을 펼치

는 노태우가 진짜 대통령이라고 지지했다. 범죄와 싸워주는 대통령 밑에서 학교와 집을 오가기만 하면 되었다. 길 밖에 나가는 딸은 걱정 담긴 소리를 들었다. 〈성매매 담론의 비판적 고찰〉(엄혜진, 2005)이라는 논문은 그때의 공포가 얼마나 허구였는지 통계를 들어 밝히고 있다. 전 국민적인 공포에 비해 부녀자 납치 등 전형적으로 인식된 범죄가 실제로 일어난 통계는 전체 사건의 4%에 지나지 않았다고 했다. 극소수의 사건을 일반적인 것처럼 부풀리면서 가부장적 이데올로기가 사회적으로 강화되었고 여성들은 두려움 속에서 위축되고 차별적인 성 고정관념을 내재화해야 했다.

2008년 이후 언론은 성폭력 범죄들을 심각하게 보도했다. 성폭력 범죄를 제재한다는 구실로 많은 법들도 줄줄이 통과되었다. '특정 범죄자에 대한 위치 추적 전자장치 부착 등에 관한 법률 일부 개정 법률안', '성폭력 범죄의 처벌 등에 관한 특례법안', '형법 일부 개정법률안', '특정 강력범죄의 처벌에 관한 법률 일부 개정 법률안', '상습적 아동 성폭력범의 예방 및 치료에 관한 법률안' 등이 2010년 상반기에 통과되었다. 언론은 연일 이를 보도하며 가해자의 인권이나 성폭력 발생의 원인에 대한 근본적인 고찰 없이 범죄자를 악마로 묘사하는 데 급급했다.

한국에서 아동 성폭력 사건 보도는 2008년 이후 급격하게 증가하기 시작했다. 그중 김길태 사건은 그 어떤 사건과도 비교가 안 될 정도로 언론의 관심을 받았다. 김길태 사건에 대한 보도는 아동 폭력에 대한 심층적 보도는 거의 없이 김길태 개인에만 초점이 맞추어졌다. 아동 성폭력에 대한 대책도 극단적인 소수 범죄자 방지에만 맞추어져 효과나 비용 소모에서 문제점을 남겼다.

아동 성폭력과 같은 범죄에 대한 언론의 집중포화가 야기하는 또 다른 문제는 성폭력의 두려움이 더욱 커지는 것이다. 아동과 부모들의 공포만 커지는 것이 아니라 청소년 여성이나 성인 여성의 성폭력에 대한 공포도 커질 수밖에 없다. 성폭력의 공포는 수동적이고 의존적이며 스스로에게 검열이 심해야 방정한 여성이 된다는 자기 억압적인 여성성의 형성 과정과 깊게 연관되어 있다. 김길태 사건 보도나 정부의 대처는 아동 성폭력 사건이 정치에서 무관한 가치중립적인 사건이 아니라는 것을 보여준다. 인권에 대한 기본 규정, 사회불안 요소에 대한 방향 호도가 이루어지고, 부모의 역할, 특히 어머니의 역할도 이런 흐름에 엮여 있음을 알게 된다.

– 권인숙·이화연, 〈성폭력 두려움과 사회통제: 언론의 아동 성폭력 사건 대응을 중심으로〉,《아시아여성연구》제50권 2호.

과연 형량이 높아지고 예산이 가해자의 처벌에 집중되면 범죄가 예방될까? 사회적으로 여성이 공격받기 쉬운 취약한 집단으로 여겨지고 남성은 그 자체로 공격성을 띠거나 공격적이어도 되는 집단으로 인식되며, '옆집 사람'을 믿지 못하는, 그래서 사회 공동체가 깨어지는 상황이 더 위험스러운 것이 아닌가?

용산 참사에 대한 비판 여론을 잠재우려고 정부가 성폭력 범죄자에 대한 보도를 대대적으로 하라고 언론 지침을 내린 것이 비판을 받은 적이 있다. 아래는 한국여성민우회 미디어운동본부의 보도자료이다.

공권력 개입으로 용산 철거민 참사가 발생했고 비슷한 시기에 강호순 연쇄 성폭력 살인 사건이 일어났다. 청와대 행정관은 용산 철거민 참사로 인한 부정적 여론을 무마하기 위해 사건 담당 형사의 인터뷰 적극 협조, 드라마 CSI와 경찰과학수사팀의 비교, 수색에 참여한 전의경의 수기 등 구체적인 홍보 지침을 경찰청 홍보 담당관실에 하달했다. 강호순 사건의 보도는 질보다 양에 치중한 흥미 위주의 선정적 보도가 되었다. 가십성 보도, 추정 보도 등을 통한 여론의 쏠림 현상을 유발했다. 이는 '강호순=공공의 적'이라는 국민적 분노로 이어져 사형 집행에 대한 여론이 확산되는 등 그 효과가 컸다. 우리는 이러한 변화가 청와대 이메일 지시가 있던 시점과 대략 맞물린다는 점에서 지상파 방송의 공익성, 권력 감시 기능에 심각한 우려를 가지게 되었다.

이번 안양 어린이 납치 살해 사건은 사건 자체가 강력 범죄에 속하는 충격적인 내용이었을 뿐만 아니라 이 사건으로 인해 우리 사회의 어린이나 여성에 대한 사회적인 안전망이 시급하게 보완되어야 함을 절실하게 느끼게 해준 사건이었다. 그러나 지상파 3사의 메인 뉴스는 사체 발굴의 중계식 보도, 자세한 범죄 묘사, 선정적인 화면 구성 등을 하여 시청자들에게 무조건적인 경계와 막연한 불안감을 심어주었다.

– '강호순 연쇄 성폭력 살인 사건 보도와 용산 철거민 참사 보도에
   저울달기'(2009. 3. 11).

　사회의 구성원들에게 불신과 공포를 심어주고, 피해자의 무력함을 재생산하는 미디어의 보도 방향이 비판받아야 하는 것이 아닌가? 어떤 것이 뉴스로 선택되고 그 사건이 실제 일어나는 비율과 다르게 어떻게 과장 보도되며 이데올로기적인 기능을 수행하는지 비판적으로 보아야 한다. 한국여성민우회 미디어운동본부는 범죄 사건을 보도할 때 다음과 같은 사항에 유의할 것을 명시했다.

　단순 중계식 보도, 성급한 추측성 보도를 지양해야 하며, 최대한 오보를 줄여야 한다. 또한 극적인 범죄의 재구성과 자세한 범죄 묘사, 선정적인 언어 사용과 화면 구성으로 시청자들에게 불안감을 심어주어서는 안 된다. 대신 범죄에 대한 경각심을 일깨워주고 사회적 여론을 환기하는 대책 보도를 하고 그 대책이 잘 이루어지는지 후속 보도를 지속적으로 해야 한다. 피의자 신상에 대한 지나친 일반화를 삼가야 한다. 일반 선량한 시민들조차 잠재

적 범죄자로 인식하여 색안경을 끼고 보는 결과가 일어날 수 있기 때문이다. 뉴스가 무엇을 보도하는가의 문제도 중요하지만 그 무엇을 어떻게 보도하는가의 문제와 더불어 진정한 언론의 역할을 다시 한 번 깊이 생각하길 바란다.

－'자극적이고 선정적인 어린이 대상 성범죄 보도의 문제점'(2008. 6. 25).

범인의 악마화로 덮이는 것들

○

집집마다 배달된 우편봉투 속에는 악마로 낙인찍힌 위험한 얼굴이 있다. 성폭력 범죄자를 신상 공개하는 사진은 아이를 둔 엄마들에게 지극히 두려운 것이 되었다. 그 낯설고 평범한 얼굴을 보며 자식들이 당할 수 있는 최악의 상황을 재빨리 무의식 중에 그려보고 두려워하는 것이다. 육아를 홀로 책임져야 한다고 강요받는 엄마는 자신의 역할을 수행해낼 수 있을지 더 불안해한다. 여성으로서 공격받을 것에 대한 두려움이 자식의 안위에 대한 강박적인 염려로 탈바꿈되기도 한다. 배타와 격리로 안전을 도모하는 방법, 위험을 추방해 자식 주변을 무균질의 안전지대로 만들어야 한다는 강박이 자란다.

내가 성폭력상담소에 있었다는 것을 알고 단골 야쿠르트 아주머니가 말을 건다. 고등학생 딸이 둘 있는데 딸들에게 루프 시술을 하고 싶다는 것이었다. "왜요?" 그이는 얼른 대답을 못한다. 불안 때문이라고 했다. 혹시라도 다 큰 딸들이 강간을 당하면 임신이 될 거라는 두려움에서였다. 집에 늘 있지 못하는 일하는 엄마의 불안은 최악의 경우를 당해도 임신만 안 되면 된다는 섬뜩한 실리적인 사고로 이어져 루프 시술을 하려고 결심한 것이다. 나는 성급한 루프 시술을 말렸다. 그녀와 인터뷰를 했던 인연으로 그 딸들을 집에서 직접 만났다. 빗소리가 다른 곳에서보다 더 크게 들리는, 슬레이트 지붕이 얇고 높은 곳에 있는 작고 어두운 집이었다. 당장 집행될 것이라는 철거가 더 시급히 해결해야 할 문제 같았다. 야쿠르트를 배달하는 가장인 이 엄마가 계속 건강히 일할 수 있고 집을 지킬 수 있고 자식들을 교육받게 할 권리가 먼저 지켜져야 할 것 같았다. 그이 딸들과 같이 성에 대한 이야기를 나누었다. 성교육을 받지 못해 피임이나 성적 의사결정에 대한 이야기를 새로워할 뿐이었다. 염려하지 않으셔도 된다고 말씀드리자 어머니의 얼굴이 밝아졌다. 딸들의 성이 위험해서 무조건 막아야 하는 게 아닐 수 있다고 생각했을지도 모른다.

여성이 성폭력을 당할지 모른다는 공포는 중요한 문제들을 덮는다. 더 급히 해결해야 할 사회 구성원의 평등과 복지의 문제가 그것이다. 성폭력 범죄자를 처단하기 위해 지출하려는 돈의 액수가 다른 성폭력 피해자들의 교육과 복리에 쓰이는 돈을 훨씬 초과한다.[26] 누구인지 모를 악마를 색출하기 위해 공포에 떨며 문을 걸어 잠그는 사이

민주주의와 소통, 비판적 의식이 싹틀 자리마저 막혀버린다.[27] 국가와 미디어는 기를 쓰고 무서운 범죄와 희생당하는 약한 여성, 아이를 전시한다.[28] 사형제를 부활하자는 목소리도 이 틈에 슬그머니 높아진다. 희생당하는 아이는 천진무구하지만 범죄를 행하는 이는 죽어 마땅한 악한이다. 그러나 악마가 없어도 사회는 변하지 않는 구조 안에 악을 숨기고 있고, 천사가 없어도 희생자는 이어진다.

범죄 피해에 대한 두려움이 범죄 피해보다 더 실질적으로 삶을 구속하는 원인이 되는 것이다. 나도 그랬지만, 요즘 혼자 여행을 하는 여자들은 우려 섞인 훈계를 흔히 듣게 된다.

"알지? 그 길에서 살인이 일어났대."

"혼자 다니지 말고 꼭 같이 다녀."

피해는 이런 것이다. 이런 말을 듣고 하게 되는 것. 맞은편에서 다가오는 낯선 사람, 뒤따라오는 낯선 발걸음에 표정이 굳고 가슴이 뛰는 것. '넌 단지 여자일 뿐이야.' 잊었던 생각을 떠올리게 되는 것. 여자라는 것은 어쨌든 아직까지 길에 나오면 먹잇감이 될 수 있고 남성의 완력과 폭력에 굴복하게 되는 존재라는 걸 다시 상기하는 것. 그래서 집 안에 있는 것이 가장 안전하며 규범에서 이탈하지 말아야 살 수 있다고 자기도 모르게 다짐하는 것. 위험한 성이어서 보호가 필요하고 그 보호는 국가로 대변되는 가부장 체계 아래서 가능하다는 것. 그런 대대로 익숙한 낯익은 이데올로기가 똬리를 틀 수 있기 때문에 여성이, 아동이 강간당하거나 살해당했다는 기사는 그렇게 주목을 받고 확대 재생산되는 것이다. 그 메시지는 뒤집어보면 이렇다. 국가와 사회의 틀 안에서 보호받을 것. 또한 그 틀 밖으로 벗어나면 폭력을 당할 수 있다는 경고에 굴복할 것. 두려워할 것. 여럿이 함께 이 사회를 바꿀 수 있다는 꿈을 버릴 것. 그것은 오래된 뜬소문이 늘 부리는 수작이었다.

2부

여성, 가족

사람책이 된
미혼모를 읽다

미혼모[1]가 된 '런닝맘'

○

　　　　　　성미산 마을극장에서 특별한 행사가 있었
다.[2] 무대에 나란히 놓인 네모난 의자에는 세 여성이 앉아 있었다. 한
국미혼모가족협회의 회원이자 사람책으로 나온 이들이었다. 각자 제
목도 있었다. '행복한 런닝맘', '나 미혼모 맞아?', '해피 투게더'.

　사회자가 말했다.

　"이 자리는 살아 있는 책을 만나는 자리입니다. 책은 우리에게 이
야기할 것입니다. 그리고 책이 여러분에게 질문을 던질 수 있습니다.
사람들이 먼저 궁금해하는 것을 제가 물어보겠습니다. 어떻게 해서
미혼모가 되었나요?"

　오른쪽에 앉은 선영이 마이크를 들었다.

"스물아홉 살에 남자친구를 만났습니다. 저는 다른 여자들과 똑같 았습니다. 내 연인은 특별하고, 전에 사귄 남자친구들과 비교가 안 된 다고 생각했죠. 매일 저에게 선물을 주고 데이트 비용을 부담하는데 다 늘 집 앞에 데려다주고, 이별은 생각할 수 없다는 말을 제게 했어 요. 연애를 할 당시 둘 다 직장에 다녔기 때문에 출퇴근길의 지하철 에서 자주 만났어요. 남자친구는 성실한 모습을 보여주었고 임신 당 시에도 책임감 있는 모습을 보여줬어요. '당연히 같이 키워야지'라고 제게 말했고요.

임신 초반 제 마음은 조급했지만 남자친구는 집안 사정 문제를 얘 기하면서 저를 타일렀고, 그럴 수도 있겠다고 생각했어요. 그런데 임 신 4개월 때 남자친구가 고백할 게 있다며 황당한 이야기를 했습니 다. 자기는 직장이 없고 알려준 집도 자기 집이 아니고, 자기를 믿어 주면 평생 갚고 살겠다고, 그러니 이번만 용서해달라고, 알아서 해결 할 테니 조금만 기다려달라고……

제가 임신 중반쯤 낙태를 말하니, 그러지 말라며 다리에 매달려 눈 물을 뚝뚝 흘리기도 했습니다. 시간이 갈수록 신뢰는 깨졌어요. 제가 그동안 혼자서 모아놨던 돈을 조금씩 깨서 쓰고 있었는데, 제 돈까지 빌려가 갚지 않았습니다. 아이를 낳고 생후 7개월이 될 동안 늘 책임 지겠다고는 하나 계속된 거짓말이었어요. 아기 낳은 다음에도 말만 할 뿐 돈을 번다거나 아이를 같이 양육한다거나 같이 산다거나 혼인 신고를 하겠다는 모습이 전혀 없었어요. 스트레스를 받았지만 혼자

71

아이를 키운다고 했을 때 일어날 일이 힘들고 두렵고, 주변에 미혼모도 없어서 계속 스스로 다독였어요. '이 상황이 남자한테 힘든가? 철들겠지', 이해하려고 했어요. 그런데 아기가 태어났어도 연락이 되지 않았어요. 그래도 그 끈을 놓을 수 없었어요. 아이가 7개월 됐을 때 정리하고 10개월 때는 양육비 소송을 하고 관계를 끊었습니다."

담담한 말이 끝나자 침묵이 감돈다. 선영 스스로 미혼모에 편견이 있었던 사람이다. 미혼모라고 하면 '어린 사람이 불장난으로 관계 맺어 임신했는데 왜 낳지? 낙태도 있는데, 왜 그랬지?' 하며 지나치던 사람이었다. 지금은 아니다. 미혼모가 되는 과정이나 연령층이 다양하고 누구나 미혼모가 될 수 있다는 걸 알게 됐다.

"텔레비전에서 미혼모라고 하면 어리고 철없고 불쌍하고 경제력 없이 나오니까 저도 그렇게 생각했어요. 미혼모가 될 거라고 생각하지 않고 임신을 하면 당연히 책임지는 거라고만 생각했어요. 연예인들도 혼전 임신으로 결혼을 많이 하니까. 그런데 제가 미혼모가 되어 보니 나이가 있어도 경제력이 있어도 미혼모는 미혼모더라구요."

아버지는 처음에는 비난했다.

"너 눈깔이 삐었냐? 어떻게 할 건데?"

무서운 현실 앞에서 선영이 언니에게 말했다.

"어떻게 하지?⋯⋯ 내가 죽을까?"

언니가 다그쳤다.

"미쳤냐? 혼자 잘할 수 있어. 네가 키운다면 옆에서 도와줄 테니 키워라."

언니가 세상에서 유일하게 그렇게 말해주었다.

"그 당시 언니도 남자친구를 몇 번 보고 같이 얘기도 해보고 둘이 앉혀놓고 정신 차리라고 조언도 했어요. 점점 배는 불러오고 남자친구의 행동이 믿음이 안 가니까. '너 혼자 애 키워라. 계속 이렇게 가다가는 그 남자와 남자네 집까지 네가 먹여 살려야 하는데 네가 능력이 되냐, 돈이 있냐? 그 남자 행동을 봤을 때는 네가 애도 키우고 돈도 벌어야 할 거 같다. 네가 혼자 키운다면 내가 최대한 도와주겠다'고 했어요. 저도 남자친구와 힘들 때마다 얘기할 사람이 언니밖에 없으니까 눈물 흘리며 얘기한 적이 많았고, 저녁이 되면 누워서 베개가 다 젖도록 울기도 많이 울면서, 만삭일 때는 정말 내가 죽어야 하나 하면서…… 혼자서 어떻게 아기를 키울까, 아이는 무슨 죄인가, 내가 죽으면 우리 아기 힘들지 않을까…… 이런 생각을 많이 했어요."

결혼하고 나서 미혼모가 되다

○

민승은 짧았던 결혼 생활을 이야기했다. 청첩장을 돌리고 성당에서 결혼식을 했지만 남편은 결혼하고 나서 석 달 만에 사라져 반년 동안 행방불명이었다. 혼인신고는 하지 않은 상태였다. 그 후에도 그는 집에서 생활하지 않고 내키는 대로 가끔 나타날 뿐이었다. 그 시간을 겪으며 민승은 정신이 망가졌다. 그때 결심했다. 이 사람이 있든 없든 내가 살아야겠다, 아이를 가져야겠다. 살기 위해 민승은 아이를 가졌다. 임신 9개월 때까지 밖에서 일을 했다. 그는 일하지 않았다. 태어난 아이가 아파서 자신이 일을 나가지 못했을 때도 그는 일하지 않았다. 그때 다시 생각했다. 이 사람을 내 삶에서 추방시켜야겠다. 지속적으로 나쁜 영향을 줄 거 같다. 아이를 나 혼자 키우는 게 낫겠다. 그리고 민승은 자신을 미혼모라고 스스로 정의했다.

"11월에 결혼했는데 이듬해 2월에 남자가 말도 없이 집을 나가서 행방불명이 되었어요. 8월에 다시 왔더라고요. 그 6개월 동안 저는 심신이 망가진 상태에서 거의 산 사람이 아니었어요. 버림받은 느낌은 죽음과도 같더라고요. 다시는 그런 일을 겪고 싶지 않은데 애 아빠가 찾아왔을 때 양가에서 다시 잘 살아보라고 했어요. 그런데 한 번 깨진 믿음이 복구가 안 돼요. 또 나갈 사람이라고 생각했고, 이 사람이 다시 집을 나가서 돌아오지 않더라도 내가 다시는 이렇게 망가지지 말아야지 하는 생각에 제가 살려고 아이를 원해서 낳은 거예요. 애 아빠가 또 집을 나가면, 나는 애하고만 살아야지 하는 생각이 있었어요. 그런데도 그게 미혼모가 되는 거란 생각은 하지 못했던 거 같아요. 당사자인 제가 그런데 주변 사람들은 아직까지도 그렇죠.

나중엔 적극적으로 제 삶에서 아이 아빠를 추방하려고 했는데 아이가 크니까 그것도 내 이기심이더라고요. 그래서 방법을 또 새로 찾았어요. 처음에 나 혼자 아이를 키울 거라고 하니까 주변에선 이해를 못했어요. 아이는 저쪽 집에 주고 저 혼자 삶을 잘 꾸려나가기를 기대했어요. 그런데 제 안에 상처가 너무 많아서 안 되더라고요. 이미 밑바닥을 마주하고 나니까. 그리고 아무도 그걸 모르니까.

저는 사랑하고 애정을 쏟고 삶의 책임감을 만들어줄 버팀목이 필요했어요. 아이 낳고 기르는 동안 정말로 아이가 저를 사람답게 살게 하고 많이 지켜주었어요. 그런데 예상한 것보다 경제적으로 아주 많이 힘들었지요. 수급자도 돼봤고. 하지만 아이가 저를 더 강하고 이해심 있는 사람으로 만들어주었고 지금도 계속 저를 성장시켜주네요. 엄마에게 자기 아이는 제2의 생명과도 같아요. 제가 자라는 동안 부모님이 채워주지 못한 인격적인 부족함과 정신적인 상처를 아이를 키우면서 노력하고 치유하고 채우고 있어요. 아기가 점점 독립적인 인격체로 성장하면서 매일 배워요."

미혼모가 되기 전과 후의 차이를 민승은 이렇게 말했다.

"사람의 힘으로 할 수 있는 데까지 하지만 안 되는 건 이해해야 돼요. 전 아이가 두 돌 될 때까지 미친 여자였어요. 부침을 겪다가 어느 순간 생각이 바뀌었어요. 하는 데까지 해보고 안 되는 건 이해해야 한다, 열심히 했는데 이 상태라면 그건 누구의 잘못도 아니에요. 그걸 받아들이게 됐어요." 그리고 덧붙였다. "저와 똑같은 삶의 짐을 지는 사람을 이 미혼모협회에서 만났어요. 미혼모 타이틀을 달고 나니 마음이 편했고 친구도 만날 수 있었죠."

해피 투게더,
난 괜찮아
○

　　　'해피 투게더' 민정은 무엇보다 시설에서
밤낮없이 맞닥뜨린 처절한 울음소리를 기억했다. 그 울음을 들으며
그는 입양 보내는 대신 직접 아이를 키우는 것으로 마음을 바꾸었다.
　"내가 설마 미혼모가 될 거라고 한 번도 생각하지 못했어요. 임신
을 하니 남자친구가 놀라더라고요. 낙태를 하라고 했어요. 자기 부모
한테 이야기도 안 했고 결혼할 건 아닌 것 같다면서. 난 낙태는 못하
겠다고 했어요. 내 몸에 상처 나는 것도 싫고 생명이니까 낳아서 입
양 보내겠다고 했더니 꼭 입양 보내라고 하고는 나중에 연락이 끊겼
어요. 난 서울의 시설에 올라와 있었지요. 시설에 있다보니 입양 보낸
어린 친구들이 정말 힘들어해요. 맨날 울고, 펑펑 울고 시간만 있으면
계속 울어요. 그런 모습을 볼 때 서른한 살, 내가 애를 보내고 내 인생
을 찾겠다고 바로 살 수 있을까 생각했어요. 임신 9개월쯤 양육을 선
택했어요. 한편으론 세 살 때부터 키워준 할머니한테 죄송해서 양육
하지 말고 입양 보낼까 했지만, 내가 할머니 밑에서 자라면서 '아빠나

엄마나 두 분 중에서 한 분이라도, 한 분만이라도 나를 보살펴주고 같이 살아줬으면 내가 달라지지 않았을까', 그런 생각이 컸던 거 같아요. 경제적 여건은 안 되지만 아이가 '엄마, 엄마' 할 수 있는 언덕이, 기둥이, 그 정도는 내가 해줄 수 있지 않을까……"

임신한 열 달은, 민정이 입양과 양육 중 하나를 결정해야 했던 날선 시간이었다. 민정은 출산을 결심해서 엄마가 되었고 할머니가 돌아가실 때까지 아이의 존재를 숨겼다. 마지막에 병든 할머니에게 아이를 데리고 갔을 때 친척들은 어느 누구도 아이의 머리를 쓰다듬지 않았다. 유일하게 할머니가 아이의 머리를 쓰다듬어주었다. 그 기억이 민정에게는 몹시 소중했다. 아이에게도 그 기억이 소중했다. 할머니는 그렇게 돌아가셨다.

민정이 아무에게도 하지 않은 이야기를 하겠다고 한다.

"얼마 전에 엄마를 만났어요. 엄마의 첫마디가 '미안하다'였어요. 저는 아무렇지 않게 '괜찮아. 나는 할머니 밑에서 자라서 괜찮았어'라고 말했어요. 공원에서 만났는데 엄마가 저를 보고 계속 '미안하다, 미안하다'고 '나는 네가 정말 잘살고 있는 줄 알았다'고 했어요. '나는 잘살려고 했는데 살다보니 이렇게 됐다. 어쩌겠노' 하고 대답했어요. 내가 아이를 안 낳고 혼자였으면 연락을 안 했겠지만 내가 엄마가 되니 엄마의 마음도 이해가 갔어요. 처음엔 고민했어요. 내가 엄마라고 해야 할까? 나를 낳아준 건 맞지만 엄마라고 해야 할까? 그런데 만나서 '엄마, 엄마' 편하게 불렀어요. 엄마가 마음 아파하며 '내가 너를 못 돌봐줘서 진짜 미안하다. 나도 잘사는 게 아니고 이래 사는데 너도 이렇게 사냐'고 해서 '돈이 뭐 중요하냐, 남들 보는 게 중요한 건 아닌 것 같다. 나는 아이가 있어서 아무렇지도 않다'고 했어요."

아무렇지 않다고 하는 민정이 눈물을 흘렸다. 그 곁에서 민승은 손수건에 얼굴을 묻은 채 고개를 숙이고 굳어 있었다. 웃으며 담담하게 얘기하려는데 어떤 단어는 그것을 스치기만 해도 목소리가 떨렸다. 그러니까, 책이 아니었다. 펼쳐진 책장과 우리 사이에는 거리감이 없었다. 우리는 시치미를 떼고 '피의 언어'[3]로 쓰인 책을 듣는다. 어떤 것이 지키는 것이고, 어떤 것이 지키지 않는 것인지 여기에서는 아무것도 명확하지 않다.

한 미혼모는 수기[4]에서 이렇게 썼다.

1년 계약직으로 일하던 직장을 그만두고 좋은 조건으로 스카우트되어 간 직장에서 미혼모라는 사실 때문에 직원들의 따가운 시선을 받고 5일 만에 그만두게 되었을 때 세상이 미혼모를 바라보는 시선이 어떤지 알게 되었다. 한 달이라는 시간 동안 아이와 산속에서 살았다. 세상이 무섭고 두려워 나올 수가 없었다. 그리고 내가 내 아이를 위해 무언가 하지 않으면 안 된다는 것을 깨달았고 세상이 변하지 않으면 내 아들은 이 사회에서 미혼모의 자식이라는 굴레를 평생 벗을 수 없다는 것을 알게 되었다. 나는 내 아이를 책임진 것뿐인데 세상은 나에게 잣대를 대고 비난하고 그 비난들이 내 아이에게도 돌아오고 있었다.

사람책,
세상에 질문을 던지다
○

　　　　　나는 두 해 동안 미혼모들과 리빙 라이브
러리를 준비하기 위한 글쓰기 수업을 해왔다. 나는 그동안 그들이 '사
람책'으로서 어떤 질문을 들었는지 물었다. 자신들을 '대출'한 독자
들은 질문했다. 어쩌다 미혼모가 되었는지, 왜 입양 보내지 않았는지,
아이가 나중에 원망하면 어떻게 할 건지, 아이가 죽고 싶다고 하면
어떻게 할 건지, 후회한 적은 없는지, 다시 태어나도 미혼모로 살 건
지…… 그 질문들에 그들은 하나하나 성심껏 답해주었다. 하지만 미
혼모에 대한 편견을 전제한 어떤 질문은 잔인하고 우둔한 것이었다.
"어떤 질문을 받고 어떤 대답을 하고 싶어요?" 내가 물어보았을 때 이
들은 답했다. "우리가 다양하고 모두 다른 사람들이라는 걸 말하고
싶어요." "내가 아이를 잘 키워내고 아이와 행복하다는 것을 말하고
싶어요." "가족의 의미를 되묻고 싶어요." "엄마, 아빠가 있는 가족이
다 행복한 건 아니라고 말하고 싶어요." "나 자신에 대해 말하고 싶어
요."

이들은 설명하기 위해 있는 것이 아니라 새로운 질문을 던지기 위해 이 자리에 있다.

마을극장에서 사람책 선영과 민정이 차례대로 말했다.

"저는 아이를 키우고 있고 그게 당연한 거잖아요. 원原가족family-of-origin이 남자와 여자가 있다면 좋겠지만 요즘에는 다양한 가정이 많고 그 부분을 인정해주고 미혼모도 엄마라는 것, 경제적으로 어려워도 행복하다는 것, 저희는 이미 노력하고 책임지는 엄마이니 저희에게 질책을 가하는 것이 아니라 비양육자인 미혼부, 상대편에 대한 질책을 해줬으면 좋겠어요."

"제가 생각하는 것은 나는 하나의 엄마이고 우리 둘만 봐서는 아무 문제가 없다는 겁니다. 남처럼 평범하고 세 끼 밥 먹고 학교 가고 저는 일하고. 솔직하게 그런 사실을 얘기할 수 없다는 것, 그런 제도가 우리를 더 힘들게 합니다. 저희를 똑같이 편안하게 봐주고 한편으로 격려받고 싶습니다. 혼자 힘으로 아이를 잘 양육하고, 이 사회에 아이가 큰 일꾼이 될 거라 생각합니다."

한 청중이 손을 들고 자기 생각을 말했다.

"엘리펀트 인 어 룸elephant in a room. 조그만 방에 큰 코끼리를 넣는 것. 우리 삶의 방식은 법률혼을 넘어 있고 현실은 법을 넘어 있습니다. 법률혼은 현실에 어울리지 않고 오히려 삶을 불편하고 고통스럽게 만듭니다. 어떻게 하면 삶의 내용과 어울리는 방식으로 삶의 형식을 구성할 수 있을까요?"

삶의 방식을 존중받지 못한다는 것은 삶의 형식으로 인정되는 것들이 누리는 혜택에서 자신은 제외된다는 것을 뜻한다.

2013년 선영이 나에게 한 이야기다.

"정책적인 부분과 현실의 차이가 너무 큰 것 같아요. 아이가 커갈수록 경제적인 부담은 더해가고요. 우리 아이도 어린이집에 다니고, 보육 시간이 아침 7시 30분에서 저녁 7시 30분이에요. 그 시간에 맞추려면 근무시간이 9시에서 6시까지인 일터를 구해야 하죠. 그나마 저는 모자원에서 생활하고 있지만 너무 사회를 몰랐던 것 같아요. 막상 일자리를 구하려고 보니, 나이와 경력 사항 문제, 그리고 아이가 있다는 이유로 취직이 잘 안 되더라고요. 모자원에 있는 다른 엄마들과 이야기해보면 대부분 엄마들이 경험하는 고충이기도 하고요. 한 엄마는 판매 쪽으로 경력이 15년이지만, 아이 때문에 판매 말고 사무직으로 이력서를 올려봐도 연락이 오는 곳은 콜센터와 판매뿐이더래요. 아이를 키워야 하니 조건에 맞지 않는 콜센터는 거절했지만, 사무직으로 연락이 오는 곳이 없어서 거의 두 달 동안 이력서를 넣다가 '포기할까?' 하며 괴로워했어요. 결국에는 판매 쪽으로 일을 하더군요. 주말에도 풀 근무를 해야 하기 때문에 일주일에 아이를 보며 대화할 수 있는 시간은 24시간도 안 될 거라고 하더라고요. 이 사회는 한부모를 참 강하게 만드네요.

제가 너무 약하게 느껴져요. 사회가 이런 거구나. '대한민국에서 서른이 넘은 여성이 혼자서 아이를 키운다는 것은 가진 재산이 많이 있거나, 가족의 도움을 받거나, 스펙이 좋지 않으면 이렇게 어려울 수밖에 없는 건가?' 씁쓸하기도 하고…… 아이를 키우는 것이 행복한 일이지만 입양을 선택한 사람도 아이가 자라면서 점점 이해가 되기 시작했어요. 물론 저는 다시 임신 때로 돌아간다고 하더라도 입양을 선택하지는 않겠지만요. 그리고 사람들이 왜 기초생활수급 유지를 할 수밖에 없는지, 생활의 어려움에 대해 생각하게 되고요."

엄마,
당신을 정말 사랑해요
○

　　그리고 선영은 입양특례법[5]에 대해 말했다.

"작년에 우리 모자원에서 살다가 나가신 분이 있는데 그분이 입양특례법을 굉장히 칭찬하더라고요. 그분은 국내 입양인이었고, 목사 부부한테 입양이 됐는데 어렸을 때 학대를 굉장히 많이 받았어요. 그런데도 도움을 청할 수 있는 사람이 없더래요. 목사 부부는 한 아이를 입양한 위대한 사람들이었고, 입양아는 평생 감사하며 살 수밖에 없었어요. 저는 입양을 긍정적으로 보지 않아요. 가끔 텔레비전에서 굉장히 힘들게 사는 입양인들을 보면서 아이는 부모가 키우는 게 맞다고 생각했어요."

마을극장에서 열렸던 리빙 라이브러리 행사 자리에는 입양인들도
와 있었다. 그들은 다른 미래를 위해서 이 자리를 지켜보고 있었다.
'진실과 화해를 위한 해외 입양인 모임TRACK' 사무총장 제인 정 트렌
카도 뒤쪽 자리에 앉아 앞에서 말하는 세 명의 미혼모에게서 눈을 떼
지 않았다. 입양 이후의 삶, 민족을, 언어를, 가족을, 정체성을 잃는다
는 것이 어떤 것인지 아는 이들은 자신을 버린 나라로 돌아와 미혼모
가 아이를 포기하지 않고 키울 수 있게 곁에서 함께 지켜내고 있었다.[6]

입양은 사회적으로 강요된 선택이고 입양인의 삶의 고통과 미혼모
의 삶의 고통은 이어져 있었으며, 그것은 감내해야 하는 고통이 아니
었다. 입양 산업의 상업화와 자국 인간을 수출하는 데 무감한 정부의
무책임과 협박당하고 강요당하면서 입양 보내는 미혼모의 현실을,
당사자들이 파헤치고 법을 바꾸어내었으며 국제 사회에서 공론화했
다. 또한 입양인의 날을 싱글맘의 날로 이름을 바꾸고 국회의원회관
에서 이 행사를 진행했다. 입양인들은 자기 또래의 미혼모와 그 품에
안긴 아이를 보며 또 다른 시간과 삶이 흐르도록 지지했다.

제인 정 트렌카는 제2회 싱글맘의 날에 금줄 세리머니를 통해 이렇
게 선언했다.

사랑하는 엄마, 제가 태어난 날엔 아무도 행복하지 않았죠. 할머
니가 제 탯줄을 자르지도 않았고, 할아버지가 제 이름을 지어주

지도 않았어요. 어느 누구도 엄마를 위해 미역국을 끓여주지 않았고 제가 태어났고 당신이 엄마가 되었음을 알려주는 금줄도 걸지 않았어요.

그래서 저는 지금 엄마와 나를 위한 금줄을 걸려 합니다. 금줄의 한쪽 끝은 제가 걷기 시작하는 곳이고 다른 쪽 끝은 엄마가 걷기 시작하는 곳입니다. 우리 금줄의 한가운데서 만나서 엄마와 딸로서 새로운 관계를 만들어요. 저 여기 있어요! 저는 당신의 딸입니다. 그리고 당신은 나의 사랑하는 엄마예요! 우리가 작은 오두막에서 만났을 때 엄마는 제게 이렇게 말했을 테지요. "넌 나를 사랑한 유일한 사람이지만 나는 나보다 더 나은 누군가가 너를 사랑할 수 있다는 걸 안단다. 나는 그저 줄 수 있는 게 아무것도 없고 아무 데도 갈 곳 없는 그런 여자일 뿐이야." 저는 당신께 이렇게 답할 거예요. "아니에요, 엄마 말은 틀렸어요. 당신보다 더 나은 사람은 없어요. 당신보다 저를 더 사랑할 수 있는 사람은 없어요. 그리고 한순간도 나의 엄마가 되기를 그치지 않은 엄마를 정말 사랑해요."

가난한 민정은 아이를 목욕시키며 물어보았다.

"엄마랑 사니까 좋아?"

"응."

"있잖아, 우리가 아빠랑 살지 않잖아. 다른 친구는 엄마가 없고 아빠가 키우는 애들도 있고, 할머니, 할아버지가 키우는 친구도 있고. 엄마, 아빠가 없어 다른 집에 가서 크기도 해. 근데, 만약에 엄마가 힘들어서 너를 다른 집에 보낸다면 어떨까?"

아이가 화를 버럭 내었다.

"그런 걸 왜 나한테 묻는데?"

"엄마랑 힘들게 살아도 괜찮아?"

"당연히 괜찮지!"

선영은 말끝에 아이 이야기를 하고 싶어한다. 자신이 얼마나 아이를 잘 키웠는지 자랑하고 싶어한다.

"저는 아이 낳기 전에 부정적인 사고방식의 사람이었어요. 세상이 재미없었고, 사랑받고 싶었고, 외로웠고…… 그러다가 엄마가 2004년에 돌아가시고 저 혼자 살게 되면서 그때부터 그냥 손이 가는 대로 책을 읽었어요. 우연히 읽은 책들은 조금씩 저를 변하게 하더라고요. 조금씩 변해가는 나 자신이 좋았고, 그러다가 남자친구를 만나게 되어 '정말 이 사람이라면 내가 부족하더라도 같이 노력할 수 있지 않을까?'라는 생각을 하게 되었던 거예요.

그렇게 아이를 낳았고 아이를 누구보다 잘 키우고 싶었어요. 사랑 표현을 온몸으로 느끼면서 자란 아이라면 세상을 살아가는 데 자신감을 가지고 어려움을 겪었을 때 털어내고 일어나는 시간이 다르지 않을까 싶어서 제 자신을 사랑하는 연습, 그리고 아이에게 표현하는 연습을 했어요. 지금도 항상 한쪽이 아파요. 내가 사람 보는 눈이 없어서인지 업보가 많아서인지 나에게로 와서 자라나는 아이를 볼 때면 '너는 또 어떤 이유로 나한테 왔니?' 하면서 가슴이 짠해와요.

그래도 아이가 어린이집에 다닐 때 그 당시 담임선생님이 아이 칭찬을 해주셨어요. 그때 '아, 그래도 내가 노력은 했구나' 싶어서 기분이 좋았어요. 저는 아이 키우면서 힘들지 않았어요. '이게 내 벌이라면 벌이다, 달게 받겠다'는 생각이 강했던 것 같아요. 천기저귀를 쓰고, 모유를 먹이고, 경제적으로 몹시 모자랐기에 해줄 수 있는 게 아주 적었지만, 아이가 저를 행복하고 성숙하게 만들어주더라고요. 그래요, 너무너무 행복했던 거 같아요."

나는 그 밝은 웃음을 따라 웃으며 이렇게 생각했다. 어떤 질문에 대해서는 답하지 않아도 되었다. 답을 하지 않기 위해서는 스스로 던지는 어떤 질문에 대해서는 끝내 응답해야만 했다. 어떤 질문을 세상에 하나 던지기 위해서는 피 흘리는 속내를 까뒤집어 드러내 보여야 했다. 어떤 질문은 무덤을 만든 후에야 그 자리에서 뜻하지 않게 피어올라 들꽃처럼 흔들거렸다. 그 흔들리는 물음이 앞장서서 책장을 넘기는 손길이 되었다. 시작도 없이 끝난 오래된 전설 같은 이야기를 앞으로 흐르게, 흐르게 하는 물꼬가 되었다.

마음이여,
집에서 벗어나자

성폭력전문상담원 교육[7] 중에 한국여성
의전화 정춘숙 대표가 들려준 이야기가 있다. 남편의 폭력을 피해 집
을 탈출하려고 창문 밖에 긴 밧줄을 준비해둔 늙은 여자의 이야기였
다. 맨발로 상담소에 찾아와 상담한 적 있는 그녀는 집으로 되돌아갔
다가 다시 남편의 폭력과 맞닥뜨렸다. 빌라 고층에 살고 있었는데 창
문 밖으로 나와 밧줄을 타고 내려오다가 떨어져 죽었다고 했다. 왜 떨
어졌는지는 지금도 알 수 없다. 그 이야기를 들었을 때 나는 눈앞에
밧줄이 보이는 듯했다. 세상으로 탈출하는 유일한 통로였던 끈, 맨발
의 여자가 흔들리며 매달려 있는 밧줄을.

여성가족부는 '2013년 가정 폭력 실태 조사' 결과 부부 폭력 발생
률이 45.5%라고 밝혔다. 자신의 집에 가정 폭력이 발생하면 신고할
생각이 있다고 답한 비율이 55%로 집계됐다. 절반 가까이 신고하지
않겠다고 한 이유는 '가족이므로'(57.4%)라는 것이 가장 많았고 '대화

로 해결하기 원해서'(23.7%)가 그다음이었다. 폭력이 일어났을 때 대부분은 그냥 있었고(68%) 일부는 그 자리를 피하거나 집 밖으로 도망쳤다(16.8%). 그러나 주변에 도움을 요청했다는 응답은 극소수였다(1.8%).[8] 이웃집에서 가정 폭력이 일어난다면 남의 일이므로 신고하지 않겠다는 수는 절반 정도 되었다.[9]

한국여성의전화는 2012년 가정 폭력 상담 통계자료를 분석해 전화상담 1,272건 가운데 피해자가 당한 신체적 폭력이 58.8%에 달하고 정서적 폭력이 78.4%에 달했다고 발표했다(복수 응답). 몸과 마음을 다치면서 피해자들은 폭력이 끝나기를 기다렸다. 가해자가 변할 거라는 희망 때문에 기다렸다는 응답이 경찰에 신고하거나 맞서 소리 질렀다는 답변보다 역시 더 많았다.[10]

"날 꼭 죽일 것 같아"

○

지난겨울, 나는 길에서 갑작스런 전화를 받았다.

"나, 방금 남편한테 맞았어!"

회사 동료였던 동갑내기 은혜였다. 내가 퇴사한 뒤 결혼할 때에도 식장에 부러 와주었던 친구였다. 그 은혜가 지금 전화하는 곳은 자기

집 책상 아래였다.

"밥상을 차리는데 내가 표정이 안 좋다고 상을 부수고 그때부터 때리는 거야. 나보고 재수 없는 년이라면서, 나 때문에 자기가 이 모양으로 산다면서……"

길거리의 바람은 그날 따라 왜 그렇게 사나운지 몰랐다. 휘몰아치는 먼지 때문에 눈을 뜰 수 없어 등을 돌리고 뒷걸음쳐야 했다. 병원부터 가서 진단서 끊고, 사진 찍고 증거 남기고, 집을 나와서 그런 일 없게 조치하기 전에 돌아가지 말라고 중언부언한 것 같다.

"날 꼭 죽일 것 같아!"

외마디소리가 귓가에 울렸다. 주먹질을 당하며 들은 욕을 내게 전한다. 더 듣고 싶지 않다. 막은 귀 사이로 바람 소리와 함께 웅웅 욕 소리가 들린다. 그게 뭐였지, 아, 꽃 모양이었는데…… 은혜는 이름을 쓸 때 마지막 모음 끝 아래를 길게 늘어뜨려 꽃으로 매듭짓는 모양으로 사인을 하곤 했다. 자기 결혼식 청첩장에도 인쇄해놓았던 손 글씨, 은혜의 이름 끝에 매달려 있던 동그라미 네 개, 그 꽃잎들이 흔들리며 우는 소리가 들리는 것 같았다.

정춘숙 대표는 강의를 계속했다.

"한국여성의전화는 2008년부터 2010년까지 아내 폭력 피해를 입은 391명을 분석해서 이런 사실을 알아냈습니다. 폭력의 시작 시기는 결혼 전부터 결혼 1년 이내가 63.78%에 이릅니다.[11] 이것은 데이트 관계에서 결혼 초에 발생하는 폭력을 당사자들이 인식하고 주변에서도 빨리 이것에 개입해야 한다는 것을 뜻합니다."

그날, 은혜는 남편이 한 말을 반복하고 있었다. 자기가 재수가 없다고 했다. 볼장 다 본 년이라고 했다. 하지만 세 살 된 어린아이를 데리고 돈도 없는데 집을 나갈 수는 없다고 했다. 너무 춥다고 했다. 집이 따뜻하다고 했다.

나는 은혜와 만났다. 〈그것만이 내 세상〉, 노래방에 가서 은혜가 부른 노래 제목이었다. 오랜만에 집 밖에 나와 맥주에 취해 목이 터져라 부르는 그 노래에는 체념과 결기와 광기 같은 것이 있었다. 친구는 한 번 더 믿고 싶어했다. 자기를 '샌드백' 취급하는 남편이 가엾다고 했다. 남편 마음속에는 순수한 소년 같은 모습이 있는데 제대로 된 부모 밑에서 자라지 못해 자기도 모르게 그러는 거라고 했다.

나는 고개를 저었다.

"아니다, 잘못 생각하는 거다. 절대 바뀌지 않는다."

그러나 '그것만이 내 세상!' 목청을 돋워 부르는 노래 앞에서 묵묵히 있었다. 나는 그 남편의 학대보다 남편의 친절이 견딜 수 없었다. 남편의 폭언보다 남편의 선물이 더 가증스러웠다. 그래서 그 겨울, 선물로 받았다고 친구가 신고 온 부츠를 바로 볼 수가 없었다.

가해자는 피해 여성이 희망을 갖도록 만드는 데 익숙하다. 가해자는 배우자를 상실할 가능성이 보이면 변하겠다는 온갖 약속을 하지만, 일단 용서를 받으면 학대적 행동으로 돌아간다. 대다수

가해자는 친밀한 관계에서만 폭력을 사용한다. …… 가해 남편은 절대 안 하겠다고 약속하지만 폭력은 지속되고, 그 강도도 점점 심해진다. 폭력이 지속되면서 어느 시점에서 피해 여성은 폭력이 시간이 흐른다고 해서 저절로 나아지는 것이 아님을 깨닫게 된다. 이것은 의미가 있다. 피해 여성은 가정 폭력이라는 현실을 인정하고 가해 남편을 떠나는 결단을 내린다.

―《가정 폭력 프로그램》(이원숙·박미선, 학지사)에서.

이제 여자는 일체 반응을 하지 않기 때문에 맞지 않는다. 보채는 아이 앞에서 간간이 분노가 폭발하고 아프거나 무기력해서 꼼짝할 수 없을 때도 그것이 가정 폭력의 후유증이라고 생각하지 않는다. 자기가 엄마 역할을 못한다고 자책할 뿐이다. 남편이 권위적이고 방관적이고 그의 침묵과 폭력이 가족의 정서적 분위기를 압도해 자신과 아이를 짓누르는데, 자기만 노력하면 집 안이 밝아질 거라 생각한다.

"나는 남편을 호수처럼 잔잔한 사람이라고 생각했어. 그런데 파도처럼 나를 덮치는 거야. 그때는 꼭 죽을 것 같아. 내가 나가서 무슨 일을 할 수 있을까? 결혼 전에 회사에 다녔지만 다니던 사람도 쫓겨나는 판에 이제 다시 할 수 있겠어? 친정에서는 웬만하면 참고 살라고 하고, 시댁에서는 인사해도 들은 척 만 척하고. 나는 남편이 뱀 같아. 항상 따라다니고 지켜보고 있어. 만나는 사람도 쓰는 돈도 일일이 체크하고. 습관적으로 나를 깎아내리는 말을 하기 때문에 같이 얘기하다보면 나도 모르게 스스로 비하하면서 그 사람을 즐겁게 하고 있어. 그게 제일 안 좋아. 가식적인 애교를 떨고, 무슨 일이 생기지 않을까 조마조마하니까."

부자연스러운 일상이 이미 폭력적이기 때문에 정작 마음과 몸에 주먹이 날아올 때는 그것이 이상한 행동이 아니라 일상의 연속인 것 같다. 삶은 남편의 기미를 살피고 경계하는 데 집중된다. 이름을 끄적이다 꽃을 귀퉁이에 그려 넣고, 나무 그늘이 좋다며 길을 가다가 발길을 멈춰 남의 집 담 아래서 서성이던 자신은 잊게 된다.

맞고 나서 집에서 보이지 않는 곳에 숨어야겠다는 생각이 들었다고 했다. 그래서 책상 아래 몸을 웅크려 숨어들었다. 그 아래에서 되뇌었다.

"나 같은 건 죽어야 돼."

은혜를 만났을 때 그녀는 고양이 앞의 쥐처럼 긴장하고 있었다. 끊임없이 높은 톤으로 말을 늘어놓았으며 아무 말도 듣지 않았다. 깔깔거리며 부자연스럽게 웃고 슬픈 얘기를 다 우스갯소리로 떠벌렸다. 고립되어버린 것이다.

두려움과 수치심보다
더 무서운 연민

○

　　그날 강의의 내용은 그것이었다. 피해 여
성은 남편의 화풀이 대상이 되고 폭언을 듣고 주먹질을 당한다. 눈앞
에서 접시가 부서지고 돈을 벌어오라고 강요당하고 때로 흉기에 맞
닥뜨리고 남편의 손에 목이 졸린다. 맞은 다음 강간도 당한다. 남편도
안다. 자기가 나쁜 짓을 한다는 것을. 자기 책임이 아닐 뿐이다. 아내
때문이거나 직장 상사 때문이거나 어린 시절 자기 부모가 자기에게
한 짓 때문에 화가 나서 그랬을 뿐이다. 그 아내는 우울하고 잠을 못
자고 음식을 잘 먹지 않고 아이에게 화풀이하며 사람들을 만나지 않
고 무기력해진다. 그래서 다시 비난받는다. 아이를 잘 돌보지 못하고
늘 즐겁지 않다고 공격받는다. "모든 게 너 때문이야!"라고 외치는 남
편 앞에서 반문한다. 내가 뭘 또 잘못했지? 내가 열심히 더 잘하면 남
편이 달라질까?

　　"그래도 남편은 늘 일찍 들어오고 가족밖에 몰라. 알고 보면 불쌍
해. 자랄 때 사랑도 못 받은 거 같고, 자기도 어떻게 잘 안 되나 봐. 항
상 못되게 구는 건 아니야. 아이하고 맛있는 거 해먹고 놀아주기도
해. 애들은 안 때려. 어쨌든 아이에겐 좋은 아빠니까. 나중엔 좀 나아
지겠지. 때리고 나서 미안해하긴 해. 집에서 안 부딪치면 돼. 나는 그

냥 계속 집안일 하고 말대꾸 안 하고, 시비 걸 때 안 받아주면 돼. 우리보다 더한 집도 많은데 뭐."

나중에 다시 안부를 묻자 친구는 행복하다고 단언했다. 그건 더 아는 척하지 말라는 선긋기였다. 자신은 행복해지기로 결심했으니 쓸데없는 걱정으로 되레 사위스럽게 하지 말라는 경고이기도 했다.

두려움과 수치심, 가해자가 아내에게 유도하고 조종하는 감정 가운데 가장 극복하기 어려운 것이 연민이 아닐까 생각해본다. 썩어가는 환부를 파리 떼처럼 덮고 있는 사랑이라는 환상. 상처의 독이 핏줄기를 타서 몸이 돌아가고 혀가 굳고 입술이 푸들푸들 떨려도 환상은 건재하다. 우리는 가족이다. 이곳이 나의 유일한 세상이다. 이곳이 가장 안전한 곳이다. 불평등한 세상에서 그것이 강요된 것이라 할지라도.

철저하게 은폐되는
폭력과 고통
○

여성운동은 여성들이 세상으로 나갈 수 있게 제도와 심리적인 측면에서 모두 문을 넓혀왔다. '피해 여성들이 직면한 모든 장애를 감안할 때, 그들이 탈출할 수 있다는 것은 경이롭다'는 점[12]이 지적된다. 더 견딜 수 없어서, 죽을까 두려워서, 아이에게 폭력이 학습될까봐 여성들은 집을 떠난다. 시체가 되어 가정에 머물든가, 위태로운 끈을 타고 세상에 나가느냐 결정을 내려야 할 순간이 온다. 진숙은 마지막 순간 집을 떠난 여성이다.

"남편이 나를 때렸을 때 나는 그 자리에서 경찰을 불렀어. 나는 그동안 탈출하고 싶었지만 남편이 무서워서 나갈 수 없었어. 아이한테 아빠가 있어야 하니까 우리 사이에 아무 문제가 없다고 생각하며 살았어. 그런데 그 밤에, 남편이 다 자란 아이 앞에서 나를 때렸을 때 나는 10년 만에 경찰을 부르면서 결심을 했어. 이건 사랑이 아니야, 이게 딱 폭력으로만 느껴지는 순간이 있거든. 그 기회를 절대 놓치면 안 돼.

떠날 수 있는 순간에 떠나지 않으면 꽁꽁 묶인 기분으로 계속 살게 돼. 그러면 정말 벗어날 수가 없어. '아니, 부부싸움 하다가 한 대 때린 걸 갖고 뭘 그러냐, 억울하다'고 남편이 그랬지만 나는 경찰에 신고하고 진단서를 끊고 바로 집에서 나갔어. 현명한 사람은 마지막 순간이 오기 전에 예견하고 그 자리를 떠나겠지만 난 마지막에 그렇게 당하고 그때야 떠난 거지. 더 빨리 떠났다면 좋았겠지만 나는 그것도 나한테 걸린 시간이고 선택이라고 생각해."

떠나는 것은 과정이다. 어느 시점에선가 균형이 깨지면서 머무는 것보다 떠나는 것이 나은 선택이 된다.[13] 한 번에 떠나거나, 떠나고 돌아오는 것을 반복하면서 떠날 수 있다. 떠나면서 비로소 의문이 든다. 폭력이 지배하는 집에서 우리의 노동은 왜 그렇게 이름이 없었고 우리의 고통은 어째서 그 어느 사업장의 산재보다 철저히 은폐되었는지.

그래서 나는 한 가정 폭력 피해자가 휘갈겨 쓴 시를 마주하게 되었을 때, 그것이 제정신을 잃지 않고는 생존할 수 없는 '따뜻한' 집에서 감행한 탈출기라고 생각했다. 이미 던져진 밧줄이라고 여겼다.

마음은 방바닥에 어질러진 옷가지 모두 옷걸이에 올라갔을 때 제자리로 내려오고

마음은 개수대 설거지 달그락거리며 물 든은 채 놓여져야 제자리로 오고

마음은 짓밟고 짓밟혀 꿈틀대는 닭똥집처럼 바닥을 기어 다니며 청소를 해대고

눈을 감은 마음은 방 안의 온기를 한 톨이라도 잃을까 그러잡고 성에와 얼음이 몸뚱이에 끼고

마음은 비굴함, 적당한 타협, 멋쩍음과 실소에 슬슬 눈치 보고, 마음은 나의 것이 아닌 너의 것인 마음은 패대기치고 패대기쳐도 뻔뻔하게 건강한 웃음을 흘리고

마음은 통째로 수세미가 되어 화장실을 닦고 스펀지가 되어 오물을 빨아들이고 삭혀지지 않는 머리카락을 꿀렁꿀렁 수챗구멍에서 토해내고

지문은 오래된 세제의 거품 속에서 오그라들며 말라가고,

마음은 주인을 죽일 수 있고 마음은 누군가를 추락시켜 머리통 으

깰 수도 있어. 난폭하게 상냥하게 지휘하고 움츠린 척하는 마음
은 저절로 의기양양한 눈먼 깃발, 온몸이 눈인 그런 마음이여.

그대의 눈이 나의 눈과 같은 것이었으면, 그대가 눈뜰 때 나도 눈
뜰 수 있다면, 나의 눈뜸이 그대의 발작과 살인을 부르지 않고 마
음이여, 제발 내 손과 팔을 부둥켜안고 흔들리고 흔들리며 하나
가 되길. 몸부림치며 흔들리며 하나가 되길. 그래서 함께 길 밖으
로 떠나자, 마음이여. 탈진과 흐느낌과 침묵을 외투 안에서 조용
히 출렁이며.

     - 한 가정 폭력 피해자가 '아티스트 웨이' 작업을 통해 쓴 시.

정상 가족,
비정상 가족

한부모로 살게 되다

○

지방에 사는 김선화(55세) 씨는 20여 년 전 남편과 사별하고 한부모가 되었다. 남편이 갑자기 심장마비로 죽자 그이에게는 남편의 빚과 아이만이 남겨졌다. 그렇지 않아도 적자이던 가게를 정리하고 나니 방을 구할 돈조차 없었다. "차라리 애를 낳지 말지 그랬어"라는 친척들의 말 한마디가 되레 서운했다. 보험설계사 일을 하느라 아이를 친척집에 번갈아가며 맡겼다.

"엄마, 엄마!" 잠깐 주말에 다니러 온 엄마와 헤어질 때면 아이는 길을 헤매며 두리번거렸다. 발걸음이 떼어지지 않아 남의 차 뒤에 숨어서 아이가 훌쩍이며 들어갈 때까지 지켜보았다. 도저히 안 되겠다 싶었다. 고졸 학력이었던 그이는 야간 전문대를 다녀 보육교사 자격증을 땄다. 자식을 기르며 생계를 유지하려고 시작한 일이었다. 재래시장 안에 있는 작은 어린이집에서 일했다. 아이들과 종일 부대꼈다.

"사람이 사랑도 하고 사랑도 받고 살아야 되는데, 이래 애들하고만 방 안에 있다가 늙으면 분해서 어쩔까. 나 같은 등신이나 혼자 살지."

말을 나눌 사람 하나 없어 외로웠지만 남들에게 한부모라는 사실을 숨겼다. 남들이 만만하게 대할 것이라는 염려 때문에 동창회도 나가지 않았다. 친구들이 늘어놓는 남편과 자식 자랑이 듣그러웠다. "차라리 잘됐지 뭐냐, 네 남편이 살아 있어도 네가 고생을……" 하고 말하는 친지의 소리에 아이의 귀가 무서워 "쉿!" 입막음부터 했다. 남편의 자리가 비자 시댁과의 사이도 멀어졌다.

어린이집 생활은 일이 많았다. 일을 무조건 더 시키는 원장과 부딪치기도 했다. 어떤 부모는 늘상 아이 아침밥까지 먹여달라거나 애가 아플 때 병원에 데려가달라거나 자정이 되도록 일이 밀렸다며 애를 찾아가지 않았다. "내가 식모인 줄 아나. 사람을 무시하는 건가. 머슴도 이런 상머슴이 없지."

돌보는 일은 안팎에서 존중받지 못했다. 아이들을 맞고 아침을 먹이고 빨래를 하고 다시 밥과 반찬을 만들어 점심을 먹이고 재우고 간식을 먹인다. 울다 토한 아이를 목욕시키고 병원에 데려가고 아이들끼리 싸우면 달래고 책을 읽어주고 틈틈이 자식을 챙겼다. 손목과 어깨, 허리가 쓸 수 없을 정도로 아파왔다. 한 달에 100만 원 버는 것이 어려웠다.

선화 씨 또한 자식을 돌보려면 종일 근무하는 직장에 다니기 어려웠고 새로 다른 일을 구하기 힘들었다. 다시 짬짬이 공부해 다른 자격증을 땄다. 하지만 마흔이 넘어 새로 취직할 곳은 없었다. 보험설계사 일을 또 해야 할지 고민했다. 사람들을 만나 매달려야 하는 일에 넌더리가 났다. 그나마 기초생활수급자가 되어 11평 임대아파트에서 살 수 있었다.

"그날그날 하루 벌어 하루 먹고사는데, 애는 저대로 크고 해준 것 없어 미안하고. 아이가 하고 싶은 공부는 다 시켜줬으면 좋겠는데 등록금도 만만찮고…… 애도 똑똑하고 지가 하고 싶다는데 부모 마음에 다 해주고 싶지요."

친척들은 대놓고 말렸지만 선화 씨는 어떻게든 자식을 더 공부시키고 싶다. 아이가 자신보다 더 나은 삶을 사는 것, 그것이 그이를 지금껏 버티게 한 희망이었으므로.

한부모 여성 가족이 세상에
요구하는 것
○

2010년 인구주택총조사 결과, 이혼, 사별, 미혼 등 한부모 가족은 전체 가구의 9.2%로 해마다 늘고 있는 추세다. 2013년 자료에 따르면 한부모 가족은 약 164만 가구로, 이중에서 미성년 자녀를 양육하는 한부모 가족은 57만 가구로 추산된다. 한부모 가족의 평균 소득은 172만 원으로 일반 가족의 절반 수준이다. 한부모가 된 뒤 달라진 점으로 62.7%가 경제적 어려움을 꼽았다.[14] 2011년 9월 26일, 한국한부모여성네트워크가 주관하는 정책토론회가 열린 적이 있다. 한국한부모연합 공동대표인 권명애 씨는 '한부모 당사자가 요구하는 정책들'이라는 제목으로 정책 대안을 요구했다.

우리나라 한부모 가족 지원은 위기 저소득 한부모 가족에 치중되어 있습니다. 한부모 정책이 탈빈곤 정책에서 시작했기 때문입니다. 하지만 한부모 가족은 경제적 상황과 관계없이 사회의 부정적 시각과 가족과 친척, 지역사회의 소외로 어려움을 겪습니다. 수급자가 되지 못하는 저소득 한부모 가족도 많습니다.

한부모가 되는 시작부터 2~3년까지 집중 지원을 하는 것이 필요합니다. 그때 자립의 기반을 이루어야 빈곤이 지속되지 않을 수 있습니다. 또한 안정적인 경제적 자립을 위해서는 한부모 가족 지원 대상을 상향 조정하고 비정규, 서비스직이 아닌 좀 더 안정적인 직장을 구하고, 창업을 할 수 있게 교육의 기회를 주고 교육비와 생계비를 지원해야 합니다. 사실 사별, 이혼, 미혼 한부모는 심한 충격을 겪은 이들입니다. 그래서 심리적 자립을 위해 지속적인 상담 체계도 필요합니다. 한부모 가족에게 영구임대주택이

나 아파트같이 안정적인 주거도 우선적으로 공급되어야 빈곤에서 벗어날 수 있습니다.[15]

한부모들이 쓴 수기에는 그들의 바람이 고스란히 드러나 있다. 이화여대 성산종합사회복지관에서는 한부모 모임에서 나온 글들을 《우리 그래도 괜찮아》(여성신문사, 2008)라는 제목의 책으로 엮어냈다.

내가 현재 하는 일은 미용 일이다. 집에서 혼자 하는 정도라 수입은 한 달에 20~30만 원 선이다. 이전에는 식당이나 청소 일을 했는데 식당에서 하루 일하고 나면 일주일을 앓아누워 있어야 했다. 지금은 상태가 좋지 않아 집에서 미용 일을 하고 있다. 식당 일은 너무 힘드니 미용 일을 배우면 나이 먹어서도 계속할 수 있겠구나 싶어 무리를 해가면서 배웠다. 현재 수입은 미용 일로 들어오는 것과 정부에서 지원해주는 것밖에 없어서 아이들 교육비는 거의 없다. 큰애는 교육방송을 들으며 공부한다. 먹고사는 것으로 수입이 다 나가기 때문에 저축도 할 수 없는 형편이다. 생활비가 모자라면 대출해서 쓰곤 해 빚도 남아 있다. 저축보다 시급한 것은 건강검진이다. 갑상선 수술을 했는데 재발해 검사를 해야 하는데 하지 못하고 있다. 경제적으로 어려운 건 참을 만하지만, 다른 사람들이 거지 취급하거나 잘 대우해주지 않을 때는 마음이 복잡하고 슬프다. 둘째아이가 수술 받을 일이 있어 대학병원에 가니 돈도 없는 생활보호 대상자가 이렇게 큰 병원에 와서 수술하느냐, 2차 병원에 가서 하라고 할 때 누구에게 말도 못하고 울고만 다녔다. 미용 일을 배울 때 애들을 어린이집에 보냈는데 "엄마, 나 아무 짓도 안 했는데 나를 막 때려"라고 했다. 내가 정부 혜택을 받아 아이들을 무료로 보내고 있어 그러나 싶어 어린이집에 대놓고 따지지도 못했다. 그 이후로 어린이집을 네 군데 더 다녔는데 한 곳만 빼고는 차별이 심했다. 지금 정부에게서 받는 혜택은 생계비와 아이들 급식비이다. 하지만 우리와 같은 한부모 가족에게 중요한 것은 자립할 수 있는 방도이다. 기술이 있어도 자본금이 없으면 창업이 어려우므로 자본금 대출을 해준다든지 가게를 잘 이끌어나갈 수 있게 일정 기간 동안 관리를 해주는 것도 좋을 것 같다.

　　－《우리 그래도 괜찮아》중 '가난보다 참기 힘든 그것 당해보셨나요?'
　　에서.

또한 양육비 문제가 중요하다. 2012년 여성가족부의 '한부모 가족 실태조사' 결과 미성년 자녀를 키우는 한부모 가족 가운데 양육비를 한 번도 받은 적이 없는 경우가 83%에 달했다. 이 가운데 양육비 청구소송 경험이 있는 경우는 4.6%에 지나지 않았다.[16] 사회적으로 양육비 지급은 국가의 책임이라는 인식을 가져야 한다. 2014년 2월 8일에 '양육비 이행확보 및 지원에 관한 법률'이 국회를 통과했고 이 법률은 2015년 3월경부터 시행된다. 법에 따라 '양육비 이행관리원'이 생긴다. 정부는 양육비 이행 전담기구를 통해 전 배우자에게서 양육비를 받아내기 위한 서비스를 지원할 예정이다.[17]

양육비를 받지 못해 고민하던 한부모 친구들을 나는 알고 있다. 남편이 양육비를 띄엄띄엄 주다가 그나마 주지 않아 주말에 웨딩 헬퍼 아르바이트를 해 5만 원을 벌어서 일주일 동안 산다고 했다. 또 전문직인 남편이 양육비를 도외시해 자신은 자활근로를 하면서 아이 둘을 빠듯하게 키워내는 경우도 있었다.

"누가 애를 봐준다면 식당에 나가서 100만 원을 벌었으면 좋겠어. 남편은 정말 아무런 도움이 안 돼."

비오는 날, 쌀이 떨어져 세 살 난 아이와 밖에 나와 아파트 입구에서 오도카니 비 구경을 하고 앉아 있던 친구와 마주친 적이 있다. 남들한테는 아빠가 돈 벌러 지방에 갔다고만 말하는 그이였다. 뙤약볕에 아픈 아이를 업고 길에서 서성이는 그 얼굴과 다시 마주치기도 했다. 얘기 끝에, 자신이 돈을 맘 놓고 벌 수 있게 친정에서 아이를 돌봐주면 좋겠는데 그렇지 않다고 원망하는 말마디가 이어졌다.

양육을 여자가 혼자 할 일로 미루는 것, 눈감으면 저절로 사라지는 문제로 여기는 것, 그동안 양육비 문제를 모르는 척해왔던 셈속은 그런 것이다. 윤춘신 씨는 여성주의 저널 〈일다〉에 한부모로서 살아온 이야기를 연재하면서 '위자료는 누가 받을 수 있지'(2010. 2. 18)라는 글을 썼다.

남자에게는 자신의 시간만이 흐르고 있었어. 너 때문에 화가 나며, 너 때문에 술을 마시게 되며, 너 때문에 바람을 피우게 되니 좀 더 잘하라고 했어. 그는 내게, 남자는 여자 하기 나름이라고 알려줬어. 그 말에 모가지가 절로 떨어졌어. 그 말이 내 자궁의 덫처럼 느껴졌어. 여자 하기 나름을 어떻게 해야 하는지 알려주는 사람이 없었어. 새털처럼 가볍게 남자 어깨에 팔을 두르는 건 무게와 상관없다는 걸 알아버렸어. 남자 귓가에 미주알고주알 종달새 소리를 내는 것 또한 소통과는 거리가 멀다는 것도 알았어. 품에 안은 두 아이의 머리 가마 위로 눈물이 뚝뚝 떨어졌어. 선택할 시간은 도리질을 아무리 쳐도 슬그머니 내 가까이 와 있었어.

"헤어져." 차마 이혼이라는 단어를 쓸 수 없었어. 그 말을 선택하면 지금도 넘쳐나는 내 등짐의 죄들이 납덩이처럼 더 무거워질까봐 두려웠어. 이혼을 포장한 헤어지자는 단어를 남자는 정확히 알아들었어.

"그거는 잘난 여자들이나 하는 거지. 밥만 먹고 똥만 싼 주제에." 남자는 생각보다 영악했어. 벌써 위자료를 생각하고 있었어. 재산 증식에 일조한 것이 아무것도 없는 난 전업주부였어. 밥을 너무 많이 먹었어.

계산적인 폭력. 여자라면 마땅히 해야 할 일, 돈 버는 일이 아닌 일, 가치 없는 일, 그러므로 돈을 주지 않아도 떠넘길 수 있는 일. 양육비를 주지 않는 것, 위자료를 주지 않는 것, 여성의 일을 일로 인정하지 않는 것은 그러한 약삭빠른 계산에서 나오는 것이 아닐까?

양육 기간에 생활비가 지원되고 취업 여성이 아이 돌봄에 대한 지원을 받아야 살아갈 수 있었다. 아이가 커서는 대학을 졸업할 때까지 등록금을 무이자로 장기 대출받는 것도 필요했다. 대부분 한부모 여성은 노동과 아이 양육, 가사 노동의 역할을 다 해내야 한다. 장애나 만성질환을 가진 가족을 둔 경우가 37.1%로 비율이 높은데다, 본인이 그런 경우도 45.8%에 이른다. 병에 대한 정기적 검진과 치료도 시급하다.[18] 권명애 씨는 "한 나라의 여성인권 지수의 척도는 여성 한부모 가족의 삶의 질에 좌우된다"고 말을 맺었다.

서울시 인구주택총조사(2010년) 결과 1~2인 가구 수가 전체의 46.7%에 달했다. 어머니와 아버지, 자식들로 구성된다는 3~4인 가족은 그보다 작은 비율을 차지했다. 그런데 여성가족부는 뜬금없는 내용으로 '가족송'[19]을 만들었다.

"기쁠 때도 슬플 때도 가족이라서 고마워요. 아빠가 출근할 때 '뽀뽀해줘서 고마워'. 엄마 품에서 잠이 들 때, '잘 자라줘서 고마워'. 아빠, 엄마, 아니에요. 우리가 더 고마워요……"

이 노래는, 결혼을 하지 않았기 때문에, 아빠가 없기 때문에, 엄마가 없기 때문에, 자식이 없기 때문에 너의 가족은 가족이 아니라 한다.

한부모들은 끊임없이 요구한다. 기초생활수급에 지나지 않는 정책이 아니라 양육권과 취업권, 사회적 보장권을 요구한다. 시혜적이거나 보호적인 접근이 아니라 당당히 노동하고 부모가 될 수 있는 권리를 요구한다.

또 다른 선택,
세상에 존중을 가르치다

○

한부모 여성 가운데도 사별보다는 이혼이나 별거한 여성이 근로소득과 공공부조가 더 낮고 가족 내 지원조차 낮다. 2011년 4월엔 '한부모가족지원법'에서 청소년 한부모란 24세 이하의 모 또는 부를 말한다는 신설 규정이 제정되면서 그동안 묵살된 청소년 한부모 존재도 가시화되게 되었다. 청소년 한부모, 미혼모는 더 차별받는 집단이다. 천천히 다른 가족의 모습들이 시야에 들어오지만 아직 한국에서 '가족'이라는 이름은 창칼 같은 울타리로 쓰일 때가 많다. 그래서 우리는 또 다른 선택들이 주는 선물을 받지 못한다. 배타적인 '정상 가족' 상은 많은 이들에게 필요 없는 상처를 남겼다.

다섯 살 때부터 엄마와 줄곧 살았고 이제 대학생이 된 희재가 말했다.

"나는 엄마와 같이 살았지만 그게 상처가 된다거나 마음이 힘들지 않았어요. 엄마도 일해서 돈을 벌었으니까, 아이에게는 보살펴주는 사람이 있다는 것, 안정적으로 상대할 수 있는 어른이 있다는 것으로 충분하다고 생각해요. 엄마도 아빠가 없는 것에 대해 거짓말하거나 숨기지 않았고 우리한테는 어릴 때부터 그냥 그게 당연한 사실이었어요. 그러면 된 거 아닐까요? 하지만 지금도 사람들한테는 먼저 말하지 않아요. 자라면서 불편했던 거는 사회적인 인식이죠. 학교나 밖에 나가면 불쌍하거나 불행한 가족 취급하니까 그것 한 가지가 불편했죠. 인식이 바뀌었으면 좋겠어요."

남편의 폭력이 아니어도 경제적인 문제가 아니어도 결혼 생활의 위계적이고 가부장적인 틀이 싫어 스스로 나오는 이들도 있다. 두 아이의 엄마이자 혼자 살고 있는 윤경 씨의 경우도 그랬다.

"나만 마음 바꾸면 집도 있고 차도 있고 아이들과 남들처럼 지낼 수 있겠죠. 나만 참으면 모든 가족이 행복한 거예요. 하지만 난 참을 수 없었어요. 그걸 사람들이 이해할 수 있을까요? 남편이 남들에 비해 특별히 잘못한 것도 없고 아이들은 잘 자랐지만 나는 그 집에서 자유롭지 못했어요. 바뀔 수 없는 남편의 가부장적 인식이, 아들로서의 책임감이 견디기 힘들었어요. 아내로서 내가 남편 대신 수행해야 하는 노동이 힘들다고 하면 남편은 네가 뭘 한다고 힘드냐고 반문했죠. 하지만 나는 행복해지고 싶었어요. 눈에 보이는 불행이 없다 해도 나를 속이며 살고 싶지 않았어요. 이걸 어떻게 말로 해야 이해될까요?"

어쩌면 '정상성'은 획득되는 것이 아니라 '해야 한다'는 주문에 가까울지 모른다. '정상 가족'이라는 불가능한 미션으로 인해 불행해지는 상황 속에서 우리는 다양한 삶의 형태를 위계화하지 않고 비정상으로 보지 않으면서, 그 다양한 삶의 형태를 지지할 수 있는 연대가 시작되어야 한다는 점을 이야기하고 싶다.

'비정상 가족'들은 비정상이라는 낙인이 자신들을 아무것도 할 수 없게 옭아매도록 내버려두지는 않는다. '정상 가족'이라는 지침에 의해 삶의 희로애락을 점령당하지는 않기에, 다 똑같은 사람살이를 하며 고통과 행복을 오가고 있다. 하지만 그 고통과 행복을 표현하려고 할 때 외부의 불인정과 차별이 어느새 앞을 가로막고 있다. 그래서 '비정상 가족'들은 말하기를 주저하거나 주렁주렁 주석을 달아야만 하는 것이다.

– 언니네트워크와 가족구성권연구모임 프로젝트 〈비정상 가족들의
비범한 미래기획〉에서.

서로 다른 모습이지만, 한부모 여성들은 아직 싸움 중이다. 그 싸움이 외롭고 힘들어야 할 이유는 없다. 사회가 받아들이건 말건 이미 이들은 존재하니까. 이들을 통해 다른 가족의 모습을 존중하는 법을 사회는 거꾸로 배워나간다. 또 다른 가족의 이야기를 받아들일 수 있을 때, 마찬가지로 '정상 가족'의 형식을 유지하기 위해 숨죽이며 눌러온 오랜 진심들까지 겨끔내기로 털어놓게 될 수 있을 것이다.

두 엄마의
한 겨울나기

        은정은 유모차를 밀며 길을 나선다. 오래된 빌라와 낡은 회색 아파트가 줄지어 있는 곳, 소래포구가 가까운 이곳은 시흥이다. 볕바른 다리를 지날 때 세 살 난 딸애는 뛰놀고 싶어 엉덩이를 들썩들썩한다.

  "혜연아, 날씨가 추워요, 바로 가야 해요."

  싱싱한 해산물과 채소가 무덕무덕 쌓인 시장은 언제나 사람들로 붐빈다. 느타리버섯 세 팩에 1,000원, 브로콜리 세 개 2,000원, 오이가 여섯 개 2,000원, 서울 재래시장보다 값이 싸지만 이곳을 오가는 이들은 주머니도 더 가볍기 때문에, 물가가 비싸다는 말이 절로 나온다. 집값도 서울보다 싸지만 집을 얻을 때 대출받은 돈이 형편에 만만치 않아 허리가 휜다. 딸아이는 떡을 사달라고 조른다. 떡집 앞에서 걸음을 늦추던 은정은 다음 가게에서 오뎅을 하나 들려주었다.

  "봄동 주세요."

1킬로그램에 2,000원이라는 봄동이 저울에 세 개 올라간다.

"그게 다예요?"

머뭇거리다 지갑을 연다. 멸치를 넣고 된장을 풀어 국을 끓일 것이다. 나머지는 씻어 쌈을 싸 먹을 수 있다. 오랜만에 온 친구를 위해서 어제 사놓은 돼지고기도 삶을 것이다. 다음에 파 한 단을 산다. 파란 비닐봉지를 유모차에 매달았다. 2만 원을 주고 산 유모차는 아이에게 작다. 몸집이 커진 아이는 발을 조금 쳐들고 앉아 있었다.

은정이 사는 곳은 재개발이 될 거라는 말이 도는 오래된 동네다. 연립주택 지하에는 가내공장도 많다. 은정은 한 손에 유모차를 접어들고 한 손으로는 아이 손을 잡고 가파르고 먼지 쌓인 계단을 올라간다. 3층에 은정의 집이 있다.

"영차, 다 왔네."

시장 보는 일이 끝났다.

미경은 8개월 된 민우를 데리고 치과에 갔다. 민우는 아랫니가 세 개 났는데 윗잇몸이 붓고 곪았다. 집에서 미경은 수건으로 잇몸을 감싸 곪은 것을 터뜨려주었다. 민우가 의사를 보고 울음을 터뜨린다. 미경은 민우를 안고 달래고 나중에 잇몸에 바셀린도 발라주었다. 아침부터 줄곧 민우는 미경에게 업혀 있다. 날씨가 춥다. 미경은 머리숱이 새카만 민우를 바람 들지 않게 업고 총총걸음을 친다. 업힌 아이가 새근새근 잠든 기척을 느끼며 내처 걸어왔다.

"이모, 애는 괜찮대요?"

은정은 문에 들어서며, 먼저 집에 온 미경에게 물었다. 미경은 실눈을 하고 함박웃음을 지었다. 혜연이는 외투와 모자를 벗고 그림을 그린다고 물감을 가져오고, 포대기에서 내려온 민우는 방바닥을 기어다닌다. 은정은 서둘러 밥을 안치고 도마질하고 국을 끓이면서 점심 준비를 하고, 미경은 다시 보채는 민우를 업고 작은방에 들어가 어르며 재운다.

은정의 이야기
– '내가 없어진다는 느낌'
○

"내가 촌년이어서 뭔가 새로 나고 크고 자라고 하는 걸 좋아해. 농사짓듯이 애들 크는 게 너무 신기해. 지들이 자라려고 꼬무락꼬무락 대잖아. 하나씩 커나가는 게 너무 예뻐."

은정(36세)은 서른이 넘어 결혼했다. 지금은 적응이 됐다지만 첫아이를 낳고는 힘들었다. 이제껏 받은 교육, 10년 넘게 해온 일을 뒤로하고 전혀 새로운 일을 처음부터 다시 배워야 했다. 애 키우는 일이야 당연한 일, 단순한 일이라 생각하고 애들 크는 데 뭐가 필요한지 잘 모르는 사람들도 있다. 하지만 은정은 "돌봄 노동은 알아서 하는 일

112

이 아니고 배워서 해야 하는 일이고 누가 가르쳐줘야 하는 일"이라고 생각한다.

"어떤 점이 힘들었니?"

"글쎄, 사회 사람들과의 관계가 다 끊어지니까, 내가 뭐하고 살았나 하는 생각도 들고. 처음에는 애 키우는 것부터 겁이 나고 내가 잘하고 있나, 괜찮은 부모인가 하루에도 수십 번씩 감정이 바뀌고. 남편은 늦게 오니 대화 상대가 없고 애한테 다 맞추어야 하고 내가 없어지는 건가……"

계속 내가 없어지는 느낌. 내 존재가 인정받지 못하는 느낌. 그것이 가장 힘들었다고 했다. 22개월 터울이 나는 두 아이를 돌보느라 하루에 온전히 한 시간이 자기 몫으로 나지 않는다. 애를 낳고 났더니 신문지 한 장도 채 다 못 읽어 조각밖에 기억나지 않는다고 우스갯소리를 했다.

"그동안 사회생활을 하면서 내가 누구다, 이런 사람이다 하는 게 있었는데 그게 딱 끊기고 육아라는 새로운 일을 했잖아. 돈 벌다가 내 손으로 돈 벌지 못하게 되는 것도 크고, 사람들이 날 도대체 뭘로 볼까? 난 퍼지는 아줌마 돼가는 느낌…… 세상하고 단절되니까 내가 느는 건 '뽀로로' 같은 만화 속 캐릭터들이고, 애 키우기와 이유식의 달인이 되어가지. 내 전문이 달라지는데 누구도 인정해주지 않는 전문이 되는 거지."

주말 부부인 은정은 서울에서 일하는 남편이 일주일에 한두 번 온다. 남편은 아이 둘을 기르는 은정에게 "고생했다, 힘들지" 하고 말해준다. 하지만 은정은 이른바 '공적' 노동을 하는 남편이 자신이 해야만 하는 '사적' 노동을 다 알지 못할 거라고 느낀다.

"남편은 어쨌든 사회생활 계속하는 사람이고 대화할 상대가 나 말고 밖에 있고 애를 업고서 일하진 않잖아. 자기가 해온 일을 그대로 하고 인정받으니까. 나처럼 끊긴 적이 없으니까. 나는 애들 돌보고 남편이 주말에 오면 맛있는 거 해 먹이고, 의도하진 않았지만 슬슬 남편 뒷바라지가 되어가는 거지. 내가 점점 변해가는 게 보여. 애는 키우고 싶은데 집에서의 역할 구분은 점점 가부장화되는 거야. 내 일을 인정해달라 하지만 스스로 인정 못하는 일이기도 하지. 사회적으로 인정 못해주는 게 있으니까. 이게 나의 딜레마야."

은정은 그래도 자신의 상황이 좋은 거라고 여긴다. 동네 엄마들은 애들을 어린이집에 맡기지 않으면 생활이 안 된다. 돌까지 수유하는 게 좋다고 해도 수유할 상황이 안 된다. 태어난 지 몇 개월만 되어도 어린이집을 구해 보내야 한다. 그에 비하면 돌이 되도록 젖을 먹일 수 있는 자신은 여유가 있는 거다. 그런데 왜 답답한지, 왜 미칠 것 같은 순간이 오는 건지 알 수 없다. 혜연이가 물감 묻은 손을 엄마의 무릎에 닦았다. 물감을 바닥에 짜기도 하고 다른 스케치북을 달라고 칭얼대기도 한다. 은정은 손을 닦아주고 바닥을 훔치고 새 스케치북을 갖다 주고 딸애의 물음에 일일이 대꾸를 하며 토막토막 말을 이었다.

"결혼 전에 여성운동에 관심 있었지만 여성의 사회적 진출에만 집중했지, 주부의 일은 생각지도 않았어. 아무것도 아닌 일로 여기는 일, 티도 안 나고 사회 나가서 인정도 못 받고, 되게 반복적이고……"

둘째아이를 낳을 때, 4대 보험이 되는 직장을 가진 여성들과 달리 그에겐 아무런 지원이 없다는 사실이 황당했다고 했다(이 인터뷰는 2010년에 이루어져 당시 상황에서 말한 것이다).

"내가 혜연이 때 전업주부로 한 육아 노동이 전혀 일로 인정을 받지 못한 거잖아."

그것이 그에겐 당연한 일로 여겨지지 않았다. 육아를 할 거냐, 밖에서 사회생활을 할 거냐는 선택이 자유로워야 하는데 현실은 그렇지 않았다.

지금 여건이 된다면 하고 싶은 일이 무엇인지 은정에게 물었다.

"전에는 하고 싶은 게 굉장히 많았거든. 지금은 그게 없어져버렸어. 공부하고 싶어서 특수교육 전공하고 준비하다가 애 낳고 나서 딱 끊긴 지 3년 됐어. 다시 시작하려니 엄두가 안 나고. 요새 그게 고민이야. 애 키우는 건 좋은데 내가 지금 당장 뭘 하고 싶은지 모르겠어. 내년 3월에 혜연이 어린이집 보내면 그 시간에 뭔가를 해야지. 민우도 맡겨야 하고. 당장은 기간제 교사든 뭐든 해야지. 나가서 바로 뭔가 다시 시작해야 하는데, 그게 쉽지 않아."

은정은 결혼할 때 자신이 애를 키우며 사회생활을 못하고 집에만 있게 될 거라고 전혀 상상하지 못했다. 원하든 원하지 않든 육아를 하느라 자기 자신이 없어져버리는 엄마의 시간을 그도 경험했다. 지금

은정은 애들이 크는 만큼 자신도 아이들에게서 벗어나 생활을 빨리 찾아야 한다고 했다. 그렇지 않으면 아이들이 독립해도 자신이 되레 엄마 노릇에서 벗어나지 못할까봐 벌써 불안하다.

미경의 이야기
- '장애아의 엄마도
자기 삶을 갖고 싶다'
○

미경(45세)은 대학생 1학년, 중학생 1학년인 자식 둘을 기르는 엄마이기도 하다. 아이들은 시각장애가 있다. 미경은 특수보조교사 일을 했다. 지금은 은정의 집에 날마다 와서 아이를 돌봐주는 일을 한다.

"일반 아동에 비해 장애아는 양육을 전적으로 엄마가 다 맡아야 하는 게 심각해요. 우리나라 유교 사상은 씨는 문제가 없고 엄마가 잘못해서 낳은 것처럼 여겨서 죄의식 때문에라도 혼자 십자가를 다 짊어지고, 그게 제일 힘든 거 같아요. 그런 얘기 많잖아요. 애가 엄마보다 하루 전날 죽기 바란다고. 그게 거짓말이 아니에요. 정말 그래요. 아이가 죽으면 그 다음날 내가 죽는 그걸 복이라고 생각하는 거예요. 그게 얼마나 의지할 데가 없다는 거예요? 내가 죽더라도 가족을 통해서도 맡길 데가 없다는 거, 다 엄마밖에 없잖아요. 그나마 요즘은 장애에 대한 게 좀 나아졌지만 그동안 도움이라는 게 없었기 때문에."

중학교 특수학급에서 본 아이들 중 1급 자폐 아이가 있었다. 엄마는 그 아이와 24시간을 함께해야 했다. 엄마는 '너무너무' 힘들어했고 다른 가족들은 시간을 내주지 못했다. 아이가 가구를 부숴서 수시로 가구도 바꾸어야 했고, 좀 괜찮다 해도 애가 무슨 일을 저지를지 모른다는 노파심 때문에 엄마는 직장을 가지지 못했다. 아이의 장애 정도가 얼마만큼 심한가에 따라 엄마가 24시간 그림자처럼 붙어서 아이를 돌봐줘야 하는 경우도 있었다. 장애아를 둔 엄마는 아이의 장애가 심하지 않은 경우에도 직장을 가지지 못하는 경우가 많았다.[20]

"5년 전에 학교에서 첨 봤을 때 엄마들이 내가 뭘 잘못했나 하는 극단적인 생각을 많이 했고 스트레스 속에 살다보니 우울증이나 다른 병을 많이 앓고 암도 많았어요. 아빠들하고 이혼율도 많고요. 엄마가 너나 나나 빨리 편한 세상으로 가자는 생각을 참 많이 했어요. 지금은 정부 지원도 있어서 도우미도 보내주는 시스템도 있지만 몇 년 안 됐어요. 많이 좋아진 거예요. 지금은 장애아 손을 잡고 밖에 나가기도 하잖아요. 그나마 지금 오픈된 거고 가정에서도 오픈된 거고, 하지만 선진국에 비하면 턱없이 부족한 거죠. 또 엄마들이 전혀 직장을 가질 수 없어서 아빠 혼자 벌어야 하잖아요. 근데 장애아에게 필요한 게 많아 일반 가정의 아이들보다 덜 쓰는 게 아니에요. 그런 경제적 지원도 조금 여유로웠으면 좋겠어요."

미경은 민우를 업고 흔들며 말했고 아이는 내내 옹알이를 했다. 아이가 자란다는 것으로 부모는 버틴다. 아이가 크는 만큼 엄마의 숨통은 트인다. 그러나 우리나라에서 장애아를 둔 엄마는 경우에 따라 아이와 한 몸에서 벗어나지 못할 수도 있다. 개인적인 삶은 없어지고 엄마만 남게 된다. 은정이 한 말이었다.

"나는 엄마 숨통을 틔우자 하는 소리를 하잖아. 장애아 엄마는 그 얘기를 잘 못하지. 애가 우선이 되어버리니까. 엄마밖에 아닌 거야. 부부 관계도 달라지고. 남편과 관계를 회복할 시간이 없어. 부모를 지원하는 시스템이 갖춰져야 해. 엄마가 장애아로부터 벗어나 자기를 찾을 수 있는 공간을 마련해주고, 장애아가 태어나면서부터 자립할 때까지 사회가 지지해줘야지."

나는 미경의 개인적인 경험을 물었다. 아이들을 기르며 엄마로서 삶이 어떠했는지.

"저희 아이는 시각장애인인데 정서적으로 많이 힘들죠. 다른 아이에 비해 본인이 다른 거를 조금씩 느끼면서 사춘기를 지나고. 장애를 가졌지만 다 알잖아요. 내가 할 수 있는 한계가 어디까지고 그런 걸 아이들이 비교한단 말이에요. 엄마로서 마음이 아프죠. '넌 너만의 독특한 장점이 많다, 사랑한다, 넌 어쨌든 너야' 하고 항상 긍정적인 생각을 심어주려고 참 애썼어요. 많이 알려주고 가르쳐주려고 하는데 저도 한계가 있어서 쉽지 않아요. 또 나름대로 일반 아이들하고 비교해서 상황을 보니까 그것도 힘들더라고요."

결혼해서 아이를 낳았을 때 미경은 엄마로서의 삶이 참 비참하다고 생각했다. 엄마로서 '나'는 없다고 생각했다.

"진짜 어려워요. 엄마가 된다는 거 많은 걸 희생해야 돼요. 개인적으로 힘든 거야 이루 말할 수 없죠."

미경은 그 고통을 다 말하지 않았다. 대신 그는 이렇게 말했다.

"내가 지금 마흔다섯에 정리를 한다면 아이들이 없었다면 내가 어떤 길로 갔을까 생각해보면, 아이들 때문에 울 일도 많고 서러운 일도 많았지만 아이들이 있어서 나에게 끈이고 희망이고 축복이었다고 생각해요."

미경은 자식들 때문에 특수교육 쪽에 관심을 갖고 일을 시작했는데 지금은 쉬고 있다. 특수보조교사의 기간은 딱 1년이었다. 학교마다 정규직화하지 않기 위해 1년이면 계약 기간이 끝나기 때문이다.

"우리 아이들을 생각하니까 그 아이들하고 생활하는 게 참 행복했는데 그런 면에서 여기까지인가 보다 생각했어요."

다시 그 일을 할 수 있는 기회가 있다면 좋겠지만 앞으로 어떤 일을 할지는 알 수 없다.

미경은 장애아를 가진 엄마들에게 필요한 것을 자신이 몸소 겪고 보고 들었기 때문에 잘 알고 있다.

"정말 실질적인 게 필요해요. 엄마들이 원하는 건 쉴 수 있는 시간 같은 거예요. 엄마 혼자서 힘드니까 전문 지식을 갖춘 도우미가 도와주길 바라지요. 장애 도우미도 자폐 같은 증상을 알고 도와줄 수 있는 전문 도우미가 아직은 없거든요. 전문적인 지식을 갖춘 분이 가면 이 애랑 조금은 놀아줄 수 있잖아요. 세 시간을 놀아준다고 하면 엄마는 그동안 자신의 삶을 가질 수 있잖아요. 그 시간이라도 쉴 수 있고. 실질적으로 이 가정과 이 아이가 필요로 하는 게 있어요. 그게 돈일 수도 있고, 다 다양한데 어떤 정책에 묶여 그 지원만 하면 그 외 사각지대에 있는 분은 도움을 못 받잖아요. 도움을 주려면 정부에서 그만큼 섬세하게 정책을 세워서 도움을 줘야 한다고 생각해요."

은정과 미경은 열 살 정도 나이 차가 나지만 오랫동안 알아온 친구다. 은정은 미경의 아이에게 자원해서 공부를 가르쳐주었고 미경은 은정이 아이를 낳았을 때 돌봐주었다. 은정은 미경이 다 말하지 않은 삶의 이면을 알고 미경은 은정에게 지금 필요한 것이 무엇인지 잘 안다. 그들은 둘 다 엄마이고 엄마에 매몰되지 않게 서로 지탱해주었다. 남자가 종일 없는 집에서, 세상의 인정과 지원이 없는 자리에서, 엄마로서 일을 나누고 집을 지켜왔다. 이 겨울이 끝나면 다시 끊어진 길 위에 서 있을지 모르지만, 지금은 자신의 아이들을 껴안고 함께 살고 있었다.

풀어놓은 돈이 지우지 못한 자리

○

4년 만에 은정을 다시 만나러 시흥에 갔
다. 은정은 빌라에서 이사를 해 월세로 아파트에 살고 있었다. 은정은
아이를 하나 더 낳아 세 아이의 엄마가 되어 있었다. 일곱 살인 첫째
아이와 다섯 살인 둘째아이는 같은 유치원에 다닌다. 은정의 품에는
22개월 된 아들이 안겨 있었다. 미경은 보험설계사 일을 새로 시작했
다. 대학생, 중학생이던 미경의 아이들은 모두 성인이 되었다. 미경의
큰아이는 장애인 전용 은행에 비정규직으로 취직을 했다가 그해 노
동조합이 비정규직을 무기 계약직으로 바꾸는 협약을 체결하여 무기
계약직이 되었다. 그녀의 기쁨이다. 둘째아이는 음악을 잘해 특기생
으로 대학교에 들어갔다. 미경은 새로 시작한 보험설계사 일을 열심
히 하고 있다.

그사이 보육 지원 정책도 많이 바뀌었다. 2013년 우리나라에서 무
상보육 정책이 실행되었다. 어린이집을 이용하는 모든 영유아는 보
육료를 지원받고 가정에서 아이를 키울 때도 양육수당을 지급받게
되었다. 은정은 여전히 아이를 혼자 돌보는 기분일까, 아닐까? 바뀐
점을 느끼냐고 물어보았다.

"막내가 24개월 미만이어서 한 달에 15만 원 가정양육수당을 지원
받아. 첫째와 둘째아이는 유치원에 보내는데 국가 지원과 급식비 지

원을 제외하고 한 아이에게 각자 20만 원씩 더 내야 해. 재료비, 영어 교육비, 방과후 교육비, 소풍비 같은 명목으로······ 난 영어도 시키고 싶지 않고 놀게 하고 싶지만 그런 유치원이 없어. 집에서 가까운 곳이 니까 어쩔 수 없이 보내는데 둘을 보내니 40만 원이 드는 거야. 또래 친구들이 문화센터 피아노 학원에 가니까 저희도 가고 싶어서 보 내니까 10만 원이 추가로 들고······"

"도움을 받고 있는 것 같니?"

"경제적으로는 국가가 이전보다 지원하는 것 같은데 이해할 수 없 는 부분이 있지. 집에서 양육하면 4개월 이상은 가정양육수당으로 10 만 원을 받고, 시기별로 20만 원, 15만 원, 10만 원 이렇게 차등적으로 받게 되는데, 어린이집에 보내야 지원받는 금액이 더 많은 거지.[21] 혜 연이, 민우를 데리고 있으면 내가 가정에서 10만 원씩을 받게 되지만 유치원에 보내면 기관이 월 22만 원을 지원받는 거야. 막내도 24개월 이 지나면 매달 내가 10만 원을 받지만 어린이집에 보내면 28만 원이 보육비로 기관에 지원되는 거지. 이상하지? 보육기관에 보내는 게 덜 손해가 되니까, 엄마들이 아이들을 기관에 보낼 수밖에 없는 구조 같 아. 가정양육수당이 있으니까 전보다 더 좋아진 것 같은데도 아쉽지. 유치원에 보내도 지원금 말고 내가 20만 원씩을 추가로 내야 하는데 너무 비싸고. 막내를 어린이집에 보내려고 하니 어린이집이 국가에 서 보육료를 지원받는데도 12만 원을 따로 더 내라고 하더라고. 만 4 세 이하는 차량 통학비를 받는 게 불법이라고 난 알고 있는데 따로 더 받는 곳도 있고. 그러니까 엄격히 말하면 엄마들 입장에선 어린이집이나 유치원이 국가에서 100% 지원하는 게 아니지."

출산율이 낮아지고 여성들이 경제활동에 참여할 필요성과 요구가 높아지자 보육은 정책의 관심사가 되었다.

보육에 대한 지속적인 재정 투입과 사업의 확대가 이루어졌고 2013년 0~5세 전 아동의 보육비 지원과 아동양육비 지원을 통해 2008년 2조 3,000억 원에 그쳤던 보육예산이 2013년에 약 8조 원으로 증액되고 무상보육의 시대가 열렸다. 그러나 4만 3,000여 개의 어린이집과 GDP의 1%에 가까운 보육예산 확보를 통해 무상보육의 외형적인 기반이 조성되었는데도 국공립 어린이집에 대한 대기수요의 증가, 맞벌이 부부의 양육부담 가중, 질 높은 보육 서비스 부족, 관리감독의 부실 등과 같은 문제는 여전히 해소되지 않고 있다.

– 정영애, 한국여성민우회 주최 토론회 '보육의 오늘을 말하다 내일을 그리다'에서.

안타까운 일이다. 국가가 보육지원에 책정한 금액은 국제적으로 높은 수준이다. OECD 국가 영유아 보육교육에 대한 공공지출이 GDP에서 차지하는 비중을 보았을 때, 한국은 2009년 0.6%로 북유럽 다음으로 높은 수준을 보이고 있다.[22] 그러나 은정은 여전히 경제적인 면에서 부담을 느끼고, 아이를 기관에 맡길지 말지 '덜 손해나는' 쪽을 고민하며, 안심하고 보내도 될 만큼 믿을 만한 곳이 없다고 느낀다. 2012년 말 현재 서울의 국공립 어린이집 비율은 11%로 전국 평균인 5.3%보다는 높다. 하지만 스웨덴(80.6%), 덴마크(70%), 일본(49.4%) 독일(32%) 등 공영 어린이집 비율이 높은 선진국과 비교하면 아주 낮다.[23] 통계청은 2014년 2월 27일 '2013년 출생 사망통계'를 발표했다. 1,000명당 8.6명 출생으로 사상 최저이며 한 명당 출산 1.19명꼴로, 우리나라는 변하는 듯했던 조짐에도 불구하고 다시 초 저출산국이 되었다.[24]

이숙진 전 대통령 비서실 행정관은 참여정부 사회정책편 정책총서인《여성, 날개를 달다》(한국미래발전연구원, 2012)에서 보육정책의 전환을 도모했을 때 맞닥뜨린 문제점을 다음과 같이 지적했다. 국가가 지원을 강화했지만 공공의 공급자가 없으면 질적인 개선에 한계가 있을 수밖에 없다는 것을 보여준다.[25]

미래위는 1차 육아지원 정책방안을 통해 시설별 지원의 문제점으로 7가지를 열거했다.
1. 지원 효과가 부모 및 아동에게 직접 가지 않음. 2. 민간 보육시설(95%)의 공공성 확보가 불가능함. 3. 민간시설 이용 아동(78%~84%)에 대한 전면 지원이 불가능함. 4. 국공립과 민간 간의 가격 불평등 해소가 불가능함. 5. 저소득 계층에 대한 아동별 차

등 지원이 어려움. 6. 정부 지원 예산의 낭비, 누수 요인에 대한 관리가 어려움. 7. 민간시설에 대한 지원 없이는 가격 관리도 할 수 없으며, 향후 고급 민간시설 출현 등으로 인한 전체적인 비용 앙등과 국민 부담 증가를 막을 수 없음.[26]

아이를 양육하는 이들의 고충은 그대로 남게 된다. 무엇을 원하느냐는 질문에 은정은 머뭇거리면서 대답했다. 소박하고 이전과 다름이 없는 것이었다.

"급할 때 볼일을 보고 싶어. 내가 지금 치과에 가야 하는데 아이를 봐줄 사람이 없으니 치과에 못 가. 아이를 잠깐씩 봐줬으면 좋겠어.[27] 난 큰애들도 영어교육 시키기 싫고 애들끼리 놀게 했으면 좋겠는데, 그럼 엄마들이 해야 할 일이 너무 많겠지만, 이 지역에서 공동육아 같은 거 잘 없기도 하고…… 어릴 때부터 교육을 계획적으로 시키는 거 유치원 과정 같은 거 필요 없다고 생각하지만, 내가 원하는 대로 돌봄을 받게 할 수 없어. 영어를 배우고, 비싼 방과후를 해야 하고……"

창밖에는 쌀쌀한 바람이 불고 있었지만 봄이 다가오는 계절이었다. 휑한 벽에는 아이들이 크레파스로 맘껏 그려놓은 낙서들이 있었다. 낯선 손님을 보고 울던 아기는 금세 크레파스 하나를 들고 방바닥에 그리고 피아노 건반에 칠하고 유리창에 문대었다. 은정은 따라다니며 물걸레로 그것을 지우고 또 지웠다. 낯익은 풍경, 풀어놓은 돈이 지우지 못한 자리에 엄마와 아기가 있다.

"내가 아이들을 낳고 8년 동안 집에 있었어. 처음에는 집에 있는 게 힘들었는데, 나를 포기하는 게 힘들어서 적응하기 어려웠던 것 같아. 애 보는 사람으로 내가 변하는 것, 나를 포기하는 게 굉장히 힘들었는데 지금은 너무 익숙해져버려서…… 나를 찾는 게 힘들어. 나를 포기하지 않는 게 힘들어. 나를 다시 찾는 게 힘들어. 엄마만 남은 거 같아. 어떻게 사회로 나가야 하는지 사실 어렵고 맨날 갈등하는 거 같아. 막내를 빨리 맡기고 사회로 나가야지 하다가 애가 아직 어리니까 나 좋자고 내 삶 찾자고 무리하는 거 아닌가 싶기도 하고. 애들이 일곱 살, 다섯 살, 세 살이니까 다 어리잖아. 맡기려면 맡기고 나갈 수는 있는데 그게 쉽지 않지. 육아는 육아대로 가사는 가사대로 일은 일대로 힘들 거고. 애들한테 엄마로 있어주고 싶은데, 계속 갈등이 생겨. 지금은 내가 누군지 모르겠어."

오늘 시흥으로 가는 길에 읽은 신문에는 이런 기사가 실려 있었다.[28] 다섯 살 난 아들이 발달장애 진단을 받자 부모가 충격을 받고 가족 동반 자살을 했다는 것이었다. 보름쯤 전엔, 네 살 아들의 성장이 더뎌서 우울증에 빠진 젊은 어머니가 아들과 함께 아파트에서 뛰어내렸다. 모든 아이들에게 조건 없이 사회가 보육의 책임을 느끼는 것이 아니다. 지원이 끊긴 자리에서 부모의 짐은 늘어간다. 모든 아이들이 제대로 된 혜택과 지원을 받는 것이 아니다.

은정이 멋쩍게 웃었다. 자신은 많은 것을 누리고 있는데, 왜 고립감을 여전히 느끼는지 뜻밖이라는 듯이.

"나도 모르겠어. 난 전업주부로 있는 성격이 아닌가 봐. 나가야만 해결될 문제 같아. 아무것도 안 하고 이렇게 계속 살 수 있을까? 답답하지 않을까?"

2013년 한국여성민우회가 주관한 토론회 '가장 사소한, 가장 절실한'에서 한성대 여성학 강사 김원정은 이런 문제제기를 했다. 그것은 '누가 양육의 당사자인가'에 대한 질문이었다.

양육이 한 사회에서 어떤 의미를 갖는가에 대한 철학적 성찰이 필요하다. 가족 재생산에서 세대/사회 재생산으로 가야 한다. 그러려면 부모와 친족, 보육기관뿐 아니라 사회 여러 주체들이 세대/사회 재생산에 대한 책임을 공유하며 어떤 방식으로든 양육의 당사자가 되는 사회가 되어야 한다. 다양한 사회 조직이 아동과 성인을 이어주는 정서적, 물질적 관계망으로 기능하며 기업도 그중 하나의 관계망이 되어야 한다.

그러나 가족이 경쟁력이 있는 자녀 만들기 프로젝트가 되어버린 사회에서 사회적 양육에 대한 공감대가 가능할까. 가족을 경유하지 않는 세대 간 유대감을 형성할 수 있을까. 오히려 양육 관련 제도가 이러한 가족 전략의 실행에 활용되는 상황이다.

충분한 수의 보육시설과 적절한 보육시간, 질 좋은 보육환경이 갖춰지지 않은 보육제도의 부실함은 성 역할 고정관념과 결합되어 여성들만의 케어 체인(돌봄망)을 양산하고 결국엔 상업화에 의존하게 된다. 공공성과 보편성의 확립이 필요하다. 비용의 문제가 아니라 사회적 양육의 문제로서 보육 담론과 체계를 제안할 필요가 있다. 가정과 어린이집을 넘어서는 지역사회 양육 체계의 가능성도 상상할 수 있다.

아이들은 자라나고 엄마들은 여전히 자신들의 등에 업혀 있는 아이들을 끌어안고 한 계절을 지나고 있다. 세상은 끝도 없는 결승점을 향해 달려가라고 하고, 이제 걸음마를 시작한 아이들도 달리기를 배우고 엄마들도 어딘지 모를 곳을 향해 헐떡이며 달린다. 그렇게 많은 일을 하는데도 '아무것도 하지 않는다'는 공허함을 안고서. 다시 찾고 싶은 것이 있다고 했다. 엄마라는 이름이 아니라, 한 사람으로서 자신의 목소리를 내고 싶은 자리가 있는데, 엄마에게 떠넘겨진 칭송되는 일이 아니라, 자신을 돌볼 수 있는 건강한 성인으로서 할 일이 있는 것 같은데, 많은 것들이 실타래처럼 친친 감겨 있어, 세상이 함께 변해야 찾을 수 있을 것 같은 '나'의 자리…… 아이를 업은 은정은 채 말을 다하지 못한 듯 아쉽게 길 저편에서 손을 흔들고 있다.

3부

여성,
노동

권리 없이 일하는
가정관리사

사람은 아이였을 때, 아플 때, 노인이 되었을 때 다른 사람의 노동으로써 생존하게 마련이다. 기르고 먹이고 입히고 씻기고 간호하고, 재생산의 공간인 집을 관리하는 일이 없다면 다른 모든 노동도 가능하지 않다.

그러한 일을 노동이라 여기고, 그 일을 하는 이들을 '노동자'라 부르는 것이 아직 우리 사회에서 낯설다. 이들은 근로기준법상 노동자로 인정받지 못하고 열악한 노동환경에 노출되어 있다.

이것이 일이 아니고 뭔가요?

○

전국가정관리사협회 서울지부 홈닥터 지

부장 염창순 씨를 만났다. '홈닥터'는 가정관리사, 영유아관리사, 산모관리사로 일하는 여성들이 함께 운영하는 것을 지향한다. 보건복지부 바우처로 진행되는 사업과 노동부에서 사회적기업으로 인증받은 사업, 4대 보험 적용 없이 수행되는 사업을 함께하고 있다.

좁은 사무실 안 3개의 화이트보드에는 일하는 이들의 이름과 함께 목동, 구로, 상도, 오류동 등 지명이 빽빽하게 적혀 있었다. 근로자로서 법적 보호를 임의적으로 받는 사업도 있고 받을 수 없는 사업도 있다고 한다.

"제가 가장 가슴 아픈 게 우리 가정관리사님들이 이 일을 한다는 걸 남한테 말 못하는 거예요. 남들이 '파출부'라고 그래요. 파출부가 뭡니까? 가정관리사[1]예요. 그들이 있음으로 해서 자기가 일할 수 있는 건데, 이 일들을 무시하는 게 안쓰러워요. 우리가 그 밑바닥 일을 함으로써 다른 이들의 일을 다 도와주잖아요."

'파출부', '가정부'[2], 저가 도우미로 인식하는 사회적 편견은 노동의 가치와 전문성을 떨어뜨린다.

'바우처 사업 가사간병 도우미'로 참여하게 되면서 또 다른 세계를 경험했다. 조금 긴장된 마음으로 동료와 함께 만난 첫 수혜자 분, 인사를 하자마자 위아래로 쳐다보고는 대뜸 내뱉는 말, "저거저 아줌마 일주일도 못하고 떨어져 나갈 거야"였다. 순간 너무나 황당하고 불쾌해서 멍하니 서 있었다. 순간 내가 여기서 저 문을 열고 뒤돌아 나가면 난 앞으로 이 일을 결코 해내지 못하리라는 생각이 들면서 동료의 말이 생각났다. 자존심은 버려라. 나를 버려라. 우리가 하는 일은 밑바닥 수준이다. 어르신들에게 서비스를 하면서 다른 무엇보다 자존심 상하고 슬프게 한 것은, 가사간병 도우미를 국가공인 자격증 있는 파출부로 취급하는 것이었다.

－서울지역자활센터협회 사회서비스 가사간병방문사업단 참여자의
미발표 수기에서.

염창순 지부장은 가정관리사 일의 전문성과 중요성을 반복해서 말했다.

"가정관리사는 40평 고객 집에 들어서서 4시간 만에 방, 거실, 베란다, 주방, 욕실 두 개를 청소하고 세탁을 하고 반찬을 만들고 다림질을 하고 쓰레기를 정리해 나옵니다. 밥 먹을 시간도 없이 교통비를 아껴가며 움직이고 하루 여덟 시간을 고객의 집에서 쉬지 않고 일합니다. 이것이 '일'이 아니면 도대체 무엇입니까?"

가정관리사들은 고객에게 노동을 제공하고 사회를 지속할 수 있게 한다. 독거노인들, 혼자서 일상생활을 할 수 없는 장애인들, 당장 생활용품이 부족한 산모들, 방치된 아이들, 다문화 가정, 탈북자도 이들이 돌보는 대상들이다. 이들의 노동은 가족과 사회, 개인과 사회를 이어주는 정서적이고 도덕적인 노동이기도 하다. 이 노동을 하는 이들은 대부분 40~50대 이상의 경력 단절 여성들이다. 임금이 적고 일자리

도 단속적이며 사회보험 시스템이 적용되지 않지만, 현실적으로 나이 든 여성이 선택할 수 있는 몇 안 되는 일자리다. 이들은 한 달에 60만 원에서 100만 원, 120만 원을 받고 일하는 시간제 비정규직 노동자다. 한부모 가정이 많고 차상위 계층과 저소득층이 많다. 자기 가족의 생계와 직결되어 있어 꼭 일해야만 하는 상황에 놓인 사람들이다.

할머니는 치매에 걸려 외출은 전혀 하지 못하고 현관 밖에 있는 의자에 앉아 햇살을 받는 일이 하루일과가 되었다. 집에 들어서자 할머니의 모습은 보이지 않고 싸늘한 공기가 숨통을 막히게 했다. 반지하의 특유한 곰팡이 냄새가 진동하였고 불은 전부 꺼져 칠흑같이 어두워 잘 보이지 않았다. 이때 할머니는 작은방에 오그리고 앉아 있다가 화들짝 놀란 모습으로 나를 끌어안으며 눈시울을 적시셨다. 죽고 싶다고…… 이렇게 사느니 강물에라도 빠져서 죽는 것이 낫다며 숨죽여 흐느껴 우셨고 나는 이런 할머니의 등을 쓸어드리며 따뜻한 온기를 느끼실 수 있도록 힘껏, 아주 힘껏 안아드렸다.

　　－서울지역자활센터협회 사회서비스 가사간병방문사업단 참여자의
　　미발표 수기에서.

낮은 임금,
높은 노동 강도

○

　　좋은 고객은 '관리사가 있어서 나도 일
할 수 있다'고 노동의 가치를 인정해주지만, 모두 그런 것이 아니다.
2008년부터 산모 자부담이 생겨나 이전에 평균소득 65% 이하에 해
당되는 이들이라면 비용 없이 수혜자가 될 수 있었던 상황과 달라졌
다.[3] 국가의 지원이 아니라 자신의 돈을 주고 이용하는 이들은 가정관
리사에게 '최대한의 노동'을 바란다. 염창순 지부장이 말했다.

　"산모관리사 같은 경우, 바우처가 2007년에 활성화되어 일할 때는
고객들이 감사히 생각했는데 지금은 당연한 걸로 여겨요. 산모관리
사는 산모 몸조리 도움인데 가사까지 요구하는 경우가 많아요. 커튼
과 침대보를 빨아라, 김치 담가라 요구하고 안 되면 사무실로 연락해
요. 관리사님이 반찬을 오후에 해놓고 다음날 가보면 친척들한테 주
고 없는 경우도 있어요. 관리사가 또 만들면 된다는 거죠."

　비용을 이용자가 부담하는 상황에서 임금 인상이나 노동권 보장은
쉽게 이루어지지 않는다. 염창순 지부장의 말이 이어졌다.

　"고객들은 돈을 주고 관리사를 쓴다는 이유로 모든 일을 다 시키려
해요. 옷을 아무 데나 벗어놓고 생리대가 붙은 채 팬티를 내놓기도 해
요. 인간적으로 힘들지요. 고객들은 관리사가 정해진 시간보다 더 일

하는 건 말 안 하지만 조금 일찍 나가면 사무실에 연락해 관리사를 바꿔달라고 해요."

"영유아관리사는 30시간 교육을 받고 관리사가 아기의 모든 것을 돌봐줘요. 아기한테 친구가 돼줘서 책 읽고 노래 부르고 놀이해주고 빨래하고 청소기를 돌리죠. 아기라고 반말하면 안 되고, 한없이 친절하게 말해줘야 고객한테도 인정받을 수 있어요. 영유아관리사는 가사를 안 하는 게 원칙인데 아기 간식 챙겨주려면 쌓여 있는 설거지를 해야 하고, 아기 빨래를 하려면 세탁기에 든 고객 빨래도 하게 되고, 아기 방을 치우려면 집 청소까지, 결국 온 집안일을 다하게 돼요. 12시에서 1시까지 휴식 시간이지만 아기가 있는 집에서 절대 휴식할 수 없어요. 영유아관리사도 쉬는 시간이 있어야 해요. 아기 잘 때 이유식 만들고 20~30분이라도 쉬었으면 좋겠는데 고객은 내 돈을 준다는 이유로 더 일해주기를 원하지요. 돌아오면요, 내 집 일은 너무 지쳐 하기 싫어요."

염창순 지부장은 여성 노동자들이 낮은 임금을 받으며 가혹할 정도로 강도 높은 노동을 하다보니 갖가지 질병을 얻게 되는 경우가 많다고 설명한다.

"가정관리사들은 9시에서 1시까지, 그리고 다른 집에 가서 2시에서 6시까지 일해요. 4시간에 3만 원을 받는데, 시간 안에 일이 잘 끝나지 않고 점심식사는 시간과 돈이 아까워서 잘 못한 채 다음 고객 집으로 이동해야 해요. 일을 오래해 아픈 분들이 많아요. 무릎, 팔, 어깨,

날갯죽지가 아프지만 산재보험이 안 되고 직업병 인정을 못 받으니까 치료도 제대로 못해요."

이동이 많고, 다치기 쉬운 환경에서 일하는 여성 노동자들에게 산재보험이 적용되지 않는다는 것은 심각한 문제다. 특히 이들이 저소득 계층이라는 점에서 이는 생존의 문제와도 직결된다.

염창순 지부장은 "작년에 가정관리사 한 분이 고객 집의 일을 하고 쓰레기를 가지고 나오다 걸려 계단에서 뒹굴어 발목이 부러졌는데 아무것도 못했다"고 안타까워했다. "보험도 안 되고 일도 못하고 치료비도…… 우리가 만 원씩 걷어 갖다 주는 것 외에 아무것도 못했어요"라는 탄식이 아픈 현실을 드러낸다.

건강한 노동을 할 수 있게 일자리가 안정적으로 보장되어야 한다. 또한 경력 인정과 교육도 필요하다. 홈닥터 홍성돈 행정팀장이 바람을 힘주어 말했다.

"가정관리사들의 노동은 더 확산될 겁니다. 우리나라 사회정책으로 반영되어 지원금뿐 아니라 사회적 관심도 더 생기고 권리에 대한 교육도 확산되어 일자리를 보장하는 사업이 지속되었으면 좋겠어요. 이 문제가 시장 논리를 따르는 것이 아니라 우리가 책임지고 일자리를 창출하고 사회적 약자를 위하고 여성 노동자의 권리를 지키는 것이 되었으면 합니다."

돌봄 서비스의
공공성에 주목해야
○

　　국제노동기구ILO는 가사노동협약을 추진
해 가사 노동자도 노동자로 인정했지만[4] 한국은 가사노동협약의 비
준을 미루고 있다.

　　가사사용인에게 고용·산재보험을 적용하겠다는 법안은 2010년 9
월 1일 김상희 새정치민주연합 의원이 처음 발의했다.[5] 근로기준법
상 '가사사용인'을 적용 제외했던 것을 폐지하고, 고용보험과 산재보
험 법안에 특례조항을 두어 적용받도록 했다. 보험료의 '사업자' 부
담 부분은 돌봄 서비스 이용자를 '사업주'로 보기 어려운 현실을 감
안해 국가가 부담하도록 보험료 징수법을 개정했다.

　　현재 복지부 바우처 사업이나 노동부 사회서비스 일자리 사업 등
정부가 예산을 들여 추진하는 사업에 속한 노동자들은 4대 보험 적용
을 받는다. 그러나 직업소개소를 통해 일대일 근로계약을 맺는 여성
노동자들은 근로기준법에서 제외되고, 사회보험 적용도 받지 못하는
경우가 많다.

　　김상희 의원이 발의한 법 개정안은 '가사사용인'으로 분류되는 다
수의 여성 노동자들에게 근로자성을 인정해주려는 시도라는 점에서
주목받았지만 아직 후속 조치가 제대로 이어지지 않고 있다.

개정안과 관련해 당시 한국노동연구원 연구위원이었던 은수미 새정치민주연합 의원(이 인터뷰는 2010년 10월에 이루어졌다)은 "근로자의 개념을 확대하는 논의를 촉발시킨 것은 긍정적인 효과"를 가져올 수 있을 거라며 환영했다. 그러나 '실효성'을 거둘 수 있을까에 대해서는 좀 더 신중한 입장을 밝혔다.

"가장 문제가 되는 건 재원이에요. 이분들이 시간당 최저임금도 못 받는 상황에서, 보험료를 어떻게 부담하도록 하는가가 문제예요."

은수미 의원은 고용·산재보험의 '사용주' 부담을 국가가 지도록 한 것에 대해서도, "필요한 재원"을 마련하는 통로와 "노동 과정을 관리하고 전달하는 체계"에 대해 더 고민해야 할 것이라고 제안했다.

일례로, 요양간호사의 경우 장기요양보험이 시행되면서 그 재원으로 운영하는 데 비해, 가사사용인의 고용보험은 재원이 없다는 점을 이야기했다. 이러한 문제제기는 가정관리사의 법적 지위를 인정하는 것이 우리 사회의 근로자성에 대한 큰 그림을 그리고 다른 불안정 노동을 하는 이들까지 염두에 두고 종합적으로 접근해가야 할 과제라는 화두를 던진다. '어디까지가 근로자인가, 어떻게 보호할 것이고, 재원이나 관리는 어떻게 할 것인가' 하는 질문을 할 때다.

OECD 국가 대부분은 돌봄 서비스 제공의 재원을 조세나 사회보험 같은 공적 체계에서 조달하고 있다. 국가가 재정 부담을 하되, 시스템을 지자체가 공공시설에 위탁해 소비자와 이용자에게 공급하는 방식을 취한다.

"공공시설을 많이 만들면 문제가 많이 해결되고 개별 부담이 적어집니다. 공공시설에서 사람들을 관리하고 임금조건을 확보하고 고용보험 등을 적용할 수 있습니다. 사회복지서비스 인프라를 광범하게 확충하고 관련된 여성 노동자의 권리도 이 공공시설 안에서 보호할 수 있다고 봅니다. 이 같은 제도를 잘 활용한다면, 서비스의 질이 높아지고 적정 임금과 근로조건을 보장할 수 있어요. 예를 들어 지금 간병인은 병원 소속이 아니지만, 전문지식을 가진 이들로 여겨 간호시스템에 결합되어야 합니다. 병원 소속이 되어 간호사 수를 늘리고 병실마다 간병인을 두는 것 같은 대안을 생각해볼 수 있습니다."

공공영역으로 포섭될 수 없는 '재가 돌봄'의 경우도, 사회보험료를 공공업체에 넘겨주고 공공단체가 관리하고 평가하는 시스템이 하나의 방안일 수 있다고 제시했다. 은수미 의원은 구청 단위에서 지역자활센터에 위탁해 1년제로 고용하고, 사회보험 비용을 정부가 부담하는 현 바우처 제도를 재가 돌봄의 경우 적용해 활용할 수 있다고 말했다.

"시민단체도 풀뿌리 시스템을 갖추고 있으니, 지자체가 공익단체와 연계해 지역의 네트워크를 활용해 돌봄 서비스를 주민들에게 제공하는 방식도 가능합니다. 실제로 그렇게 하고 있는 곳도 있습니다."

공공시설을 확충하고, 지역에 기반을 둔 네트워크를 통해 여성 노동자의 노동권을 보호할 수 있다는 제안이다. 여성의 노동을 어떻게 제도화하고 체계를 만들 것인가는 한국 사회가 다음 세대가 살아갈 세상의 모습을 예견하고 기초를 놓는 중요한 문제다.

감정 노동을 하는
사람들

생존을 위한 표정관리?

○

사적인 자리에서 우연히 만난 비행기 승무원은 기내에서 웃으며 수행하는 일에 대해 한참 이야기하다가 "그건 썩은 웃음이에요"라고 말하고 입을 다물었다. 그때 침울하게, 모욕을 당한 사람처럼 얼굴이 뒤틀리던 모습이 기억에 남았다. 호텔 객실 담당이었던 한 지인은 24시간 맞교대로 손님을 응대한 이야기를 하며 가장 힘든 것이 "생존을 위한 표정 관리"였다고 말해주었다. 화가 나고 지쳐도 절대 감정을 보이지 않아야 했다. '감정 노동'은 직원이 회사나 상관이 관리하는 방식 속에서 사람들과 대면해 자신의 감정을 조절하며 직무를 수행하는 노동이다.

2012년 기준 감정 노동 종사자 수는 1,266만 9,000명으로 전체 취업자 수의 절반 이상인 51.6%로 추정된다. 이 같은 감정 노동자 100명 중 97명은 일하는 내내 자신의 기분과 무관하게 웃거나 즐거워하는 표정을 짓는 것으로 조사됐다. 또 감정 노동자의 74.3%는 우울증을 앓고 있었다. 절반가량은 상태가 심각했다.[6] 새정치민주연합 한명숙 의원실이 2013년 10월, 백화점 직원, 콜센터 상담원, 승무원 등 감정 노동자 2,259명을 상대로 심리상태를 조사한 결과 30%가 자살 충동을 경험한 것으로 드러났다.[7]

민주노총서비스연맹 정민정 교육선전국장을 만나 우리나라 서비스 노동자의 감정 노동에 대해 물어보았다. 서비스 판매직은 여성 취업 직종 1위다.[8]

"실제적으로 서비스 노동자들이 느끼는 부분은 고객이나 회사에서 존중받지 못하는 박탈감, 상실감이 큰 거였거든요. 서비스연맹은 그 부분에 또 다르게 접근해야 하지 않느냐, 그 일환으로 감정 노동의 문제를 계속 제기하고 서비스 노동을 존중해달라고 요구하고 있어요. 감정 노동을 사회적으로 이슈화하면서, 대부분 여성이고 사회적으로 하대받는 여성 노동자들의 노동의 가치를 올리는 작업을 하자는 거예요. 백화점에서 회사 관리자들이 여성 노동자보고 하는 말이 '너 나이 먹고 잘리면 마트 가서 캐셔밖에 못해. 너희는 나이 먹으면 쓸모가 없는 사람들이야, 필요가 없어' 하는 소리예요. 감정 노동 이야기하면 여성의 비정규 고용의 문제, 회사와의 문제도 같이 얘기할 수밖에 없어요."

임상혁 노동환경건강연구소장은 "감정 노동이 유독 우리나라에서 심각한 사회문제가 된 것은 최소 인원으로 최대의 효율을 얻기 위한 기업의 과도한 업무량 부과와 비민주적, 반인권적 경영조직 체계, 생산 체계 때문"이라고 지적했다.[9]

1990년대 IMF 이후 기업 경영에서 고객 중심주의가 강조되기 시작했다. 마케팅에서 고객관계관리CRM라는 경영기법이 강조되면서 고객 중심주의를 더욱 발전시켜 '고객 만족'을 '고객 감동'이 대체했다. 경쟁이 치열해지면서 기업들은 '고객 중심의 지식 경영과 감성 경영'이라는 표어를 내세우고 장기적인 고객을 확보하려고 했다. 그 한 가운데 서비스 여성 노동자들이 있다.

유럽이나 일본에서는 감정 노동과 관련한 직무 스트레스에 대해 사용자 책임과 안전 배려 의무를 명문화하고 있다.[10] 영국의 노동조합인 유통동맹조합USDAW은 상점 노동자, 콜센터 노동자, 보험설계사, 홈쇼핑, 약국 등에서 일하는 노동자 등 34만 명이 조직화된 단체다.[11] 그러나 우리나라는 감정 노동자를 보호해줄 조직도 정책도 미비하다.

백화점 회사의 매뉴얼—서 있는 자세와 인사법, 머리 스타일, 스타킹 색, 구두, 무조건 죄송하다고 말하는 것—뿐 아니라 노동조합이 감정 노동의 부정적인 면을 최소화할 수 있는 매뉴얼을 함께 만들어 여성 노동자의 권리를 보호해야 한다는 의견이 나왔다. 일부 서비스직 여성 노동자들이 감정 노동의 문제를 제기하고 자신들의 지위와 권리를 지키려는 노력을 시작했다.

"감정수당은 생명수당이다"

○

　　　　　엘카코리아노동조합의 소개로 백화점 화
장품 매장에서 일하는 한 여성 노동자를 만날 수 있었다.[12] 인터뷰를
하기 전 그는 몇 가지를 요구했다. 본명을 쓰지 말 것, 자신이 일하는
백화점 매장을 밝히지 말 것, 녹음된 목소리를 외부로 유출하지 말
것. 정은주(가명) 씨는 처음부터 끝까지 내 눈을 마주 보며 낮은 소리
로 천천히 말했다. 그이는 서른다섯 살이었다.

"유통에는 이때까지 13년 일했어요. 엘카코리아[13]에서 8년 일했고
요. 여자로서 괜찮은 직업이라고 생각해요. 적성에 맞아요. 같은 서비
스업에서도 전문적이고. 저희는 수입 브랜드고 엘카 같은 경우는 여
덟 개씩 브랜드가 같이 입점이 돼요. 1층은 백화점의 꽃이라고들 하
잖아요. 그곳에서 종일 서서 일해요. 아침에 9시 반까지 출근해서 청
소하고 백화점에서 조회 있으면 조회하고 입고 있는 날 입고 정리하
고 오픈 준비를 10시까지 끝내요. 아침에 업무 보고하고 점심때 한 시
간 식사하고 폐점하는 8시까지 계속 근무해요. 8시 30분까지 연장하
면 9시에 퇴근해요. 거의 회사에 올인해야 해요. 집에 가보면 애들은

다 자고 있죠. 또 아침에 애들 챙겨줘야 하고. 주말에 쉬는 것도 노동조합 생기기 전에는 힘들었어요. 남들이 봤을 때 백화점 다니고 치장하고 다니니까 화려해 보일지 모르겠지만 저희가 봤을 때 백화점 다니는 직원은 다 서민이에요.

오는 손님한테만 판매하는 게 아니라 회사에서 주어진 목표가 있기 때문에 어서 그 목표를 맞춰야 하고, 그러지 못하면 인센티브가 없어서 급여가 굉장히 많이 떨어져요. 콜을 해야 하니까 힘들게 판매하는 경우가 많아요. 직원들의 급여가 다 달라요.

화장품은 직원을 뽑을 때 외모를 많이 봐요. 피부가 좋아야 하고, 얼굴이 못생기면 안 되고, 그게 가장 큰 기준이 되는 거죠. 고객들이 '아우, 화장품 팔면서 피부가 왜 저래? 얼굴이 왜 저렇게 못생겼어? 뚱뚱해' 하죠. 외모 피드백이 많아요. 사회가 그렇게 인식을 만들었기 때문에 쉽사리 바뀌긴 힘든 거 같아요. 백화점도 많이 따지거든요. 너는 화장품 이미지 아니어서 못 받겠다. 예쁘고 친절한 호감형 애를 보내달라. 본사에서 대놓고 얘기해요. 너는 뚱뚱해서 좋은 백화점으로 로테이션 시키기 힘들다. 일을 계속하려면 신경이 쓰이니 유지비용이 많이 들죠. 월급의 30%는 쓰게 되는 것 같아요. 성형수술도 하고, 다이어트도 하고. 왜냐하면 자기 관리를 계속해야 매장에서 일할 수 있으니까.

인원이 충분하지 않아서 대체할 사람이 없기 때문에 우리는 아파 죽어도 나가야 해요. 감기가 걸려 목소리가 안 나와도 나가야 하고 갑

자기 빠지는 거 절대 안 되지요. 종일 서서 근무하는 것도 자궁이나 관절에 안 좋고 규정대로 구두를 신고 꼭 스타킹을 신어야 하니까 여자한테 안 좋은 환경이죠.

오는 손님한테 친절해야 하지만 백화점에서 친절을 감시하려고 모니터요원을 보내잖아요. 회사에서 서비스평가제가 시행되고 우리가 계속 감시를 당하는 거니까, 항상 '이 손님이 정말 손님인지 아닌지' 그런 게 많이 힘들지요. 고객들한테서 거침없는 인격모독을 당하는 것도요. 옛날에 고객이 왕이라고 했잖아요. 지금도 반말하는 일이 많고, 안 되는 건데 무조건 해줘야 하는 것도 많고. 공들여서 한 시간 설명해서 판매했는데 이유 없이 환불을 요구해도 그냥 해줘야 해요. 규정도 없고. 안 맞춰주면 고객이 불친절하다고 인터넷에 띄우고 말도 안 되는 거라도 다른 데로 로테이션을 해야 하는 경우도 많아요. 그런 게 다 실적 평가에 개인 평가, 서비스 분야 마이너스로 기록되고, 급여에까지도 영향을 미치는 거예요.

항상 친절해야 돼요. 전화로 터무니없는 문의를 해와서, 안 된다고 정중하게 거절했는데 고객이 욕설을 하는 거예요. '너 이름 뭐냐. 내가 백화점 VIP인데 너 백화점 근무 못하게 한다.' 대응할 방법이 없어요. 그냥 '고객님. 죄송합니다. 고객님 원하시는 대로 해드리지 못해 정말 죄송합니다' 이런 말만 계속 해야 하는 거예요. 백화점 생활에서 가장 힘든 것은 사람 상대하는 거 같아요. 사람이 사람 기분을 다 맞춰줘야 한다는 거.

백화점 매뉴얼 있는데 무조건 친절하라는 거예요. 친절해야 하고, 말로만 죄송한 게 아니라 얼굴 표정도 '죄송합니다'가 되어야 해요. 우리가 연기자가 되어야 하는 거죠. 연기자랑 똑같아요. 연기를 잘하면 고객한테 인정받고 본사에서 인정받고 연기 제대로 못하면 컴플레인 걸려서 이 백화점 저 백화점 떠돌고 평가에 영향을 미치고.

행사 기간에 한정 수량 샘플링을 하면 물량이 떨어지거나 날짜 지나면 안 줘야 하는데, '고객님, 끝났습니다' 하면 광고지를 찢어서 얼굴에다 던지고 가는 사람도 있어요. '이딴 거 왜 보내냐. 100명한테만 줄 거면 100명한테만 광고지를 보낼 거지, 왜 1,000명, 2,000명한테 보내서 사람 놀리는 거냐!'고. 그런데 저희가 보낸 게 아니잖아요. 백화점에서 그걸로 홍보해서 사람을 유인하려고 무조건 많이 뿌린 거죠. 중간에서 피 보는 건 저희인 거죠. 사람들이 정신적으로 안정되지 못해서 저희한테 그러는 거 같아요. '대체 샘플을 달라, 다른 거라도 달라, 이걸 받으러 어디서 왔는데', 이런 식으로 요구해요. 먼저 온 다른 손님이 있어도 기다려야 한다는 인식 없이, '날 왜 안 봐주냐, 기분 나쁘다' 그걸 갖고도 컴플레인을 거는 거예요. 그러면 우리는 '고객님, 죄송합니다'라고 말해야 하는 거죠.

폭발하면 매장 근무 못해요. 만약 손님이 때린다면 백화점에서는 그냥 맞으래요. 그냥 맞고, 거기서 손님하고 싸우지 말라는 거죠. 그럴 때 저희도 진짜 완전 화나죠. 그런 손님 가고 나면 욕하는 거밖에 없어요. '미친 년들, 저 또라이 같은 년, 진짜 짜증난다', 직원들끼리 그런 식으로 푸는 거죠. 어차피 고객들한테 폭발할 수 없으니까. 우리가 기본 세 명에서 다섯 명 근무하니까 매니저 같은 경우 동생들한테 피드백(화풀이)이 가는 거고, 또 그게 동생들에게 순서대로 가는 거죠. 퇴근 후에 술 먹고 풀고 이런 식이죠. 힘든 일을 하고 늦게 끝나는데 쌓인 감정을 풀려고 술자리까지 이어져서 더 늦게까지 악순환이 되는 거죠.

우리가 노동조합이 생겨서 감정수당이란 거 3만 원 받아요. 그 수당이 있는 건 맞지만 금액이 너무 적다고 생각해요. 다른 위험지역에서 생명수당 받잖아요. 제가 생각했을 때 감정수당이라고 하면 그거랑 똑같다고 생각해요. 그 정도의 값어치를 쳐줘야 한다고 생각해요. 손님이 욕하는데 같이 욕할 수 없는 거죠. 저희 서비스의 생명인데 저희한테 감정은 생명과 똑같은 거죠.

노동조합이 생겨 좋아진 게 많아요. 휴무도 생기고 분위기도 좋아지고, 감정수당이 생겼어요. 우리 입으로 이런 거 개선해달라 말하는 거, 옛날에는 말도 못했어요. 관리자들이 쟤 예쁘니까, 나랑 친하니까, 비위 잘 맞추니까, 월급 더 주고 승진시켜주고 그런 거 진짜 많았어요. 어떻게든 잘 보이고 싶어서 서로 비비기 바쁜 거죠. 그리고 한 번 밉보이면 끝인 거예요. 노동조합이 생겼기 때문에 중간관리자들이 '내가 함부로 얘기하면 안 되겠지' 하고 태도가 달라졌어요. 그건 필요한 거거든요. 노동조합에서 휴무에 터치하지 말라고 하니까 옛날보다 좀 편하게 쉴 수 있어요. 앞으로 앉아서 근무할 수 있는 환경이 되어야 해요. 또 손님은 많은데 직원은 한정되어 있는 게 문제예요. 복수 고객 응대가 안 되니까. 은행처럼 번호표를 뽑아 순번대로 봤으면 좋겠어요. 은행에서는 손님이 자기를 먼저 안 봐줬다고 화 안 내잖아요.

우리나라에서 서비스에 너무 기대를 하는 거 자체가 아니라고 봐요. 식당에 가면 음식을 정중하게 놔주고 '맛있게 드세요' 하고 불렀을 때 와주고 이러면 되는 건데, 백화점도 마찬가지죠. 그 사람한테 필요한 정보를 충분히 주면 되는 건데, 회사나 기업에서 인원 충당도 더 안 하면서 그 기준을 웃어야 한다, 미소가 부족하다, 나가서 인사를 해라, 이런 건 사실 아닌 거 같아요. 한가할 때나 그렇게 하지 바빠 죽겠는데 시종일관 웃어야 하고, 사람이 설명하다보면 진지해져서 웃지 않을 수도 있는데 그런 부분까지 설명하는 내내 웃어라, 진심을 다해 웃어라, 그렇게 되니까 너무 과한 거 같아요. 서비스의 도가 과한 거죠. 그런 점은 개선이 돼야 할 것 같아요."

정은주 씨는 웃지 않고 이 말들을 했다. 고객의 폭력을 이야기할 때는 책상을 손으로 치기도 했다. 그의 말은 '가면 뒤에서 낮게 울리던 감정의 소리'를 들려주었다. "어렸을 때 생각한 것처럼 노동조합이 빨갱이, 그런 거 절대 아니"라면서 회사에는 노동조합이 있어야 한다고 했다. 노동조합은 그들의 말문을 틔워주었고, 휴무를 찾게 해주었으며, 임산부한테 혜택을 주고, 출산으로 인한 불이익을 없앴다. 회사의 목표액을 95%로 낮추게 했으며 자신들의 노동에 이름을 붙여주었다. 감정수당 3만 원[14]은 상징적이었지만 '우리는 감정 노동을 하는 사람이다. 그러니까 우리한테 감정수당을 달라'라고 요구해 인정을 받아낸 것이었다. 그것은 그들이 감정을 가진 인간이며, 그들의 감정은 자신의 생명과 같은 가치를 가지고 있다는 선언과 같았다.

"우리는 고객들에게 던져진 먹잇감"

○

화장품 판매원, 마트 직원, 텔레마케터 같은 이들은 우리 삶의 '풍경'이다. 중소규모였던 H마트에서 2007년에 캐셔로 일한 김은희 씨가 들려준 이야기다.

"나는 일하면서 너무 놀랐어요. 처음엔 고객과 눈을 마주치고 말해라, 미소를 짓고 친절하게 말해라, 그래서 이 기업이 마인드가 있고 친절하구나 생각했어요. 아줌마들이 캐셔로 일하러 와서 '고객님, 얼맙니다, 얼마 받았습니다……' 그런 응대를 다 외워서 그대로 해요. 본사에서 모니터 요원이 와서 평가한단 말이에요. 평소 못 보던 낯선 손님이 오면 모두 바짝 긴장해요. 더 친절하게 하려고 애쓰고요. 전체 지점을 다 쫙 평가해서 하위 지점들이 정해지면 그 지점 여직원들을 빡세게 굴려요. 지점장이 직원들을 한쪽에 데려가서 친절교육 다시 하는데, 자기(지점장)는 앉고 아줌마들을 세워놓은 다음 '차렷, 열중쉬어, 차렷……' 하면서 군대식으로 기합을 줘요. 고객 감동도 중요하지만 그 안에 있는 직원에게도 감동을 줘야지, 상식을 벗어나서 직원의 의견과 감정을 무시해놓고 어디서 감동을 긁어내 고객한테 줘요? 일하러 나온 아줌마들이 시키는 대로 그걸 다 외우고 따라해요. 어떻게든 돈을 벌어야 하니까요."

이들은 현장에서 기업의 이미지를 대표해 고객에게 진심을 다해 항상 친절한 마음 상태를 생산해내야 한다.

지혜 씨는 20대 때 편의점과 베이커리, 음식점, 호프집 같은 곳에서 아르바이트로 일했다. 그녀는 자신이 하루에 두 군데 매장을 11시간 풀 아르바이트로 뛰었는데 한 달에 수입이 70만 원밖에 되지 않았다고 말했다. 편의점에서 한 손님이 '잔돈을 손에 직접 주지 않고 손바닥에 떨어뜨렸다'며 자신에게 컴플레인을 넣은 이야기도 했다. 기억나지 않는 일에 대해 무조건 사과하라고 요구받을 때 '내가 얼마나 받는다고, 시급 몇 만 원도 아니고 몇 천 원을 받으면서……' 하는 생각이 먼저 들었고 그다음에 모멸감을 느꼈다.

"대형 할인점 같은 데 가면 여자 직원이 입구에서 허리를 깊이 숙여 인사하고 그러는데 나는 그 앞으로 안 지나가요. 마음이 불편해서요.[15] 기업은 (직원을) 몇 푼으로 고용해서 자기네가 서비스 잘한다고 광고하는 거예요. 기업은 실제로 소비자들의 이익이나 권리를 보장해주지 않아요. 겉치레 인사는 환상을 주는 것뿐이에요. 손님들은 생활이 팍팍하니까 그런 서비스에서 대리만족을 받는지 몰라도 사실은 공허한 거예요. 표피적인 서비스니까요. 나는 매뉴얼대로 손님한테 복창하고 인사하면서 그게 부자연스럽고 상업적이고 성의 없는 멘트라고 생각했어요. 말하는 사람이나 듣는 사람이 어색하더라도 중앙에서 내려온 멘트 지침이니까 토씨 하나 틀리지 않고 해야 했지요. 본사 직원이 비밀 시찰을 나와서 인사를 못한다면 점주한테 불이익을 주니까요."

그에게는 신문사 고객센터에 텔레마케터로 일하는 친구도 있다. 인터뷰를 주선하기 망설이며 그는 대신 자기 생각을 말해주었다.

"친구는 대학을 나와서 10년 동안 취업을 못하고 있다가 텔레마케터(아웃바운더)로 2년 일했어요. 서비스직은 최전선에 있다고 생각해요. 그 최전선에 최저임금을 받는 하급 여직원을 비정규직으로 둬요. 사람들은 좋은 물건과 좋은 서비스를 받고 싶어해요. 당연한 마음이라고 생각해요. 하지만 기업이 제공해야 할 서비스를 그 한정된 수의 여성 노동자들이 세세한 결까지 다 제공해야 해요. 사람들은 소비자 입장에서 짜증난다, 불친절한 거 경험했다 하면서 감정 노동자 편을 안 들어요. 기업은 노동을 감추고 돈과 서비스만 내세우는 거죠. 상담원은 실제로 해결해줄 수 있는 건 없는데 고객들이 요구하는 건 많아요. 옥션 같은 데 제품 문제가 생기면 실제로 환불은 잘 안 해주고 상담원만 죽어나는 거예요. 너희끼리 치고 박고 끝내라는 거죠. 내 친구는 자기 일에 대해서 아무 말 안 하고 딱 한마디만 했어요. '우리는 고객들에게 던져진 먹잇감이다'라고요."

여자들은 전통적으로 요구받은 보살핌 노동의 연장선상에서 이 같은 서비스직을 저임금, 비정규직으로서 수행하게 된다. 매장 판매 노동자, 항공사 여승무원, 콜센터 상담원, 텔레마케터는 기계처럼 언제나 활달해야 하고, 말과 행동은 관리자에게 감시되며 고객의 온갖 요구에 시달린다. 돈과 서비스만 내세운 자리에 인간의 '노동'은 사라진다.

이런 현상은 사회적으로 확산되는 추세다. 일례로 서울시는 2009년 6월 '서울형 어린이집' 사업을 시작하면서 '안심 보육' 명목으로 CCTV 설치비를 보조해 서울형 어린이집 2,200여 개 중 400여 개의 어린이집에 CCTV를 설치했고 600여 개 어린이집에 추가 설치를 할 예정이었다.[16] 아이들을 좋아해서 보육교사가 되고 싶었다는 손혜숙 씨의 이야기를 들었다. 그는 가정 어린이집에서 일하는 보육교사였다.

"제가 1세반 아이 여섯 명을 같이 봐요. 아이들이 벌떡 일어나고, 설사로 범벅이 되기도 하고, 동시다발적으로 감정이 격해서 소리를 지르고, 때리기도 하고, 쏠기도 해서 제재하기 힘들어요. 떼어놓고 앉혀놓고 뒤처리하는 상황이 많아요. 제대로 돌보려면 교사가 더 있었으면 좋겠어요. 또 부모들한테 보낼 수첩도 써야 하고 일지 쓰고 사무업무도 해요. CCTV로 보면 그런 상황이 어떻게 보일지 모르죠. 부담스럽죠. 방치로 보일 수도 있고, 나와 아이들을 계속 지켜보며 감시를 하는 거잖아요.

제가 10시간 일해서 최저임금에서 4대 보험료 빼고 89만 원 받았어요. 금액이 너무 적어요. 8년차인데 100만 원 받는 선생님도 있어요. 나라에서 나오는 처우 개선비와 연구수당을 다 합쳐도 120만 원이 될까 말까예요. 이직률이 엄청 높아요. 제시간에 퇴근하지도 않고요. 청소도 하고 교실도 꾸미고 교구도 만들어야 하고 엄마들 보게 인터넷에 사진도 올려야 해요. 원장님은 밖으로 보이는 거에 많이 신경을 쓰고 '따뜻하고 상처 없이 깨끗하게 엄마처럼'을 강조해요. 하지만 엄마들도 아이랑 있을 때 오로지 아이만 보고 있진 않잖아요. 집안일도 해야 하고 자기 일도 하고. 지금 같은 상황에서 우리가 엄마처럼 아이들을 일일이 다 봐주고 돌봐줄 수 없어요. 사람들이 바라는 보육이 CCTV로 그림처럼 나오진 않죠. 사람이 기계처럼 움직이는 게 아니니까. CCTV가 설치된다면 항상 긴장되고 조심스럽겠죠. 엄마들은 좋아하겠지만 전 부담스럽고 싫을 것 같아요."

보육교사는 거의 다 여성이다. 그들은 민간이나 개인이 운영하는 어린이집에서 최저임금을 받는다. 6, 7세 같은 경우 아이들 스무 명에게 배당된 교사는 한 명이다.[17] 이 한 명의 교사가 10여 명, 20명의 아이들에게 잘하는지 못하는지 항상 일거수일투족을 지켜보겠다는 것이다. 보육을 위한 인력이 확충되지 않고 장시간 저임금 노동 상황에서, 감시를 의식하는 교사의 감정 노동을 강요하게 되는 것이다. '엄마 같은, 깨끗한, 따뜻한.' 우리가 가진 보육의 상은 오로지 화면에 찍히는 한 여성 노동자에게 초점이 맞춰진다. 사안에 대해 인권의 문제나 국가의 책임보다는 개별 여성 노동자 하나하나를 겨냥해 최상의 서비스를 수행하라고 요구한다는 것이 무척 우려스럽다.

인간 감정의 상업화를 넘어서

○

감정의 상업화는 인간관계를 근원적으로 훼손했고, 그 역할을 수행하는 여성의 지위를 더욱 떨어뜨렸다. 감정 노동의 문제가 제기되고 이를 개선하자는 여론이 확산되고 있다. 서울시 인권위원회는 '다산콜센터 상담사 인권보호 대책'을 서울시장에게 권고한 바 있다. 이때 민간위탁의 간접고용을 개선하고 서울시가 직접 고용할 것도 요구했다. 서울시는 종합민원전화인 '120 다산콜센터'에 문의 전화를 하면서 성희롱 발언을 한 차례만 해도 '성폭력범죄의 처벌 등에 관한 특례법'의 처벌 조항을 적용해 법적 조치를 취하기로 했다. 그동안 월평균 1,009건에 이르는 악성 전화로 상담사들의 고통이 컸다는 것이 대책 도입 배경으로 서울시가 밝힌 것이었다.[18] 한국도로공사는 감정 노동자 인권 가이드에 따라 감정 노동자 인권보호헌장을 만들었다. 감정 노동에 대한 건강권을 지키고자 국회에 산업안전보건법과 남녀고용평등법 등 개정안이 발의되었고 환경노동위에 계류되어 있다.[19]

"사람들은 친절을 원해요. 하지만 난 사람들이 정말 원하는 건 진심어린 한마디라고 생각해요. 기업의 과도한 통제가 아니라 정도에 벗어나지 않는 한마디 인사라고 생각해요."

인터뷰를 해준 지혜 씨가 한 말이었다. 자신이 겪었던 노동을 통해 그녀는 여성들이 최저임금을 받는 비정규직으로서 수행해야 하는 인사를 한 시민으로서, 같은 노동자로서 불편하게 보는 시선을 가지게 되었다.[20]

"베풂이 상품이 되고 기업이 교환 비율을 정하는 거대한 상업적 분리가 진행된 속에서도 우리가 서로 베풂을 교환하는 능력을 행사해왔듯이"[21] 우리는 서로의 감정을 사거나 파는 것이 아니라 같이 느끼고 존중하는 능력을 지킬 수 있다. 그리고 그 소박하고 당연한 바람이 실현될 수 있도록 사회적으로 더욱 요구해나가야 할 것이다.

성희롱, 하청 노동자는
참아라?

한 여성 노동자가 있다. 그녀는 14년 동안 한 공장에서 일했고 이혼하고 세 아이를 기르는 가장이었다. 한자리에서 같은 동료들과 일하는 동안 하청업체는 일곱 번이나 바뀌었다.

2009년 4월부터 하청업체의 작업 관리자 두 명이 그녀에게 성희롱을 했다. '좋아한다, 사랑한다'라는 문자메시지를 보내고 "우리 둘이 자고 나서 입 다물면 누가 알겠느냐"고도 했다. 밤에 그녀가 아이들과 있는 집에 몇 번씩 전화를 해 "너희 집에 가서 자고 싶다"고 했다. 작업장에서는 욕설을 하면서 그녀의 엉덩이를 치고, 어깨와 팔을 주물러댔다. "간밤에 힘 좀 썼더니 오늘은 기운이 달린다", "나는 밤새 해도 끄떡없다"는 소리를 그녀는 일하며 들어야 했다.

하청 노동자인 그녀는 아무 말도 하지 못했다. 자신의 핸드폰에 남아 있는 문자와 통화내역을 한 동료에게 보여주며 펑펑 울었을 뿐이다. 2009년 12월, 그녀는 '정직 6개월과 보직변경'을, 다시 '감봉 3개월, 시말서 제출'의 징계 처분을 받았다. "잘못된 언행을 감행하여 회사 내 질서를 문란하게 하거나 회사 이미지를 실추했다"는 것이 이유였다. 인사위원회에는 성희롱 가해자인 소장도 포함되어 있었다. 그녀는 하청 노동자였기 때문에 침묵할 수밖에 없었다.

2010년 7월, 현대차 사내하청 노동자에 대해 대법원이 현대차의 고용 책임을 인정하는 판결을 했다. 그때 그녀는 갑자기 알게 된다. 2년씩 재계약하며 이름만 바꾼 '바지사장'(하청업체) 밑에서 일하는 것이, 노동자에게 제몫을 주지 않고 착취하는 불법파견 때문이었다는 것을. 그녀는 현대자동차가 저지른 불법 아래서 14년 동안 사람 취급을 받지 못하고 일했다는 것을.

성희롱 사건 진정이 풍기문란?

○

정규직 노동자의 권리를 누려야 했을 이로서, 그녀는 처음으로 사람으로서 자기 목소리를 내도 된다는 생각을 하게 된다. 2010년 8월 12일에 사내하청노동조합에 가입하고 9월 3일에 국가인권위원회에 성희롱 사건 진정을 접수했다. 그리고 바로 해고당했다. 이유는 역시 "회사 내에서 선량한 풍속을 문란하게 했다"는 것이었다.

그녀를 만나 심경을 물어보았다.

"아무것도 해결이 안 되어 착잡하고 답답하고, 혼자 앉아 펑펑 울기도 하고 혼자 욕도 하고. 이런 수모를 다 받았는데 덮고 가기에는 너무 억울하고 힘드니까 터뜨렸거든요. 제가 피해자이면서 해고까지 됐지만, 회사에서 처음부터 당한 고통에 비하면 지금 고통은 반도 안 돼요. 회사에서 받았던 고통이 더 심했어요. 말로 표현할 수 없을 정도로."

"어떤 것이 가장 힘들었나요?"

"원청 직원과 하청업체의 관리자들이 우리를 쉽게 보는 거요. 자기네는 할 말 다 하면서 우리를 로봇처럼 시키고, 우리가 힘없는 여자라고 말을 가리지 않고 함부로 내뱉고 천대해요. 정직원한테, 원청한테는 그렇게 못 해요. 현대자동차 안에서 상전과 종의 차이, 딱 그 실태예요. 우리는 성희롱을 당해도 기분이 나빠도 말을 하면 안 돼요. 안 좋아하는 표시를 내면 업무에서 힘든 일을 시키거나 업종을 바꾸는 걸 알기 때문에 기분 나빠도 대놓고 말할 수 없어요."

그녀는 현대자동차 아산공장이 가동된 초창기인 1997년부터 일해 온 노동자였다. 하청업체 사장은 오히려 성희롱당한 피해자에게 "전화 녹취는 불법이기 때문에 당신이 불리하다"며 증거 메시지가 남은 전화기를 가져오라고 다그치는 등 허위사실로 위협했다. 불법행위를 고소, 고발할 수 있다고까지 했다. 성희롱 가해자는 퇴근 후에도 피해자를 집에 보내지 않고 전화기를 가져오라고 소리 지르며 다그쳤다.

그녀는 이어지는 2차 가해와 협박에 시달렸다. 아산공장 공장장은 성희롱 예방 교육의 의무를 제대로 이행하지 않았고, 원청의 사용자 책임을 다하지 않았다.

"14년 동안 일하면서 말 한마디 못하고 정말 힘없이 일했기 때문에 올해 대법원의 현대자동차 불법파견 판정을 뉴스에서 보고 노동조합에 가입해서 정직원이 되면 그보다 좋은 일이 없겠다 싶었죠. 행복하고 감사한 마음으로 가입했어요. 조합원으로서 성희롱 때문에 고통 당했다고 말하고 알리고 싶었어요. 현대자동차의 모든 사내하청 여성 노동자에게 알리고 싶었어요. 더 이상 나와 같은 억울한 일이 하청 업체에서 일어나지 않게 알리고 싶었어요."

그녀는 해고되었고 하청업체인 금양물류는 2010년 11월 4일 폐업했다. 문제가 생기면 바로 하청업체를 폐업하고 노동자를 해고한다. 이것이 원청이 하청을 쓰는 이유다.

"성희롱 사건이 이슈화되어 알려지니까 금양물류 사장이 폐업 처리하고 가면서 폐업 전, 저를 해고시켰어요. 너는 금양물류에서 일한 직원인데, 금양물류가 가버리면 너는 돌아갈 근거가 없다면서 근거지를 없앤 거예요. 4일에 폐업하고 바로 다시 현진기업이 들어온 상태인데, 사장 하나만 다시 온 거죠. 그걸 14년 동안 한 거예요. 1997년 정원기업으로, 제동산업으로, 웰비스마스터에서 웰비스트랜스로, 웰비스로, 금아글로리산업으로, 금양물류로, 업체가 수도 없이 바뀌었어요. 공정, 인원, 출고장은 그대로인데 사장만 바뀌는 거예요."

현대자동차는 금양물류가 자신의 하청기업인 글로비스의 재하청 기업이므로 이 일과 아무 관련이 없다고 한다. 그녀의 목소리가 커지고 떨렸다.

"현대자동차 출고장 안에 원청 직원들이 모든 걸 관여하고 그 지시를 받고 우리가 일해요. 우리가 현대자동차를 내보내는 거지, 삼성자동차나 대우자동차를 내보내는 거 아니잖아요. 우리 일이 현대자동차를 내보내는 일인데 현대자동차와 관계가 없다는 건 말이 안 돼요. 고객들이 사는 현대자동차 만드는 일을 우리가 하고 있다고요. 현대자동차 직원의 관리감독 하에, 출고 피디아이 담당자가 있어요. 그 지시 아래 일해요. 상관없다는 건 말이 안 되는 거예요."

현대자동차가 직접 생산 공정을 운영하는 공장에서 현대자동차 정직원의 관리감독을 받고 14년 동안 일한 이 여성 노동자는 대법원 판결에 비추면 당연히 현대자동차의 정직원이다. 사내협력업체가 중간에 원청회사와 도급관계를 맺고 있는 것은 제조업에는 허가되지 않은 불법파견 관계다. 하청이라는 굴레 속에서, 자기보다 나이 어린 소장에게 '이년, 저년' 반말을 들으며, 관리자들에게 성희롱을 당하며 산 세월이 불법이었다는 것을 그녀는 알게 되었다.

"가장 바라는 것은 똑같이 사람대우를 해달라, 똑같은 인격체인데 원청은 사람 대접 해주고, 하청은 하시하고 왜 사람대우를 안 해주냐. 항상 바라는 거는, 우리도 같은 사람이다, 동등한 대우를 해달라는 거예요. 월급에서도 차이가 나고, 무엇보다 인격적으로 대하지 않으니까요. 나를 봐요, 사내하청업체의 여성 노동자가 말을 했다고 해고됐잖아요. 안에서 해준 게 해고밖에 없어요."

해고는 끝이 아니었다. 2010년 10월 14일, 정문 앞에서 1인 시위를 하는데 현대자동차의 정직원 관리자와 경비들이 달려들어 폭행했다. 자신들의 하청 여성 노동자가, 말 한마디 못하고 희롱을 당하고도 쥐 죽은 듯 있어야 마땅할 '저년'이 감히 정문 앞에서 시위를 하고 서 있다고, 그들은 우우 덤벼들었다. 입을 막아야 했다. 자신도 노동자이고 노동자의 권리를 누릴 수 있다고 감히 말하는 모든 하청 노동자들의 입을 막고, 불법파견이라 판결 난 자신들의 체제를 그대로 유지해야 했다. 그녀의 목소리가 무엇을 의미하는지 원청인 현대자동차가 누구보다 더 잘 알았다.

"정규직 원청 관리자들이 나와 '여기는 현대 땅이니까 나가라! 아줌마, 쪽팔리지도 않냐?'고 해요. '내가 왜 창피하냐! 나는 정당하다. 피켓 들고 내가 서 있으니 당신네가 창피해서 막으러 온 거 아니냐'고 했어요. 그러니까 나를 양쪽으로 잡아 '저리 옮겨! 들어!' 해요. '내가 짐이냐! 왜 짐짝처럼 옮기냐! 놓아라!' 기가 막혔어요. 아침 출퇴근 시간이라 차가 도로에 많은데 그 도로에 그냥 밀어버리더라고요."

전치 4주의 부상을 입었다. 그녀는 8일 만에 병원을 나와 다시 1인 시위를 했다. 11월 1일, 경비 30여 명과 정규직 관리자들, 현대자동차 직원들이 다시 달려들어 "현대 땅에서 나가라!"며 차도로 그녀를 팽개쳤다. 내가 만난 그녀는 병원에 있었다. 팔에 붕대를 감고 손등에 주삿바늘을 꽂고 목에는 염좌 부상을 입은 채였다. 허벅지와 가슴, 손목과 팔뚝에 피멍이 들었다. 성희롱 사건을 규탄하며 현대자동차 앞에서 연대집회를 하던 이들도 작업화에 차여 쇄골과 갈비뼈에 금이 가 다른 병원에 입원했다.

"싸워서 복직해서 가야죠. 이렇게 할 수밖에 없는 건 그만큼 억울했기 때문이에요. 말도 안 되는 걸로 정직되고 감봉되는데, 나를 그렇게 만든 사람은 그 안에서 아무렇지도 않게 웃으며 심지어 저를 비웃어가며 일하는 모습을 보고 제가 받은 심적 고통이 너무 컸어요. 아무 이유 없이 잘못한 거 없이 힘없다는 이유로, 혼자 산다는 이유로, 일방적으로 당한 거잖아요. 알렸다는 것 때문에 후회는 안 해요."

보이지 않고 들리지 않는
파견사업장
○

작업장 안에서 가해자는 아무 일 없었다는 듯 웃으며 그녀를 제외한 사람들과 평소처럼 대화하고 일했다. 그 모습을 보며 혼자 일하는 것이 고통스러웠다. 볼 때마다 계속 생각이 나고 시간이 태연하게 흐르는 것이 힘들었다. 피해 사실을 알리고 나서는 '밤길 조심해라', '죽이겠다'는 협박도 받았다. 그녀는 자신의 입장을 밝힌 글에서 이렇게 썼다.

저도 알고 있습니다. 저는 힘없는 하청입니다. 저는 정규직이 아
니고 하청의 노동조합인 사내하청지회가 힘이 없다는 것도 잘 알
고 있습니다. 맘먹으면 저 같은 사람 하나 죽이는 거야 쉽겠죠. 제
가 14년을 일했는데 정규직과 비정규직이 얼마나 다른지 왜 모르
겠습니까? 하청 노동자를 편들어줄 사람은 아무도 없다는 것도
잘 압니다. 그렇지만 이건 아닙니다.

"사람이 아무리 힘이 있어도 권력을 남용하면 안 되는 겁니다. 사
람이 살면서 항상 약한 자의 편에 서야 하는 게 맞아요. 현실은 그렇
지 않죠. 현대자동차, 정몽구, 거대한 자본 앞에서 제가 뭘 할 수 있겠
어요? 근데도 저는 하늘은 억울하고 약한 자의 편이고, 저를 버리지
않을 거라고 믿어요. 힘없다고 해서 가지를 함부로 쳐내면 그 가지들
이 꿈틀댑니다. 가지들이 절대로 가만있지 않아요. 힘을 다해, 내 모
든 걸 다해 싸우고 싸움의 결과에 후회하지 않을 겁니다. 현대자동차
공장 안에 여성 노동자가 참 많아요. 제가 복직이 됨으로써 안에 있는
말 못하는 하청 여성 노동자들에게 힘이 되어, 그 사람들이 당했을 때
용기를 가지고 떳떳하게 말 한마디 할 수 있기를 간절하게 바라는 마
음이에요."

그녀는 11월 16일부터 다시 현대자동차 공장 앞으로 1인 시위를

하러 간다. '돈 앞에는 사람이 없다'는 것을 일하면서 뼈저리게 느꼈지만 사람으로서 소리 내고 싶어서, 폭력이 기다리는 공장 앞에 간다.

피해자 대리인인 조합원 권수정 씨의 말이다.

"그녀를 혼자 두면 안 됩니다. 그녀가 혼자 맞게 하지는 말아야 합니다. 그녀는 지금 정규직을 요구하는 것도 아니고 성희롱 가해자 처벌과 명예회복, 복직을 요구하고 있을 뿐입니다. 파견사업장은 아무 일도 벌어지지 않는 것처럼 보이는 인권의 사각지대입니다. 보이지 않고 들리지 않는 파견사업장에서 지금도 얼마나 많은 여성 노동자들이 성희롱뿐 아니라 말하지 못하는 고통 속에 있는지 모릅니다. 성희롱당한 것을 말도 못하는 정도가 돼버리면 이것은 너무 야만적인 사회입니다. 노동자에게 노예를 강요하는 사회가 되어버리는 겁니다."

2011년 1월 14일, 국가인권위원회는 이 사건을 성희롱으로 인정했고, 성희롱으로 인한 고용상 불이익을 인정했으며 금양물류 사장과 가해자 2인에게 총 1,800만 원의 피해 보상을 권고했다. 그러나 그녀는 해를 넘겨도 복직하지 못했고 불법파견 노동자로서 원청인 현대자동차의 책임 있는 답변을 듣지 못했다.

그녀는 겨울에 공장 정문 앞에서 농성했지만 아무것도 얻을 수 없어 2011년 6월부터 여성가족부 앞에서 다시 농성을 시작했다. 텐트를 치고 그곳에서 생활했다. 그 소식을 들었을 때 덩달아 막막했다. 여성가족부는 '우리는 성희롱 예방 교육'을 하는 곳이므로 해결할 수 없다고 했다. 건물주는 집회를 못하도록 치졸하게 화분을 줄지어 갖다놓았다. 시민들이 그 화분 앞에 모여 솜을 뜯어 넣고 리본을 달아 '8월의 메리 복직 크리스마스'를 염원했다. '성희롱 피해'라는 문구만 보고도 행인들이 욕을 하고 나라 망신이라고 시비를 걸었다. "현대는 사회정의를 구현하는 곳이 아니다"라고 원청 직원은 방송에 나와 말했다.

나는 2011년 여름에 여성단체 활동가로서 '피해자 원직복직, 가해자 처벌, 사내하청 성희롱 피해 문제, 현대차가 해결하라'는 피켓을 들고 양재동 현대자동차 본사 앞에서 1인 시위를 했다. 점심 때 흰 와이셔츠와 검은 바지를 입은 남자 직원들과, 정장 치마와 블라우스를 입은 여자 직원들이 회사 밖으로 쏟아져 나왔지만 피켓 쪽으로 눈길을 주지 않았다. 내가 정문께의 계단을 한두 개 올라가니 무전기를 찬 경비원이 "이쪽으로 들어오면 안 돼요. 밖으로 나가세요"라고 단호하게 말했다. 그녀가 14년 동안 출고시킨 현대차의 번드르르한 외양에 노동하며 겪어야 했던 모멸의 흔적이 없듯, 정규직 노동자의 말끔한 얼굴에는 하청 노동자에 대한 관심이 없었다.

그런데도 그녀와 대리인 권수정 씨는 사방이 꽉 막힌 상황에서 무엇이든 다 하겠다고 했다.

"처음엔 사람들의 시선이 제일 힘들었어. '내가 피해자인데 도대체 왜 내가 해고를 당해야 하나' 하는 생각이 들 때마다 가슴이 아팠어. 현대차 비정규직지회나 금속노조는 같이 해주었지만 많이 연대를 해주지는 못했어. 큰 사업장에 비해 내 투쟁은 작게 생각되는 것 같아. 근데 사실 이건 진짜 큰 싸움이야. 내 투쟁은 약한 투쟁이 아니야. 내 투쟁이 헛되지 않게, 다른 여성 노동자에게 힘이 되었으면 좋겠어."22

그해 여름과 가을, 광장에서는 연이어 촛불문화제가 열렸다. 내가 문화제에 참석한 날 그녀는 산업재해를 신청하러 공단에 가서 그 자리에 없었다. 그날 시민들은 텐트의 비어 있는 자리를 지키며 노래하고 기타를 치고 시를 읽고 복직을 염원하는 손 편지를 썼다. 그녀는 7월 22일에 근로복지공단에 산업재해를 신청했다. 성희롱에 따른 피해로 산업재해를 신청한 것은 처음 있는 일이었다. 제조업 중심의 산업안전보건법 아래에서 승인받기 어렵지 않겠느냐고 추측했다.

권수정 대리인은 8월 28일 농성 88일차 일지에 이렇게 썼다.

정몽구가 저소득층 인재 양성을 위해 5,000억 원을 기부했다. 현대자동차 안에 있는 1만 명의 비정규직 노동자들을 모두 정규직으로 고용하는 데 드는 비용이 겨우 1,000억 원이다. 대법원에서 현대자동차 안에서 2년 이상 계속 일한 비정규직 노동자는 정규직으로 간주한다는 취지의 판결이 나도 끝내 정규직으로 전환하지 않더니 저소득층 인재 양성을 위해 5,000억을 기부한다고. 저소득층 인재를 왜 양성해야 되니. 그냥 저소득층을 없애면 되지. 기부한 5,000억 안에 우리 언니가 14년 동안 현대자동차를 검사하며 일한 대가가 들어 있다는 것을 내가 안다. 잊지 않고 있다.

그녀는 타협하지 않는 자만이 쓸 수 있는 단호한 문체로 쓰고 말했다. 마침내, 11월 25일에 산재가 승인되었다. 근로복지공단은 "직장 상사의 성희롱, 폭언 등으로 인한 업무상 재해에 해당된다"고 밝혔다. 11월 29일 산재 승인 판정 기자회견 후 그녀는 여성가족부 장관에게 현대차 사업장 내 성희롱 실태조사와 성희롱 특별 관리감독을 요구하는 면담을 요청했으나 응답을 듣지 못했다.

성희롱으로 인한 산재 승인은 아주 중요한 시작을 연 것이었다. 그동안 산업재해는 '눈에 보이는 사고나 질병'이라고 여겨졌기 때문에 직장 내 성희롱으로 산업재해 인정 판정을 받는 것은 거의 불가능했다. 이 승인으로 인해 산업재해에 대한 인식이 여성의 경험으로 확장되었다. 직장 내 성희롱이 피해자와 가해자 사이에 발생하는 개인적 문제가 아니라 고용상의 문제임을 사회적으로 다시 확인했으며, 여성 노동자의 건강권에 주목해야 한다는 점을 일깨웠다.[23] 그것을, 불법파견노동을 하던 한 여성 노동자가 억눌린 침묵에서 벗어나 세상에 외친 것이다.

그녀는 어느새 세상에 없던 길을 내고 있었다. 전국 현대자동차 판매 영업소 앞에서 1인 시위가 이어졌고 11월 30일에는 전미자동차노조가 미국 내 85개 현대자동차 영업소 앞에서 '현대자동차 아산공장의 성희롱을 중단시켜라'라는 내용으로 1인 피켓 시위를 벌였다. 자국 노동자의 시위는 두려워하지 않는 기업이 미국 노동자의 시위에는 눈치를 보았다. 결국 2011년 12월 14일 현대자동차 물류 담당 회사인 글로비스를 통해 원직복직이 이루어졌다. 그녀는 2012년 2월 1일자로 형진기업에 복직되기로 했다. 해고 기간 동안의 임금도 지급받고 입때껏 버젓이 일한 가해자는 해고되기로 했다. 현대자동차 안에서 '완패'라는 말이 나올 만큼 승리한 투쟁이라는 평가를 받았다.

"고마워요, 다 도와줘서……"

2011년 12월 14일, 여성가족부 앞에서 197일째 농성한 한 여성 노동자가 승리 보고를 하는 날이었다. 축하한다는 인사를 건넸을 때 그녀는 작고 낮은 목소리로 대답했다. 연말을 앞두고 광장에는 관광버스가 있었고 행인들의 발걸음이 분주했다. 한여름의 더위와 겨울의 추위를 난 농성 텐트 앞에 금속노조 깃발이 펄럭이고 그동안 연대한 단위의 참가자와 오늘 상경해 농성을 시작한 새로운 노동자들, 몇 명의 기자들이 있었다.

마침내 승리,
그리고 복직

○

　　　　지금 사람들 틈에 앉은 그녀는 소리 없이 웃고 있다. 손에는 선물로 받은 책 한 권과 꽃다발 하나, 카드가 들려 있었다. 그녀는 그 작은 선물들을 행사가 끝날 때까지 손에 꼭 쥐고 있었다. 앞에서는 "금속노조의 승리", "민주노총 조합원의 승리"라는 말이 울려 퍼졌지만 그녀는 이 싸움을 가능하게 한 것은 구체적인 사람들의 관심, 작은 연대의 손길이었다고 생각할 것이다. 대리인 권수정 씨가 앞에 나섰다. 사람들이 큰 소리로 환호한다. '피해자가 아니라 자본에 맞서 싸우는 노동자'로 보아달라고 요구하며 함께 싸워온 대리인이다.

"여름에 비를 맞고 겨울에 추위를 견디며 왔습니다. 언제 끝날지 예상을 못했습니다. 비정규직이라고 해서 직장에서 성적 수치를 견뎌내야 해서는 안 됩니다. 아무리 힘이 센 현대자동차라도 성희롱을 해서는 안 되고 성적 수치심으로 노동자를 통제해서는 안 됩니다. 지금 아산위원회 정규직 동지들이 복직을 환영하고 가해자 처벌이 마땅하다는 유인물을 돌린다고 합니다. 여러분의 연대와 지지로 우리 투쟁이 승리했습니다. 우리는 여성가족부의 성희롱 예방 교육보다 더 의미 있는 성희롱 예방 교육을 이 세상에 한 것입니다."

박수 소리가 커졌다. 이 투쟁이 다른 여성 노동자들이 성희롱당하는 것을 예방할 수 있는 뜻깊은 선물이라고 믿었기에, "쓸쓸했으나 연대의 힘을 기쁘게 확인했다"고 그이는 말했다.

가수 김성만 씨가 기타를 메고 나왔다. 〈작은 꽃, 아픔으로 피다〉. 길에서 싸우는 그녀를 위해 자신이 만든 노래를 불렀다. 그리고 "박사랑 동지!" 하고 불렀다. 당사자인 그녀는 자신을 드러내지 않고 승리 보고대회를 지켜보다가 그 말에 머뭇거리며 일어나 나갔다. 어떤 이들은 그녀를 '언니'라고 불렀고, '사랑'이라고 불렀고, '작은 꽃'이라 하기도 했다. '피해자'라고 하고 '투사'라고도 했다. 그녀의 표정에는 언제나 묵묵함이 있었다.

기타 반주에 맞추어 노래를 한다. 나는 앞자리에서 그녀를 지켜보았다. 지난겨울 눈이 내렸다. 눈이 한없이 내린 그 겨울에 현대자동차는 농성장에 일부러 눈 산을 만들어놓았다. 그녀는 삽을 차에 실어놓고 아침마다 눈 산을 조금씩 치웠다. 정문 앞에서 농성할 때 비닐을 치면 회사가 뜯어가버렸다. 추워서 앉아 있기 어려워 비닐을 몸에 이불처럼 덮었다. 그것도 빼앗아갔다. 현대자동차는 농성장 앞에 밤새 물을 부어 꽁꽁 얼려 빙판을 만들어놓았다. 농성장에 산더미처럼 쌓아놓은 그 눈은, 그 얼음은 봄이 되자 녹아 없어졌다.[24]

"감사합니다. 그동안 감사했다는 말을 전하고 싶어요. 지금까지 나를 위해 지원해준 대책위와 생사고락을 같이하고 내 일처럼 도와준 분들께 감사합니다. 이 투쟁의 길을 죽어서도 잊지 못할 겁니다."

그녀가 악보 하나를 품에서 꺼내 마음속에 있던 노래를 불렀다. 〈사명〉이라는 제목의 찬송가였다.

"나를 보내주오, 나는 달려가겠소, 목숨도 아끼지 않겠소, 나를 보내주오, 세상이 나를 미워해도 나는 사랑하겠소……"

내일이면 그녀는 그동안 필사적으로 지켜온 텐트를 뒤로 하고 공장으로 돌아간다. 이 길목은 아무 일 없었던 듯 사람들의 바쁜 발걸음이 메울 것이다. 그러나 지금 우리는 세상에 물려줄 선물 하나 끌어안고 이 자리에 모여 있는 것이다. 그러니 잠시 각자 가슴에 숨겨둔 노래를 소리 내어 불러보아도 좋았다.

그녀가 일터로 돌아갔다. 반년이 지난 후, 그녀가 성희롱 가해자 2인, 업체 사장, 현대자동차를 대상으로 제기한 소송의 판결이 내려졌다. 판결은 원청인 현대자동차의 책임을 묻지 않았다. 사내하청 노동자가 성희롱 피해를 당했을 때 원청 사용자는 책임을 져야 하는데 그것이 인정되지 않았다. 그녀는 현대차의 직원이었으며 관리감독의 책임이 원청에 있다는 것을 분명히 했는데도 말이다. 성희롱 예방의 의무, 관리감독의 의무 소홀에 대해 이렇게 판결한 것은 전체적으로 간접고용 노동자들의 인권과 노동권을 위협하는 판결이라는 비판을 샀다. 그녀를 해고한 업체 사장에게도 사업주로서의 책임을 물을 수 없다고 판결이 내려졌다. 현대자동차와 업체 사장에 대한 책임을 묻지 않고 성희롱 가해자에게만 손해배상이 선고되었다.[25]

여성 노동자에게 성희롱을 해서는 안 된다고 법으로 제도화하고 우리 사회가 그것을 인식하는 데 몇 십 년의 시간이 필요했다. 그 시간 동안 여성들은 용기를 내어 싸웠다. 그것은 근대에야 조금씩 허락된 여성의 노동권, 시민권을 지키기 위한 역사적인 싸움들이었다. 성희롱은 여전히 일어나고 있다. 여성을 동등한 노동자로, 일터의 동료로, 사회의 구성원으로 보지 않는 시각이 팽배해 있기 때문이다. 비정규직, 불법파견, 간접고용, 시간제로 더욱 악화되는 여성의 노동 상황과 그 속에서 후퇴하는 권리들, 공식적으로 승인되지만 현실의 일터에서 적용되지 않는 법들, 여성들은 언제 어디서나 지켜져야 하는 자신의 안전한 노동권을 위해 편협한 법과 사회와 싸우고, 아직 이름 붙여지지 않은 새로운 약속들을 만들어내기 위해 여전히 외치고 있다.

보이지 않는
식당 노동자 이야기

표정이 사라지는 자리
○

　　주꾸미 간판이 달린 식당 안으로 문을 열
고 들어간다. 오후 3시, 불이 꺼져 컴컴한 식당 안은 휑하다. 중년 여
성 3명이 문께의 테이블에 말없이 앉아 있다. 한 사람은 고개를 숙이
고 양말을 깁고 있다. 볼을 꿰맨다고 양말 안에 플라스틱 봉을 넣어
바느질하고 있다. 내가 들어가는 기척에 맞은편의 여자가 무표정한
얼굴로 일어나 냉장고의 유리문을 열고 물병부터 꺼낸다. 식당 여성
노동자에게 설문조사를 하러 들어왔다고 하니, 물병을 든 채 멈춰 서
서 듣고 있다.

　"식당에서 일하시는 분들의 고충을 들으려 하는데 괜찮으시면 잠
깐 시간 좀 내주실 수 있을까요?"

별말 없이 고개를 끄덕인다.

"하자."

그 여자의 말에 다른 두 사람이 잠깐 고개를 든다. 그리고 손에 들고 있던 바느질감을 밀치고 빨간 앞치마 주머니에서 볼펜을 꺼내든다. 말없이 체크해간다.

한마디도 묻지 않고 의아하다거나 재미있다는 표정도 짓지 않고 기계적으로 체크해간다. 설문의 답례로 준비한 핸드크림을 옆에 가만히 놓아두지만 눈길을 주지 않는다. 한 분이 내게 설문지를 돌려준다. 그리고 다시 흰 양말을 집어 들고 처음처럼 바느질을 시작한다. 다른 사람들도 완성한 설문지를 눈길 돌리지 않고 그냥 내밀 뿐이다. 내가 들어갈 때 모양처럼 말없이 서로 쳐다보지 않은 채 앉아 있다.

식당에서 받은 설문지를 길에서 펼쳐본다. 근무시간 아침 10시부터 밤 10시. 월급은 130만 원. 손님이 더 오면 1시간 정도 더 일함. 추가 근무에 대한 돈은 받지 않음. 휴일은 한 달에 평일 두 번. 명절 때도 대납을 해야 쉴 수 있음. 성희롱 아주 많음. 손님들의 신체 접촉 아주 많음. 데이트 권유 많음.

휴일이 생긴다면 무엇을 하고 싶은지 묻는 주관식 문항에 이렇게 적어놓았다.

"자고 싶다."

다른 설문지를 넘겨본다.

"육아를 하고 싶다."

"여행을 가고 싶다."

굳은 몸에서 문득 흘러나온 한마디가 햇빛 아래서 꿈틀거리는 것 같다.

일주일에 하루도 쉬지 못하거나 하루에 12~13시간을 일하고 나머지 10시간 안에 가사 노동과 가족 돌봄과 수면까지 다 해내야 하는, 그 대가로 최저임금 정도를 받는 여성들의 바람이다. "아파도 못 걸을 정도가 아니면 기어서라도 일터에 와야 한다"고 피식 웃으며 말해준 한 식당 여성 노동자의 말이 떠오른다. 이들의 시간은 이렇게 사라져도 되는 것일까? 밤낮없이 불 켜진 식당이 당연한 풍경이듯 이들의 가족 생활마저 알아서 말없이 처리할 화장실 가는 시간처럼 취급되어도 되는 것일까? 자신을 위해 다리를 뻗고 몸을 눕힐 시간과 공간이 없어도 괜찮은 것일까?

기혼여성 임금노동자 중 42.5%인 200만 명이 장기 저임금 임시근로에 해당한다(2009년 3월). 이들은 월평균 임금 125만 원, 시간당 임금 5,803원, 주당 노동시간 50.8시간으로 비정규직 중에서도 가장 열악한 노동 조건에 처해 있다.[26] 식당 여성 노동자가 그랬다. 이들은 언제나 시간을 통째로 내주고, 끝없이 구멍 나는 양말을 한 땀 한 땀 기워가듯 견디며 살아갈 수밖에 없게 된다.

내가 원하는 것은 노동자의 권리

○

　　김정혜 씨는 일식집에서 일하는 여성 노
동자다. 그녀는 나에게 자신의 일 이야기를 들려주었다.

　"저는 일식집에서 일해요. 지금 있는 데는 거의 6년 일했어요. 모두
7명이 일하는데 사장, 실장을 빼면 5명이에요. 나는 튀김도 할 줄 알
고 함박 치킨 돈가스, 우동 뚝배기 다 하는데 부엌일도 하고 서빙도
하고 통으로 다 할 줄 안다고 통직원, 통장이라고 불러요. 찬모, 설거
지하는 사람, 냄비 끓이는 직원 다 따로 있어요.

　체인점 같은 경우 내가 여기 그만두고 다른 체인점에 이력서를 내
면 거기서 이쪽 사장님한테 전화해서 물어봐요. 만약 전 지점에서 안
좋게 나갔다면 '앞 지점에서 이랬다면서요' 하면서 월급을 깎는 거예
요. 체인점이 좋은 점도 있지만 단합을 해요. 하지만 나는 어디 가서
이런 사람이라고 낙인이 찍히더라도 같이 일하는 만큼은 사장님한테
만 잘 보이고 월급 많이 받는 게 아니라, 귀로 듣고 쓰게 말하는 편이
에요. '어디 가면 내가 좋은 말 많이 해줄게.' 사장님이 이렇게 말하면
나는 '좋은 말 듣는 거보다 저도 내 식당을 해야죠' 하고 웃으며 넘겨
요. 사장이 있고 사장의 오른팔인 실장이 있고 주방장은 여자가 별로
없고 다 남자예요.

　총괄은 사장이 하고 나는 재료 주문, 발주를 해요. 날마다 물건 가

격 비교해야 해요. 하루 차이에 시가가 떨어졌는지 올라갔는지 정리해주고, 가게에서 있었던 손님과 서빙 직원 간의 마찰 같은 것을 일지에 그대로 써야 해요. 사장님에게 보여주고 일주일에 한 번은 사모님이 검토해요. 가게 돌아가는 일은 눈으로 보지 않아도 글로 파악하죠. 본래 홀 직원을 사모님의 친구로 심어놨는데 그만두는 바람에 '누구든 써야 하지 않느냐'고 해서 제가 쓰게 됐어요. 하지만 일지를 쓰는 것도 고자질이잖아요. 좋은 면보다 안 좋은 면이 더 많아요. 손님과 직원의 마찰은 안 쓰는 게 좋은 건데. '죄송합니다. 다시 갖다드리겠습니다.' 서비스직이라 이 말을 입에 달고 살아야 해요. 나는 식당 일도 직업이고 프로 정신을 가지고 일해야 한다고 생각하지만 카운터도 보고, 서빙도 하고, 부엌일도 하면서 무지하게 바빴어요. 힘들었어요.

4대 보험은 안 돼요. 우리는 해달라고 말하는데 가게가 사모님 이름으로 등록이 돼 있고, 사장님만 4대 보험이 돼요. 원래 월급도 자세히 명세서가 나와야 하는데 그런 것 없이 통장으로 한꺼번에 들어와요. 토요일은 본래 특근수당을 줘야 하는데 일반 음식점은 그냥 월급제예요. 우리는 오전 9시 반부터 밤 9시까지 일해요. 1시간 점심시간 빼고. 내가 일하는 데는 일식집이라 2시간 휴식시간 있어요. 3시부터 5시까지. 그때 손님이 잘 들어오지도 않지만 들어와도 안 받아요. 하지만 대부분 식당은 12시간 일해요. 보통은 점심시간이 따로 없이 2시에서 3시까지 돌아가며 밥 먹고 점심시간 없이 12시간 일하죠.

노조가 있으면 법적인 연차, 월차를 받을 텐데, 노조가 없는 식당이 아주 많아요. 또 사장님이 우리에게 법으로 적용되는 휴가를 줘야 하지 않나 생각해요. 상여금이나 퇴직금 문제도 그렇고. 사장이 노조를 인정 안 하고 자기 방식대로 일을 운영하니까 연차는 생각도 못하는 거고 월차도 그렇고. 1년에 한 번 정기휴가도 못 쓰고 연차, 월차도 없고. 나는 사장하고 터놓고 얘기하면서 '다른 데 인건비는 많이 올랐는데 제대로 처우해달라'고 요구해도 힘든 점이 많죠.

요즘은 2명만 돼도 노조에 가입할 수 있다고 하잖아요. 쉬고 싶은데 못 쉬니까 힘들어요. 주부가 결근하는 이유는 딱 2가지밖에 없거든요. 집안일하고 아이 문제. 쉬게 되면 대납해야 해요. 사람을 따로 구하는 게 대납이에요. 대납을 하면 내 월급에서 그 사람 일당을 줘야 하는데 이건 제 살을 깎아먹는 거잖아요. 대납은 없어져야 하는 거고 있어서도 안 되는 거죠. 내가 주방에서 돈가스를 하거나 튀김을 하는데, 내가 빠지면 사장님도 튀김 맛이 없다고 손님이 다시 안 올 수 있으니 싫어라 해요. 쉰다고 하면 반발을 많이 해요. '대납하기 싫으면 결근하지 마라!'

나는 토요일에 한번 쉬어보자고 1년 넘게 이야기했죠. '매출이 안 좋은데 토요일은 쉽시다.' 1월부터 토요일이 휴무가 됐어요. 다른 데 비하면 정기휴가도 못 쓰고 연차 못 쓰지만 토요일을 휴무로 정했으니까 우리가 얻어낸 거죠.

아는 언니가 대학식당에서 일하는데 서울대병원 구내식당은 노조가 있어요. 서울대 의대 구내식당을 용역업체 사장이 운영하다가 더 이상 운영을 못하겠다고 해서 하루아침에 그만둘 상황에서 노조가 이루어졌거든요. 정식으로 임단협까지 하고 투쟁도 했어요. 연월차 하고 생리휴가까지 조합원들이 똘똘 뭉치면 지켜지는 건데, 덕성여대 구내식당, 서울의대 구내식당이 노조가 있어서 얻어냈대요. 하지만 일하는 사람이 휴가 내면 회사에서 대체 인력을 안 심어줘요. 대체 인력이 없으니까 힘들죠. 내가 쉬면 함께 일하는 동료가 더 힘들게 일한다는 생각을 하면 휴가 쓰기가 힘들잖아요. 연말이 되면 1월부터 12월까지 연차를 쓰고 남는 거는 돈으로 주잖아요. 노조가 있다고 해도 연차 안 쓰면 회사는 지급할 의무가 없다고 해서 돈으로 주지도 않고, 휴가도 못 쓰는 경우가 많아요. 업체 사장이 바뀌면서 임단협까지 했는데도 마음 편하게 쓸 수 없어요.

식당에서 일하면서 다른 노동자들처럼 쉴 수 있고 보험도 되고 일한 만큼 대가를 받았으면 좋겠어요. 당연히 그래야 하는 건데 그렇지 않은 부분이 힘이 들죠."

그녀는 대학식당의 노조 사례를 이야기하며 일반 식당에도 노조가 있다면 근무조건이 많이 달라질 거라는 꿈을 꾸고 있었다. 그녀는 자신이 노동자로서 권리를 누릴 수 있기를 고대한다.

여전히 낯선 이름, '노동자'

○

2011년 봄과 여름 내내 식당 여성 노동자들의 목소리를 담은 설문조사를 하기 위해 여러 사람들이 노력했다. 세상에 잘 들리지 않는 목소리를 들으려면 식당으로 직접 찾아가 얼굴을 마주하고 이야기 나누며 설문지를 펼쳐야 했다. 한국여성민우회 활동가들과 회원들, 대학생들, 안내 광고를 보고 연락해온 지역 시민들까지. 그렇게 모인 설문지들은 고춧가루가 묻어 있고 구겨져 있기도 하고, 구석구석 한마디라도 말을 놓칠 세라 옮겨 적은 글씨까지 생생했다. 354명의 서로 다른 얼굴이 모인 설문지가 전국에서 모였다. 어떤 말들일까? 때로는 웃으며, 때로는 귀찮아하며, 때로는 무심한 표정을 지으면서 어떤 속내를 담아놓으셨을까? "이봐요, 10분은커녕 1분도 시간이 없다고요"라며 설문지를 쳐다보지 않고 고개를 젓던 모습이 떠오른다. 통계 속에서 무수한 얼굴들이 어른거리는 것 같다.

하루에 몇 시간 일하냐는 첫 번째 질문에 가장 많이 답변한 근무시간은 12시간이었다. 집에 가는 길목에 있는 식당에서 설문조사를 한 적이 있는데 밤 10시가 넘어 그곳을 지나쳐도 불이 환히 켜져 있고 설문 답변을 해준 낯익은 분이 빨간 앞치마를 두르고 서서 일하는 게 보였다. 내가 쉬는 주말에도 그렇게 웃으며 일해야 한다니 얼마나 피곤

할까. 1~4인의 작은 식당에는 대부분 중간에 쉬는 시간이 없다고 답변했다. 손님이 없는 시간에도 나물을 다듬으며 설문지에 눈길을 주지 않던 모습이 떠오른다.

하지만 "현재 받는 임금이 깎이지 않는다면 하루 몇 시간 근무하는 게 적절하다고 생각하냐?"는 질문에 평균 시간이 8.7시간이라고 답변했다. 8시간의 꿈. 묵묵히 장시간 일하는 식당 여성 노동자들도 그렇게 소리 없이 말한다.

"명절 연휴도 쉬었다고 임금을 깎을 때는 정말 힘들다"고 고개를 저으며 말해주던 목소리가 떠오른다. 우리는 설문지에 새로운 질문도 넣었다. '일주일에 몇 번 가족과 같이 식사를 하세요?' 결과를 보니 5명 중 1명꼴로 '없다'고 답변했다. 가장 많은 답변은 주 1~2회였다. 일주일에 단 한 번도 가족과 같이 식사를 하지 못하면서 남의 밥상을 차려야 하는 속마음을 그려본다. 사랑하는 사람들과 밥을 같이 먹을 시간이 없다는 건 또 다른 허기다.

"특히 4대 보험은 참 필요해요. 말은 안 해도 모두 정말 어려운 사람이기 때문에…… 하지만 이 식당에서는 4대 보험을 해주지 않네요."

동네 식당에서 만난 나이 든 식당 여성 노동자가 말했다. 4대 보험 가입을 하지 않은 경우가 35%로 가장 많았고 다음으론 1개 이상 가입한 경우가 있었다. 1~4인의 소규모 식당은 4대 보험에 전혀 가입하지 않은 비율이 전체의 84.1%였다.

일을 하면서 어떤 시간이 부족하냐고 물었을 때, '가족과의 시간'을 또박또박 써넣은 이가 가장 많았다. 그다음으론 '자신의 문화·여가 생활'이었다. 다른 이들처럼 아이를 돌보고 함께 식사를 하고 등산을 가고 영화를 보고 여행을 하는 시간을 꿈꾸는 것이었다. 이 문항을 작성할 때 잠시나마 따뜻하게 풀리며 빛나던 낯빛이 생각난다. 이 문항을 다들 좋아하셨다. 몇 시간 일하고 싶냐는 질문 앞에서는 어리둥절해했다. 무엇을 하고 싶냐는 질문 앞에서는 설레어했다. 현실 속에서 식당 여성 노동자는 허리, 어깨, 팔다리 통증에 시달리고 심장 질환, 하지정맥류, 화상, 베임 같은 사고도 당한다. 우리 앞에 선 그네들은 화상으로 팔과 다리에 붕대를 감고 있거나 다친 자리를 보여주기도 했다. 약을 먹으며 버티는 일상을 이야기했다. 그들 중 많은 수가 병원이나 약국에 가서 자기 돈으로 치료하고 침묵했다.

"식당 여성 노동자가 5년 동안 싸워 대법원에서 '허리병은 산재'라는 승인을 받아냈다"는 신문기사[27]처럼, 이들의 병이 직업병이라는 것은 아직도 사회에서 새로운 뉴스거리다. 그들을 '노동자'라고 부르는 것만큼이나 낯선 것이다.

서비스업 노동자로서 손님에게 겪는 일도 있었다. "요즘엔 전보다 많이 줄었지만 아직도……" 하면서 답해준 것을 모아보니 5명 중 1명은 여전히 불쾌한 신체 접촉이나 성적 농담에 시달린다고 답했다. 무표정한 얼굴로 성희롱이 '아주 많다'고 체크하던 모습이 떠오른다. 더 묻고 싶었다. 더 하지 않은 많은 이야기들이 안에 담겨 있다. 일하면서 겪는 힘든 일을 물었을 때 무시하는 태도나 반말, 음식 재촉이나 잦은 벨을 들었다.

"손님들도 인식이 많이 개선되어야 해요. 벨을 습관적으로 누르는 사람이 있어요."

"나는 임금이나 노동환경은 식당 업종이 비슷하니까 어쩔 수 없다고 보는 편인데, 손님 때문에 거칠고 악해질 때가 있어요. 모든 걸 다 해달라고 하면 안 되지요."

'왜 식당에서 손님은 왕이 되고 노동자는 하녀가 되어야 한다고 생각하는가?' 하고 그 목소리는 묻고 있다. '왜 밥 한 끼에 지나지 않는 돈으로 자신들의 영혼에까지 상처를 줄 수 있다고 생각하는가?' 하고 묻고 있다. 손님들은 그들을 '이모', '고모', '엄마'라고 불렀다. 듣고 싶은 다른 호칭을 묻는 질문에 대부분은 '모르겠다'고 써놓았다.

식당 여성 노동자가 원하는 것은 첫 번째가 임금 인상(34.8%)이었고, 두 번째가 근무시간 축소(20.4%)였다. 정당한 임금과 휴식을 원했다. 그래서 한국여성민우회는 그 의견을 전달하려고 '심심타파'를 캠페인 슬로건으로 내걸었다. '심하게 긴 노동시간과 심하게 낮은 임금'을 사회적으로 문제제기하자는 것이었다. 그것은 식당 여성 노동자를 더 이상 아줌마가 아닌 노동자로 보고, 우리도 더 이상 손님이 아니라 같은 노동자로서 문제를 공감하고 함께 바꾸어가자는 제안이기도 했다.

"이렇게 해서 무엇이 바뀔까요?"

"나중에 무슨 일을 더 하게 되면 와서 알려주세요."

마지막으로 배웅하며 던지던 그들의 인사. 그 인사를 모두와 나누고 싶다. 그들의 목소리가 전해준 진실처럼, 우리의 목소리가 새로운 답변으로 가닿을 수 있게. 설문조사에 이어 2012년에는 조례에 대한 아이디어가 제기되고 '참 좋은 식당 조례'의 모습으로 만들어졌다.

'참 좋은 식당 조례'는 음식점 영업이라는 경제활동을 지역공동체에 기반을 두고 새롭게 조직해보자는 의미에서 제안된 것이다. 음식점은 지역사회 구성원들과 다층적 관계를 통해 운영되며 지역경제에 큰 비중을 차지하고 있기 때문에 이를 새롭게 조직하는 원리를 지역 차원의 조례를 통해 실현하고자 하는 것이다. 노동 관련법에 따라 차림사(식당 노동자의 새 호칭)의 노동기본권을 보장하는 '노동 친화적인 식당', 각종 폐기물의 배출을 최소화하고 소비자에게 건강하고 안전한 먹거리를 제공하는 '환경 친화적인 식당', 지역에서 생산되는 농산물을 사용하고, 지역 주민에게 우선적으로 좋은 일자리를 제공하는 '지역 친화적인 식당'을 '참 좋은 식당 조례'를 통해 발굴하고 지정하고자 한다. 또한 영업자, 종사자, 소비자 간의 상호 존중과 배려를 실현할 수 있는 조건을 만들고자 한다. 일례로 종사자 성희롱 예방 교육, 안전사고 방지를 위한 조치, 소비자가 편하고 쾌적하게 식당을 이용할 수 있는 시설 등이 마련된 식당이 참 좋은 식당이 될 수 있는 것이다. …… 지난

3년 동안 식당 노동자의 인권적 노동환경을 만들기 위한 활동을 통해 우리는 우리가 누구의 노동으로 먹고사는가를 인지하고, 밥 짓는 노동의 가치를 다시 생각해볼 수 있는 계기를 만들었다. 또한 '참 좋은 식당 조례'는 식당 노동자의 문제를 해결하기 위해서는 사업주-종사자라는 구도에 국한되는 것이 아니라 고객, 노동자, 사업주 그리고 지역사회 운동단체들이 각 당사자의 문제이자 지역사회 공동체의 사안으로 접근해야 한다는 사회적 의미를 전달하였다. 그렇다면 이제는 해당 지방자치단체에서 조례가 제정되고 실행되기 위한 움직임을 만들어가야 하는 것이다.

　－ 이소희,《함께 가는 여성》(한국여성민우회, 2012년 9-10월호), "참 좋은 식당 조례로 '상생하는 마을 공동체'를 만들기 위해, 뜨겁게 논하다!"

　비정규 여성 노동자의 지위는 악화되고 있다. 전체 노동자에서 10명 중 1명의 노동자가 최저임금을 받지 못하고 최저임금을 받지 못하는 여성 노동자의 수는 남성 노동자의 두 배에 가깝다.[28] 그리고 식당에서 일하는 여성 노동자는 아직 노동자라는 이름을 얻지 못했다. 식당에서의 노동을 집에서 하던 일의 연장이라고 여기는 성차별적 편견이 있고, 불안정한 노동환경을 당연히 여기는 경향이 있다. 그들은 '노동자'가 아니다. 보이지 않는 노동자이기 때문에, 정당한 임금을 받고 장시간 노동을 줄여 일과 생활을 함께하고 싶다는 바람도 낯설게 들리는 것이다. 공식적인 노동자가 누리는 권리를 그 여성 노동자들도 누릴 자격이 있다. 하나하나 이름을 가진 그들의 움직임이 노동으로 보이고 우리가 그 노동을 인식할 때, 이름 없이 일하는 식당 여성 노동자들이 원하는 권리 찾기도 사회적으로 모색될 수 있을 것이다.

사람들한테
희망이 되어야 한다

2011년 새해 1월 3일이었다. 하루의 일을 시작하기 위해 나이 든 노동자들이 어둑하고 가파른 길을 걸어 일터인 홍익대학교에 왔다. 이상했다. 평소와 달리 불도 안 켜지고 깜깜했다. 출근부도 아무것도 없었다. "뭐야?" "이게 뭐야?" 닫힌 문 앞에 모여든 사람들이 웅성거렸다. 비밀번호도 모두 바뀌어 있었다. 도무지 이해할 수 없는 상황이었다. 문 앞에서 그들은 소스라치듯 깨닫게 되었다. '해고되었다!'

"힘들다고 하면, 아프다고 하면,

당장 잘려요."

○

　　　1월 24일, 홍익대 본관 농성장에서 만난
조합원 노문희(61세) 씨는 히터가 꺼진 건물에서 전기장판 위에 앉아
"다리를 구부리지 못해 펴고 이야기하겠다"고 미안하다는 듯 말했다.
그이는 일할 때 건물에 엘리베이터가 없어 계단에서 쓰레기통을 가
지고 내려오다가 굴러 떨어졌다. 산재라는 소리를 했다간 '잘려버리
니까' 신청을 못했다. 병원에 간다고 했다가 "학교에 피해를 주려면
그만둬라"는 소리를 이전 소장에게 들은 적이 있었다. 자기 돈으로
치료하고 아프다는 소리도 못하고 너무 아플 때는 남편이 남이 못 보
게 먼저 와서 청소를 대신 해주고 갔다. 시흥에서 홍대까지 출근하려
면 집에서 6시 반, 깜깜할 때 나와야 했다.

　"새벽 출근하려면 추울 땐 엄청 힘들어요. 옛날에 북한 사람들은
별 보고 나와서 별 보고 들어간다는 소릴 듣고 '어머 불쌍하다' 그랬
는데 내가 그 상황이 되었어요."

　3, 4층을 오가며 강의실 9개, 한 교실에 700~800개가 넘는 책상을
닦는다. 학생들이 없을 때는 난방도 끊겨 물을 데워와 하이타이, 락
스, 비눗물로 책상을 닦고 벽을 다 닦았다. 홍대 미대 같은 경우 쓰레
기가 정말 많이 나와서 마치 "마포구 한 구의 쓰레기가 나오는 양" 산

을 이룬다고 했다.

"누가 보든 안 보든 내 할 일이니까 정성 들여 다 하죠. 직업에 귀천이 없다고 나는 청소에 대해서 딴 사람들한테 부끄럽지 않아요. 청소를 해도 이건 내 직업이고 내가 할 수 있는 거니까, 내가 노력해서 사는 거니까 부끄럽지 않아요."

아침 11시까지 일하고 1시간 쉬고 식사를 했다. 1시에 일을 나가서 3시에 들어왔다. 3시에 조금 쉬고 4시에 또 나갔다. 쉬는 시간은 대기시간이었다. 그 시간에 소장의 지시에 '끌려 나가는 거나 마찬가지인' 동원을 나갔다. 풀을 뽑고 마당을 쓸고 딴 건물에 가서 업체가 뿌린 약품을 칼로 깎아 깨내는 일을 했다.

"힘들다고 하면, 아프다고 하면, 당장 잘려요."

아침 8시부터 6시까지 일했다. 10시간이지만, 대기시간 3시간을 빼고 7시간 시급제로 계산한 임금을 받았다. 대기시간에 노동자들은 건물 밖으로 나갈 수 없고 동원을 거부할 수도 없었다. 그 시간에 지하에 머물며 대기하고 있어야 했다. 월급은 최저임금이 못 되는 75만 원이었다. 하루 식대가 300원이었다. 집에 가면 완전히 다운돼서 밥도 못 먹고 씻고 바로 잤다. 힘이 들어서 집안일은 할 수가 없었다.

"맨날 마이너스에 대출해서 쓰고 그랬어요. 내가 가장인데 생활이 안 되고 일요일에 아르바이트하고 그랬어요. 차비가 없어서 차비를 빌리러 간 적도 많았어요. 어떨 땐 쌀도 떨어져요. 여기서 폐지를 주웠어요. 폐지가 석 달이면 3만 5,000원, 4만 원 나와요. 폐지를 따로 모으느라 퇴근 시간보다 더 늦게 가요. 그걸로 차비라도 하고 쌀이라도 사고 그렇게 연명하며 살아왔는데 이렇게 하루아침에 자른다는 말도 없이 쫓겨나니 너무 막막해서 어떻게 표현을 할 수가 없어요. 그 마음을 이루 말할 수 없죠."

노문희 씨는 작은 목소리로 낮게 말했다. 말보다 눈빛이 더 많은 이야기를 하는 사람들이 있다. 그이가 그랬다. 1997년, 남편이 사업을 하다 부도를 맞았다. 공장 기계와 집을 다 빼앗기고 거리로 내쫓겼다. 살림만 하던 그이가 나이 쉰이 넘어서 가장으로 청소 일을 시작했다. 설움도 많이 당하고 힘들고 막막해 울면서 일을 다녔다. 때로 학생들이 서운하게 하고 교수들이 인사도 받지 않고 싹 지나가기도 했다. 그 냉정한 등 뒤에서 빗자루질하며 마음을 다독였다.

'내가 진짜 필요해서 하는 거니까 그 사람들한테 서운한 맘 갖지 말자. 고맙게 여기자. 그 사람들이 없다면 내가 여기에 있을 필요가 없잖아.'

어떤 청소 노동자는 19명이 일해야 하는 건물에 12명을 '박아대었을' 때도 죽어라고 하는 수밖에 없었다고 했다. 청소는 용역으로 맡기면 끝이었다. '우리를 인간으로 생각해준다면 이러면 안 되지' 생각하지만, 소장이 뭐라 하면 무조건 죽은 듯이 있을 수밖에 없었다. "땅 많아서 떼어주는데 불평 있으면 사표 써!" 하는 소장의 한마디로 끝이었다. 옳은 말 한마디라도 하고 음성이 높으면 어느 틈에 잘려버렸다.

"우리는 그냥 홍대에서 일하는 거예요. 우린 그렇게 생각했어요.

재계약할 때 우리는 그냥 넘어가는 사람들이었어요. 난 홍대에서 일한다 하지, 용역 인강에서 일한다고 안 했어요. 8년을 일하면서 나도 학교 직원이라고."

"총장이 야속하죠. 우리는 용역 직원이지 자기네 직원 아니라고 관계없다고 하니까. 하지만 우리 일은 인강이 아니라 총무과에서 지시를 다 내렸어요. 총무과에서 다 감시하고 근로학생을 고용해서 잘하고 있나 감시하고. 어디가 지저분하다고 하면 다 조사해요. 그런 소리가 총무과에 들어가면 바로 불려가서 해야 하고. 총무과 직원도 다 둘러보고 가는데요. 인강 직원이 둘러보는 거 아니에요. 그런데 자기 식구가 아니라고 하니까 기가 막힌 거지."

1월 11일에 홍익대 측은 노동조합 간부들을 고소·고발했다. 1월 12일 홍익대는 용역업체 선정을 위한 입찰 설명회를 했다. "업체가 최저임금 이상은 지급해야 한다"고 홍익대는 설명했지만 기준 인원과 금액을 제시하지 않은 설명회였다. 3~4개의 용역을 구하기 위해 서울 시내 1,500개 용역회사에 다 오라고 했지만 25개 용역회사만 왔고 개중 제안서를 낸 데가 7군데 정도밖에 되지 않았다. 이후 27일에 학교 측은 청소·경비·시설 용역업체를 각기 다른 회사로 분리해 우선 협상 대상자로 용역업체 3군데를 선정했다. 전 용역 소장은 조합원들에게 일일이 전화해 노조 탈퇴를 종용했다.

홍대에 들어서면 펄럭이는 플래카드들이 눈에 들어온다. "우리는 피땀 흘려 일한 죄뿐이다, 너희가 원하는 게 이거더냐." "외부 인력 중단하라." "학생들, 도와줘." 외마디소리 같은 고함이, 그동안 숨죽여 있던 고함이 일제히 펄럭거리고 있다. 눈이 하얗게 덮인 세상에, 소나무 가지들마다 글씨가 적힌 푸른 천들이 매달려 나부낀다. 점거한 본관 1층의 사무실 벽과 칸막이에도 대자보들이 빼곡하다. 전 조합원이 다 플래카드와 대자보를 썼다. 맞춤법이 틀리고 삐뚤빼뚤한 글씨도 있었다. 지지 방문한 단체도 시민들도 하나씩 써 붙이고 가 농성장은 희게 뒤덮여 있다. 노문희 씨도 쭈그리고 한 자 한 자 썼다. "홍대 이사장은 빨리 나와서 대화하자." "비정규직 철폐! 투쟁!" 그렇게 썼다. 야속하고 분한 마음이 있었다.

"우리 후손들은 이렇게 살지
말아야죠"
○

　　한때는 '이렇게 사는 건가 보다'라고 생각했다. '적게 타면 적게 타는 대로 아껴 쓰면 입에 풀칠은 하니까 이렇게 사는 게 인생인가 보다. 내가 기술이 없고 배운 게 없으니 이렇게 살아야지. 그나마 건강이 있으니까 감사하며 살자.' 그런데 그게 아니었다. 같은 일을 하지만 노동조합이 있는 서강대, 연대, 이대의 청소 노동자 월급이 홍대의 청소 노동자 월급보다 많았다. 힘들다고 아프다고 말해도 되는 것이었다. 아프고 힘든데 계속 감사만 할 이유도 없는 것이었다.

2010년 12월 2일 노동조합을 만들었다. 이제 목소리를 낼 수 있겠다 싶었다. 그리고 한 달 후 모두 해고되었다. 1월 3일 잠긴 문 앞에서 가슴까지 얼어붙던 추위를 잊을 수 없다. 자기네 덕분에 10여 년씩 벌어먹던 용역회사도, 가혹하게 부려먹던 학교도 미리 한마디도 알려주지 않았다. '그동안 고생하셨다. 타협이 안 되어 죄송하게 됐다'고 문자 한 통이라도 받았다면 이렇게 억장이 무너지지 않았을지도 모른다.

"홍대가 1년에 500억씩 적립한대요. 우리 얼마 줘요?"[29]

노문희 씨가 되물었다.

"아주 정말 이사장이 악랄하더라고요. 성미산 문제도 그렇고 홍문관 건물 지을 때도 한 노동자가 자살을 했대요."

지금 이 나이 든 노동자들은 시간당 임금 4,110원을 5,180원으로 올려달라고 요구하고 있다.

"민심은 천심이라고 곪을 대로 곪아서 터진 거예요."

노동자에게 마땅히 줘야 할 임금을 아끼려다 '전국적으로 망신살이 뻗친 홍대'가 안타깝다고까지 했다.

"우리보고 외부인이라 하는데 내부인으로 있었을 때 우리가 진짜 힘들고 어렵고 고통스러울 때 와서 한마디 위로해줬나요? 천만에요. 군림했어요, 우리 위에서. 노동자를 정말 노예같이…… 저 사람들은 배고픈 거 몰라요. 그랬는데 지금 와서 우리를 이렇게 찬 데로 내몰고 우리가 칼바람을 맞으면서 애타고 아픈 마음으로 외치고 있는데 듣지 않잖아요."

'군림'과 '노예'라는 말을 할 때 그의 목소리는 묵직한 것에 눌린 듯 깊게 울려 나왔다. 이곳에서 청소를 11년 했다는 예순세 살 이판님 씨도 그런 말을 했다.

"우리 세상살이가 너무 공평치 않아요. 같은 나라에 살면서 직영인가 용역인가에 따라서 차별 대우하고. 나는 처음에 이게 뭔가 했어요. 세상이, 세상이 이런 건가? 나 제대로 하면 올해 나가야 되거든요. 첨에는 뭘 하냐 이걸, 조금 있다 가면 되는 건데. 근데 이걸(투쟁을) 해보니까 나뿐 아니라 뒤에 오는 사람도 그렇고 이 나라에 용역이란 자체가 없어져야겠다 싶더라고. 완전히 사람 인권에 대해서 인간으로 생각하지도 않고. 내가 살아가는 게 너무 어이없다는 생각이 들어가지고."

지금 대체 인력들이 일당 7만 원, 10만 원을 받고 자신들이 하던 일을 하고 있다. 학교는 학내 ROTC 학생들을 동원해 농성장을 감시했다. "호미로 막을 걸 가래로 막는다, 배보다 배꼽이 더 크다"고 노문희씨는 말했다. 화가 난다고 했다. 한편으로는 대체 인력들을 불쌍하게 여겼다.

"나처럼 없으니까 살려고 오는 건데 우리 투쟁하는 데 와서 눈치 보며 일하는 거 얼마나 마음 조이겠어. 그 사람들도 안됐다."

노조를 시작하면서 그이가 품은 소망은 한 가지였다. 이제 사람답게 살 수 있겠구나, 아프면 아프다고 말할 수 있고 힘들면 힘들다고 말할 수 있겠구나 하는 것이었다.

"고용 승계가 되고 생활임금을 받아야 해요. 여기 대단해요. 전체가 같이 가는 거예요. 나보다 더 오래 일한 사람도 있어요. 10년, 12년 일한 사람, 예순셋 정년도 있어요. 자기는 얼마 안 다녀도 끝나지만 후배들을 위해서 하겠대요. 그러니까 그게 얼마나 예뻐요. 한마음으로 똘똘 뭉치는데 사명감이 있어야죠. 우린 꼭 승리해야 해요. 사람들한테도 희망이 되어야 해요. 작은 불씨지만 그 불씨들이 모이면 모닥불이 되듯이 우리로 인해 비정규직이 하나둘씩 개선되는 거, 그랬으면 좋겠어요. 그렇게 될 거라고 저는 믿어요."

노문희 씨가 미안해하는 것이 하나 있다.

"이전엔 나도 노조가 붉은 세력이 들어와서 공장을 마비시키는 건 줄 알았어요. 내가 지금 비정규직이다보니 그게 아니었구나 하는 것을 너무 늦게 깨달았어요. 그 사람들도 자기네 소리를 내는 건데, 자기 권리를, 인권을 찾으려고 저렇게 하는 건데 그걸 빨갱이로 몰았구나 하고 가슴이 아팠어요. 이제 우리가 이슈가 되어 다른 데도 다 개선이 됐으면 좋겠어요. 우리 후손들은 이렇게 살지 말아야죠."

나는 2004년에 만나 인터뷰했던 고려대 청소 용역 노동자의 얼굴을 그의 얼굴 위에 겹쳐보았다. 그때 고려대 청소 용역 노동자들은 본관을 점거했고 자신들을 못 본 척하는 학교의 태도에 상처받았다. 그들은 자신들의 일터인 학교에 소속감과 자부심이 있었던 것이다. 그것은 시간과 삶을 쏟아 붓는 노동의 가치에 대한 믿음이기도 했다. 생존권과 믿음이 짓밟히자 그들은 그에 맞서 소리 높여 구호를 외쳤다. 그때 내 질문에 나직이 답해주던 한 여성 노동자의 말은 이랬다.

이 학교가 부자라고 하더라고요. 건물도 계속 짓고. 그런데 직영으로 하지 않고 어떻게든 싸게 종일 부릴 생각만 해요. 우리도 사람인데. 선생들은 고생을 안 해봐서 청소를 어떻게 하는 줄도 모르고. 내가 1년 일하니까 무릎이 아파 서 있지를 못하겠어요. 병원에 갔더니 무릎 연골이 다 닳았다고 그래요. 새벽 4시에 일어나 4시 반이나 5시에 학교에 와요. 계약상으로는 아침 7시에 오는 거지만 해야 할 일이 너무 많고 또 학생들이 오기 전에 청소를 해놓아야 하니까 새벽에 나오게 되죠. 오후 4시에 퇴근하니까 하루에 11시간씩 일하죠. 한 사람이 450평이 되는 구역을 청소해야 하니까 허리도 아프고 고단해요. 한 달에 57만 원 받아요. 연월차 휴가나 생리휴가는 꿈도 꾸지 못하지요. 이번 용역 계약에서 60세 이상은 해고시키겠다고 해요. 그럼 다 자르겠다는 소리죠. 여기가 영업집도 아니고 학교인데도 그렇게 하겠대요. 또 청소 일을 3부제로 바꾼다고 하더라고요. 아침 6시에서 오후 2시, 오후 2시에서 밤 10시, 밤 10시에서 아침 6시로 이렇게 바꾼대요. 그러면 주말도 없이 빨간 날도 없이 계속 일해야 하는 거죠. 기업체는 5일 일한다는데 청소부는 남편, 새끼 팽개치고 주야 일해서 한 달에 60

만 원 받으면서 아예 학교에서 살라는 소리죠. 지금 일하는 사람
은 죽네사네 하고 일하는 건데…… 이대로 일하게만 해주었으면
좋겠어요.

10년 전, 그들도 같은 모습으로 싸웠고 요구하는 바를 자신들의 손
으로 이루어냈다. 2004년 7월 1일 조합원 130여 명이 고려대 시설노
조를 설립했다. 전원 고용 승계를 이루어냈고 60세 이상 정리해고를
하지 않고, 근무 형태를 현행대로 유지할 것을 약속받았다. 간접 고용
의 문제가 여전히 남아 있었지만 보이지 않는 노동과 침묵을 강요받
던 노동자들은 권리를 자신들의 힘으로 되찾고 있다. 그러나 현실은
좀체 바뀌지 않았다.

노동자로서 다 같이 한 발자국씩
○

점심을 먹기 전에 홍대 정문 앞에서 선전
전이 있었다. 노동자들이 피켓을 들고 길게 두 줄로 섰고 그 사이로
행인들이 바쁘게 지나쳤다. 며칠 새 내린 눈은 녹지 않고 쌓여 굳어
있었다. 나이 든 노동자들은 마스크를 쓰고 목도리를 코까지 올리고
도 빨갛게 언 거친 손을 떨며 비볐다.

"고용 승계 보장받고 일터로 돌아가자!"

"고용 승계 보장받고 생활임금 쟁취하자, 비정규직 철폐, 투쟁, 결사 투쟁!"

"고소고발 취하하고 노동조합과 대화하라!"

노동자들은 구호를 미처 다 따라하지 못해 말머리를 흐리다가 뒤의 말만 크게 외치기도 했다. 한 경비 노동자가 발언했다.

"여러분, 이렇게 추운 날씨에 우리 온몸이 짓무르고 너무 쑤시고 아픕니다. 우리 어머니, 아버지들은 열심히 일한 죄밖에 없습니다. 생활임금 받고 인간답게 살자고 했더니 졸지에 해고되었습니다. 여러분이 공부할 수 있는 분위기를 만들어주고 더러운 것을 깨끗이 한 것이 우리 죄입니까? 여러분, 대답 좀 해보십시오! 귀도 없고 눈도 없습니까! 이 문제는 학교가 잘못한 겁니다. 학생들, 교직원 여러분, 나 몰라라 하지 말고 지금도 늦지 않았으니 함께해주십시오!"

절규였다. 어떤 이는 세찬 바람을 막느라 들고 있던 팻말로 얼굴을 가렸다. 장갑을 낀 손을 양 뺨에 대고 목청이 터져라 구호를 외치기도 했다. 시린 발을 구르기도 했다. "외부인이신가 봐요?" 뒷줄에 서 있는 나에게 한 여성 노동자가 웃으며 유인물을 건네주었다.

노문희 씨는 자신을 '비천한 사람'이라고 말했다. '비천한 사람을 비천한 사람 같지 않게 보이게 해주는 것.' 그녀가 한 말을 생각하며 눈길을 떨어뜨리다가, 여럿이 함께 언 발로 찍은 발자국들이 눈을 녹이고 있는 것을 보았다.

홍익대 미화·보안·시설직 청소 노동자들은 농성을 시작한 지 49일 만에 용역업체와 협상을 타결했다. 2월 21부터 고용이 승계되었고 하루 8시간, 주 5일을 근무하기로 협상을 이뤄냈다. 미화직은 93만 50원(시급 4,450원), 보안직은 116만 3,410원(시급 3,560원)을 받기로 했다. 한겨울의 추위를 이겨낸 노동자들은 일터로 돌아갔다. 홍익대 청소 경비 노동자의 투쟁을 기록한 책《우리가 보이나요?》(이승원, 정경원 지음, 한내)는 앞으로의 과제를 이렇게 제시하고 있다.

청소 경비 노동자 노동권 보장을 위해서는 지역별, 지구별 집단 교섭 체계를 안착시키고 원청인 대학의 책임을 명확히 해야 한다. 서경지부 대학사업장 집단 교섭의 목표는 생활임금, 휴게실 노동환경 개선 등에 대한 원청 사용자인 대학의 책임을 명확히 하고 집단 교섭에서도 이를 반영하는 것이다. 이러한 요구를 걸고 2011년 봄, 서경지부는 고려대, 연세대, 이화여대, 고려대 안암병원 분회 집단 교섭 투쟁의 성과를 거두며 출발하였다.
이후 이 힘을 바탕으로 서울지역 대학교 단체협약, 임금을 통일시켜 나가야 할 과제를 안고 있다. 집단 교섭을 통해 마련된 단체협약 안을 다른 사업장 교섭에서 승인하는 방식으로 강제하여 사업자 간 노동조건 차이를 없애는 데 주력해야 한다. 홍익대 합의서는 대학교 사업장 집단 교섭이 단체협약에 준한다는 성과를 반영하고 있다. 이처럼 단체협약을 여러 사업장에 똑같이 적용시키

면서 서울지역 청소 노동자의 보편적 노동조건을 확보하는 일이
과제로 남아 있다.

　한 사업장의 노동조건 개선뿐만이 아닌, 청소 경비 노동자의 보편
적 노동조건을 확보하고 동일한 단체협약과 임금 통일을 이루어내야
한다. 같은 일을 하는데 직영인지, 위탁인지, 어느 기관에 속해 있는
지, 어느 지방에 있는지에 따라 임금이 차별적으로 달라지면 안 되는
것이다. 사회적 논의와 공감이 필요하고, 대부분 50세 이상인 저임금
을 강요받는 노동자들의 권리를 제도적으로 보장해야 했다. 이 노동
자들의 얼굴은 낯익다. 이들은 젊은 세대들을 길러냈고 공부할 수 있
게 환경을 만들어주었으며, 소리 없이 노동하면서 언제나 존재해왔
던 우리 곁의 얼굴이다.

　민주노총 공공운수노조 서경지부는 이 노동자들의 조직화 사업을
오랜 준비를 통해 진행해왔다. 연세대, 이화여대, 서강대, 홍익대, 고
려대, 광운대, 동덕여대, 덕성여대, 인덕대, 카이스트, 경희대, 한국예
술종합학교에 공공운수노조 소속 청소경비노동조합이 있다. 노동자
들은 학생들과 인권단체, 시민들, 공공운수노조와 함께 힘을 모아 노
동조합을 만들고 지켜내고 포기하지 않고 싸워왔다.

　2013년 12월 18일에는 공공운수노조 소속 중앙대 청소 노동자들
이 노동조건 개선과 노조탄압 중단을 요구하며 파업을 했다. 44일 동
안 파업을 했지만 학교는 책임을 용역에 떠넘기고 원청으로서 사용

자성을 인정하지 않으려고 했다. 2014년 2월 19일, 서울시립대 청소 노동자들은 65세 이상 청소 노동자들의 고용을 보장하라고 대학 정문 앞에서 천막 농성을 했다. 2014년 3월 3일, 고려대 중앙광장에는 공공운수노조 서경지부 14개 분회 조합원들이 모였다. 이들은 공동 파업을 하고 한목소리로 생활임금 보장을 요구했다.

최저임금이 곧 임금의 기준이 되는 우리나라 상황에서 노동조합 조직은 이들이 법정 임금을 받고 노동자로서 최소한의 권리를 지킬 수 있는 유일한 수단이나 마찬가지다. 노동조합을 만들면서, 생활임금을 요구하면서, 누구에게도 말 못하던 이야기를 하고 동지로서 학생과 시민을 만나고 인간으로서 대접을 받는 새로운 경험을 했다. 그 권리를 지키는 것은 자신뿐 아니라 아직 묵묵히 참고 있는 다른 노동자들과 다음 세대를 위하는 것이기도 했다. 그래서 "우린 꼭 승리해서 희망이 되어야 한다"고 힘을 주어 거듭 말하는 것이다. '내가 일하는 건 빗자루만 알지'라고 읊조리던 이들은 이 과정을 통해서 권리를 가진 노동자로서 세상에 모습을 드러냈다. 언제나 겨울이었지만, 그들은 다 같이 한자리에 발을 딛고 함께 한 발자국씩 내딛고 있다. 사람의 걸음이다.

4부

여성들,
삶의 목소리

어떤 긍정,
윤명선의 노동일기

80만 원은 60만 원보다 많다

○

집을 나왔을 때 윤명선은 마흔여덟 살이
었다. 함께 나온 두 딸은 스물세 살, 스무 살이었다. 남편과 헤어져 혼
자 되었을 때 가장 급했던 것은 딸의 학비였다. 큰딸은 고등학교를 다
니다 그만두고 횟집에서 아르바이트를 해서 살아갔지만, 둘째딸은
지방의 사립 대학교에 덜컥 들어간 다음이었다. 어떻게든 졸업할 수
있게 도와주고 싶었다.

월셋방을 구하고 바로 일을 찾아 나섰다. 2002년 대전에서였다. 처
음에 간 곳은 반찬가게였다. 9시부터 6시까지 일했다. 월급이 50만
원이었다. 매일 바뀌는 반찬을 혼자 만들며 그는 처음으로 자기 노동

의 대가를 제대로 받지 못하고 있다는 생각을 했다.

새로 시작한 일은 남의 집에서 세 살 먹은 아이를 돌보는 일이었다. 아침 8시에 출근해서 저녁 6시까지 줄곧 돌봤다. 100만 원을 받았다. 주인은 부동산 가게를 했는데 월급을 줄 때마다 "장사도 안 되는데 이렇게나 주고 말이야" 하면서 듣그러운 불평을 했다. 매번 잔소리를 들으며 고개를 숙여 돈을 받다가 명선은 문득 말했다.

"애를 어린이집에 보내세요. 나는 꼼짝 못하고 아이를 보는데 정 그렇다면 또래끼리 놀게 하는 게 더 낫겠네요."

'이제 뭘 할까?' 지역 정보지를 보다가 독서실을 청소하면 30만 원을 준다는 광고를 보았다. 노래방을 청소해도 30만 원이었다. 두 군데를 다 청소하면 60만 원이다. 60만 원으로 살 수 있을까? 살 수 없을 것이다. 노래방에 찾아갔더니 주인이 턱짓을 하며 물었다.

"위층이 주점인데 주방 일을 해볼래요?"

"난 주방에서 일한 적 없는데요."

"해보세요."

80만 원을 준다고 했다. 60만 원보다 80만 원이 많다는 사실이 기뻤다.

저녁 6시에 주점에 출근해 새벽 3시나 4시까지 일했다. 두어 시간을 무급으로 더 일하는 날이 흔했다. 주방에서 과일 안주를 만들고 서빙도 보았다. 방이 열두 칸이었고 손님들이 한 번에 몇 십 명씩 들이닥쳤다. 듣지도 보지도 못한 세상이었다. 처음엔 여사장 밑에서 혼자 일하면서 너무 힘들었다.

자신의 일이 80만 원어치라는 것을 이해할 수 없었다. 설거지해야 할 접시들이 꽉 쌓여 있는 주방 바닥에 쭈그려 앉아 '내 몸 값어치가 이건 아니다'라고 생각했다. 여사장에게 항의했다. 그러자 100만 원을 주겠다고 했다. 여사장이 덧붙여 제안했다.

"우리 집 애들을 봐주면 20만 원을 더 주겠다."

그때부터 사장의 집에 먼저 가서 아이들의 저녁밥을 챙겨주고 돌봐준 뒤 다시 출근해서 120만 원을 받았다.

주점은 일요일도 일했다. 한 달에 두 번 쉬었는데, 나중에 구한 아줌마 하나와 같이 돌아가며 쉬어서 가게는 문을 닫는 법이 없었다. 새벽 퇴근할 때 보면 사방이 다른 주점의 간판들로 번쩍였다. 여사장은 돈을 많이 벌었다. 주점을 1년 하더니 몇 억을 벌어서 나갔다. 나갈 때 국수 한 그릇을 그녀에게 사주었다. 퇴직금도 받지 못하고 명선은 국수 한 그릇을 먹고 감사하다고 인사했다. 사장이 바뀌었다. 남자 사장 밑에서 그녀는 주문이며 장부 정리, 카운터까지 맡아서 일했다. 그래서 130만 원을 받았고 그곳에서 5년을 일했다.

명선은 '인간시장에 온 기분이었다'고 그때를 표현했다. 주방에서 일하면서 '쎄가 빠졌다'. 열 개가 넘는 방을 둘이서 치우다 손님이 오면 뛰쳐나와 손님을 맞고 주방에서 안주를 만들어 또 날랐다. 주점에는 아가씨들이 있었다. 남자 손님들이 '돈을 주니 내 추태를 받으라'고 아가씨들에게 '별 꼬라지'를 다 부렸다. 남자 직원이 서빙을 하면 손님의 술병에 맞고 욕지거리를 들어야 하니까 서빙은 언제나 늙은 여자인 둘의 몫이었다. 방에 들어갈 때는 단정한 옷차림에 더 점잖은 모습으로 들어갔다. 그래야 군소리를 듣지 않았다.

머리가 아팠다. 남들이 담배 피우고 술을 먹는 지하 공간이 그녀의 일터였다. 기관지가 탈이 나더니 약해졌다. 낮밤이 바뀌어 정신이 늘 황황했다. 허리에 협착증이 생겨서 서 있으면 통증이 왔다. 화장실 청소를 하다가 넘어져 무릎을 다쳤다. 연골이 찢어졌다. 내내 서서 일하니 발을 디딜 때마다 '발바닥에 불이 나듯' 아팠다. 새벽에 돌아오는 길이면 길바닥에 앉아 뜨거운 발바닥을 긁어댔다. 집에 오면 아무것도 할 힘이 없어 핼쑥하게 누워 있다 다시 나갔다. 일이 벅찼다. 무엇보다 부끄러웠다.

"나는 왜 이 돈을 받고 먹고살아?"

명선이 한탄하며 말하자 함께 일하던 여자가 말했다.

"우리는 수고비를 받는 거야. 자기들이 향락을 즐겨 벌 받는 거는 사장이지, 우리는 노동해서 임금을 받는 거야. 노동의 대가야. 벌 받으면 사장이 벌 받지, 우리는 벌 안 받아."

위로의 말이었다. 사장에게 "고용보험, 4대 보험을 들어달라"고 말했다. 들어주지 않았다. 사장은 그네가 노동을 한다고 생각하지 않는 것 같았다.

"엄마라고 부르지 말아요"

○

젊은 남자들이 손님으로 오면 명선을 보고 엄마라고 불렀다. 그 엄마 소리도 미안했다. "엄마가 얼마나 고귀한 이름인데 부끄러우니 그런 소리 하지 말아요"라고 일렀다. 그냥 이모라고 불리기도 했다. 그녀는 그곳에서, '엄마', '이모'였다. 저녁에는 아가씨들과 같이 만 원씩 거둬서 장을 봐서 밥을 직접 해먹었다. 아가씨들은 허기져 했다. 밥을 많이 먹고, 시도 때도 없이 주방에 들어와 허겁지겁 밥을 먹었다. '술을 많이 먹어도 밥을 많이 먹으면, 과일을 많이 먹으면 몸이 덜 상할 거야'라고 명선은 생각했다.

'돈을 떠나 삶의 기쁨이 있어야 하는데 뭐하는 짓인가? 애들 키우는데 이런 꼴을 봐야 하나?' 그러나 그 속에서 아이를 대학에 보냈다. 한 달에 20만 원을 딸아이에게 보내고 등록금을 내야 할 때는 100만 원을 보냈다. 딸은 엄마가 보내주는 돈을 받고 부족한 나머지는 학교에서 아르바이트로 일하거나 장학금을 받으며 메꿨다. 그렇게 딸은 대학을 마쳤다.

명선이 말한다.

"사방을 돌아봐도 벌어먹을 데가 없었기 때문에 그곳에서 일했다. 나이 많은데 감지덕지라고 생각했기 때문에 일했다."

같이 일하는 여자는 아들에게 차를 사줄 돈을 모으려고 일한다고 했다. 사는 데 급급한 자신과 그이와는 처지가 다르다고 생각했다.

손님들이 줄어들었다. 사장은 일하는 두 아줌마 중 하나를 '자르겠다'고 했다. 명선은 일하게 되고 함께 일하던 여자가 나가게 되었다. 명선이 말했다.

"아니에요. 그러지 마세요. 같이 일하고 싶어요. 둘을 써주고 70만 원을 주시면 되잖아요."

노동시간은 그대로였다. 그녀는 70만 원을 받으며 몇 달을 더 일했다. 명선이 일을 그만두기로 했을 때 남게 된 여자는 그녀에게 감사의 표시로 코트를 하나 사주었다. 그것을 받고 명선은 고맙다고 인사했다.

사장이 말했다.

"이모, 퇴직금은 나중에 드릴게요. 전화하세요."

명선은 주점을 다시 찾아갔다. 가게는 넘어갔고 주인이 바뀌어 있었다. 몇 번을 다시 찾아가보았다. 그것으로 끝이었다. '네가 나이가 그만큼 먹도록 일한 것만도 감사하라.' 그녀의 귀에는 사장이 했던 말이 그렇게 다시 들렸다. '퇴직금이 없구나. 한 구석에서 몇 년 일해도 없구나.' 몹시 쓸쓸했다. 밤잠 못 자고 5~6년을 일했는데, 사장들은 돈을 그렇게 벌어 건물을 사 나갔는데도 그랬다. 야비한 짓이었다. '전화하라더니, 퇴직금을 준다더니, 다른 사람 보는 앞에서 생색내더니, 사람을 두 번 희롱한 거야.' 쓸쓸했다.

4년제 대학을 졸업한 딸은 서울의 한 회사에 비정규직으로 취직했다. 딸이 150만 원이 되는 월급을 받으며 사회생활을 하기 시작한 게 든든했다. 큰딸은 결혼식을 올리지 못하고 두 아이를 낳았다. 그 사이 명선은 주점에서 일하다 다친 무릎을 수술했다. 몇 년 동안 친척집 아이를 봐주기도 했다.

"제가 필요 없을 때는 말하세요"

○

"전 쉰여덟이에요. 무릎이 좋진 않지만 아직 건강하고 성실하게 일을 잘해요. 좋은 일을 소개해주세요."

올해, 다시 일자리를 구하러 여성회관에 찾아가 명선은 그렇게 부탁했다. 소개로 찾아간 곳은 냉면을 만드는 회사였다. 냉면 육수를 하청받아서 만드는 곳이었다.

면접을 보러 갔는데 면접관이 자신을 쳐다보지 않고 지나치려 했다.

"안녕하세요?"

먼저 일어나 인사했다. 알고 있었다. '나이 먹어서 나를 꺼리는구나.' 하지만 자신이 여기에 있다는 것을 알려야 했다. 머리를 염색하고 올 걸 그랬다. 모자를 쓰고 있지 말 걸 그랬나. 저 사람 가고 나면 일을 못 구할 거라고 마음이 급했다.

그의 떨떠름한 첫마디는 이랬다.

"여기는 일이 일용직이고 언제 어느 시기에 어떻게 될지 몰라요. 괜찮아요?"

그녀가 대답했다.

"알겠습니다. 제가 필요 없을 때 말하세요."

쉰여덟에 유일하게 일터로 들어갈 수 있는 관문일 거 같아 그렇게 말했다. 모든 걸 접고 들어가야 일할 수 있을 것 같아서 그랬다. 다른 이는 공장 내부 구경을 한 바퀴 시켜주었는데 자신에게는 내부 구경을 시켜주지도 않았다. 공장을 제대로 보고 싶었지만 사람들은 그냥 자기 앞을 지나쳤다.

"내일 와도 될까요?"

명선이 물었지만 대답이 없었다.

"월요일부터 올까요?"

다시 물었다. 그렇게 하라는 답이 뒤늦게 왔다.

명선의 뒤에 면접을 본 사람들은 40대 초반의 여자들이었다. 마트에 다닌 적 있다는 두 사람은 야무졌다. 월급이 얼마인지 확실히 하고 자기가 일용직 아닌 정규직이라는 것을 확인받고서야 들어오겠다고 했다. 같은 일을 하고 같은 월급을 받는데 정규직과 일용직의 기준이 없었다. 공장에는 모두 15명이 일했다. 냉면을 만드는 곳에는 여자들이 5명 일하고 육수 만드는 곳에는 육수를 담는 여자들과 큰 봉지를 담당하는 남자, 박스 이동을 맡는 이들이 있었다.

명선이 하는 일은 육수를 담는 것이었다. 냉면 육수는 기계를 따라 똑같이 손을 움직여 포장해야 했다. 육수를 큰 통에 끓여 즙을 내리는 통에 담아 똑똑 떨어지는 액체를 받은 다음 냉동시키기 위해 박스에 담은 뒤 식혀서 5개씩 포장했다. 손이 정신없이 돌아갔고 일을 끝내도 손이 뻐근했다. 아침 8시 반부터 저녁 6시까지 일했다. 다행히 토요일과 일요일은 쉬었다. 월급은 만근수당, 특별수당, 차비까지 포함해 108만 5,000원이었다.

명선은 열심히 일하려고 했다. 하지만 주위를 청소라도 할라치면 정규직 동료들이 싫은 소리를 했다.

"더 일하지 말아요. 우리만 힘들어지니까."

명선이 웃었다. 자기 같은 건 경계하지 않아도 된다는 웃음이었다.

"괜찮아요, 나는 일용직이니까."

날카로운 대꾸가 되돌아왔다.

"일용직이니까 더 하면 안 되지!"

명선은 입을 다물었다. 그리고 속으로 되물었다. '넌 뭐가 무서운 거냐?'

필리핀이나 우즈베키스탄에서 온 여자들도 같이 일했다. 명선의 일당은 4만 5,000원이지만 인력사무소에서 오는 외국인 노동자는 일당이 6만 원이었다. 인력사무소에 수수료를 떼어주겠지만 그들이 자신보다 더 많이 받는 것 같았다.

같이 일하는 필리핀 여자는 늘 아프다는 소리를 명선에게 했다. 덩치도 작고 여윈 여자였다. 육수를 담은 무거운 상자를 같이 들어야 할 때 "언니, 나 아파, 아파" 하고 말했다. 자궁수술을 받았다며 배에 난 수술자국도 보여주었다. 그 얘기를 들은 다른 한국 여자가 더 의기양양하게 화를 냈다.

"명선 씨가 만만해서 골탕 먹이는 거야, 개가!"

그 여자가 필리핀 여자 앞에 우뚝 서서 고함을 질렀다.

"야! 똑같이 돈 받고 하는데 왜 너 혼자 안 해, 해!"

그 후로 그 여자는 필리핀 여자에게 힘든 일을 시키고 자신은 더 쉬운 일을 골라서 했다. 명선은 필리핀 여자가 아픈 게 사실이라고 생각하고 그 한국 여자가 사람을 부려가며 일하는 방식이 나쁘다고 혼자 생각했다.

'더'를 바라지 않는 사람

○

일을 할수록 자신이 나이가 들었다는 것, 젊은 사람과 달리 이제 힘이 달린다는 것을 느꼈다. 작업화를 신고 뜨거운 것을 들었을 때 뒷걸음질 치다가 신발이 벗겨져 큰 사고가 날 뻔하기도 했다. '일용직이라고 4대 보험 같은 건 들어주지 않는데 다치기라도 하면 큰일이겠다.' 같이 일하는 정규직은 4대 보험이 보장되어 있었다. 명선은 무거운 육수를 박스에 담아 들고 가면서 허리가 아프고 힘에 부쳤지만 아무 소리도 하지 않았다.

석 달 정도 일했을 때였다. 어느 날 가니까 일거리가 없었다. '일거리가 있다 없다 하나 보다.' 주는 일감은 없었지만 명선은 일을 찾아서 했다. 맑은 날이었다. 주위를 청소하고 풀도 뽑고 비가 오면 넘칠 테니 하수구도 뚫고 모래도 나르고 도랑을 치웠다. 사흘 동안 혼자 계속 일했다. 그리고 물어보았다.

"왜 일거리가 없나요? 사장님."

"그렇게 됐다. 회사에 일거리도 없고 그래서 그만두라고 말하려고 했는데."

"얼마간 있다 그만둬요?"

대답이 없었다. 그녀가 다시 물었다.

"내일부터 그만둬요?"

"그래."

짧고 분명한 답이었다. 울컥 서러웠다. 냉면이니까, 여름이 끝날 때까지는 일할 수 있을 줄 알았다. '그래, 나같이 나이 먹어 너무 설치는 것도 밉상스럽겠다.' 자신을 깎아내려 스스로 다독거리려 해도 서러웠다.

면 만드는 곳에서 세 사람이 해고되었다. 육수가 고깃국물이 아니라 조미료 국물이라고 방송에 나온 탓인 거 같기도 했다. 물건이 나가지 않고 스톱이 되고, 이미 해둔 물건은 창고에 꽉 찼다. 다 쫓겨난 것은 아니었다. 들어올 때 정규직을 약속받고 온 이는 남아 있고, 명선처럼 일용직이라고 들어온 이들이 먼저 쫓겨났다. 명선보다 뒤늦게 정규직으로 들어온 여자 둘은 계속 일하고 있었다. 그렇게 '사람들은 파김치가 되도록 일하고 서로 뜯어먹으며' 살고 있었다.

"나는 일을 하면서 저항을 못했어. 말을 못하고 목이 싸하고 가슴이 답답해도 '생각하지 말자, 버려야 내가 산다' 그렇게 살았어. 힘든 거, 슬픈 거, 감정은 나에게 다 사치다, 살기 위해 버려야 한다, 그렇게 생각했어. 일하다 오십견이 왔는데 아픈 것도 나는 사치라고 생각했어. 병원도 안 가고 자석 목걸이를 하고 팔을 위로 올리고 자고 옆으로 해서 자고. 그런데 자다가 심장이 두근거리거나 갑자기 눈이 번쩍 떠져. 난 괜찮은데 내 몸과 정신은 안 그런가봐. 그러면 이게 아니구나, 내 몸은 아니라고 하는구나 하는 걸 알게 되지.

사람들에게, 세상에 실망하게 돼. 말을 하지는 않지만 속으로 늘 그렇게 대꾸하지. '겨우 이거였어?' '이거야?' '이것뿐이구나.' 나는 내 지나간 얘기는 하고 싶지 않아. 희망찬 이야기만 하고 싶어."

그리고 잠시 후 그녀는 덧붙였다.

"내가 희망을 얘기하고 싶은 건 희망이 없었기 때문인지도 몰라. 지난 일을 떠올리면 가슴이 아리니까. 가슴이 아린 건 느끼고 싶지 않아. 나는 '더'를 바라지 않는 사람 같아. 대화를 많이 하고 합리적으로 해야 하는데, 그렇게 할 수 없었어. 미운 사람은 없어. 다시 살면 다르게 살고 싶어. 아니, 세상을 알았으니까 새로운 게 없으니까 나는 다시 살고 싶지는 않아."

그녀가 보여준 수첩에는 이런 메모가 나란히 적혀 있었다. '월요일, 월등하게 웃고. 화요일, 화끈하게 웃고. 수요일, 수도 없이 웃고. 목요일, 목숨 걸고 웃고. 금요일, 금방 웃고 또 웃고. 토요일, 토실토실하게 웃고. 일요일, 일어나자 웃고. 감정을 다스리는 길이다……'

명선은 집에 있다. 함께 사는 큰딸이 집에서 아이들을 키우며 할 일을 찾지 못하고, 마땅히 할 일이 없다는 것이 마음에 걸린다. 작고 어두컴컴한 아파트 안에서 정작 돈을 버는 사람이 없는 이 지루한 여름이 마음에 걸린다. 명선은 국민연금으로 20만 원을 받고 생활한다. 가끔 큰딸은 술을 먹고 "엄마는 내 속을 몰라" 하고 울었다. 그때마다 집에 돈이 없다는 것을 다시 깨닫게 된다. 명선은 그래도 겁나지 않는다고 했다.

"내가 딱 단념을 했지. 내가 살려면 단념을 해야겠다고 마음먹었어."

구석 자리에서 줄곧 일해온 사람, 언제나 떠나라 하면 군소리 없이 떠날 수밖에 없었던 사람, 하는 일을 부끄러워하면서도 자기보다 다른 이의 일자리를 먼저 걱정한 사람, 노동한다는 인정을 한 번도 받지 못한 사람, 하지만 언제나 일했던 사람, 그 착한 사람 윤명선은 단념을 해서 지금 웃을 수 있다.

샤오메이,
한국에서 살아가기

샤오메이는 내 이웃이다. 우리 아이와 샤오메이의 아이는 동갑내기로, 같은 초등학교 1학년이다. 샤오메이는 중국 하얼빈 쪽에서 살다가 2002년에 서울에 와서 줄곧 이곳에서 살고 있다. 먼저 한국에 나와 일하던 부모를 따라왔다고 했다. 작년에 부모는 중국으로 돌아갔고 샤오메이는 한국인과 결혼해 한국 국적을 갖게 되었다.

"사람이 독해요, 적응하는 거 보면……"

샤오메이가 중얼거린 말마디였다.

"중국 목단강 하얼빈 아래쪽에 있는 작은 시내에서 살았어요. 한국에는 2002년도에 왔어요. 한동안 중국에 한류 열풍이 불었죠. 당시에 엄마 친구분들이 외국에 가서 직장을 다니는 일이 많았어요. 그때 엄마가 한국에 오고 아빠가 오고 그 후에 친정오빠도 오고. 중국에 살 때 우리 엄마, 아빠는 직장이 좋았어요. 하지만 사람의 욕심은 끝이 없잖아요. 당시에는 조금만 더 벌자고 해서 온 거예요. 처음에는 많이 버셨어요. 오빠와 내가 대학에 다녔을 때, 중국도 등록금이 비싸거든요. 당시에는 둘 다 대학에 보내야 하니까 돈도 많이 벌어야 해서 부모님이 나온 것 같아요. 못살지는 않았는데, 여유는 많지 않고 그랬어요. 저는 중국에서 유아교육을 전공해서 보육교사 일을 했어요. 그러다가 가족이 그리워서 한국에 오게 됐어요. 그때 스물일곱 살이었어요.

'여기 왔으니까 이제 열심히 살아야 하는구나' 생각했죠. 엄마와 아빠는 한국에서 회사 일을 했어요. 저는 직장에 다녀 돈을 좀 모으면 중국에 가서 하고 싶은 일을 하고 싶었어요. 당시는 돌아가겠다고 했는데 한국에서 2년 정도 회사 일을 하다가 아기 아빠를 알게 되어서 결혼했어요. 당시는 내가 한국말도 못했어요. 신랑을 직장에서 만났는데 잘 도와주고 챙겨주니까 이 사람하고 결혼하고 여기서 살아도 될 것 같아서…… 처음엔 잠실에 살다가 중구 쪽에서 오래 살았어요. 중국 국적이었다가 한국 국적 취득한 지 이제 5년 됐어요."

샤오메이는 중국인이었다가 한국인이 되었다. 그이의 부모는 한국에서 오래 살았지만 중국으로 돌아가 다시 중국인으로 살고 있다. 남편을 믿고 한국에 살기로 결심해서 한국인이 되었지만 샤오메이는 여전히 스스로 외국인이라 여기고 있다.

"외국 사람이 한국에서 사는 건 힘든 거예요. 주위에서 많이 이해하면 괜찮은데 가끔 사람들은, 뭐 한국 사람만 그런 건 아니겠지만 모르는 사람을 도와주기보다 그냥 옆에서 지켜보잖아요. 그런 경우 많잖아요. 처음 제가 한국에서 남편과 결혼할 때 주위에서 그냥 무시했어요. 신랑이 워낙 잘해줬지만 당시에 제가 언어가 많이 통하지 않았어요. 모르는데 가르쳐주면 되는데 그렇게는 안 하더라고요. '왜 저렇게 같이 살까?' 하는 시선도 많이 받았어요. 할머니 세대는 약간씩 우리 다문화 가족에 대해 좀 안 좋은 생각도 많이 가지고 있어요.

할머니 세대, 엄마 세대가 많이 그렇고. 젊은 사람은 덜하지만……
중국 사람, 베트남 사람, 이런 사람에 대해서는 안 좋은 생각이나 선입견이 많아요. '여기 와서 돈 버는 거구나', 이런 생각도 많아요. 요즘은 많이 좋아졌어요. 제가 결혼하기 전하고 애 낳은 후하고 5년 동안 많이 바뀌었어요. 한국도 중국에 대한 관심이 높아지고 중국 문화 배우고 이러면서 차츰차츰 바뀌는 것 같아요."

"엄마는 왜 이것도 몰라?"

○

한국에 와서는 집 때문에 고생을 많이 했다. 중국은 한국처럼 집을 구하기 어려운 나라가 아니었다. 회사에 다니면 집이 나오는 곳이었다. 물론 그건 자기 아버지 세대의 이야기이긴 하지만. 지금은 중국도 경쟁이 많이 심해졌다. 하지만 이곳처럼 집값이 비싸지는 않다. 집 때문에 힘들다는 것은 태어나 들어본 적 없는 이야기였다.

"결혼할 당시 신랑과 저는 여유가 없었어요. 처음에는 살기 힘들었죠. 그래도 둘이 돈을 버니까, 결혼 전에는 돈에 대한 개념이 없었어요. 당시에는 이만큼 벌면 이만큼 쓰면 되고 그랬는데, 애 낳고 나서 신경이 많이 쓰이더라고요."

한국에서 둥지를 틀고 살기로 작정한 샤오메이는 학습지 교사 일을 시작했다. 처음엔 12시간씩 일을 했다. 이제는 아이를 돌보는 일도 같이 해야 해서 하루에 4시간 일을 한다. 월요일에서 토요일까지 일한다. 토요일에 일할 때는 아이를 이웃 할머니에게 돈을 주고 맡긴다. 남편은 지방에서 일하고 일주일에 한 번 만나기 때문에 샤오메이는 줄곧 혼자 집을 지키고 아이를 키우며 일을 하는 것이다.

"결혼하고 학습지 교사 일을 시작했는데, 한 5년 됐어요. 그동안 엄마가 계시니까 편하게 다녔어요. 아이가 낮에는 유치원을 다니고 밤에는 엄마가 봐주시니까 제가 학습지 교사 일을 밤늦게까지 다니고 그랬어요. 수업을 시작하는 시간대가 다 달라요. 마무리하는 시간도 각기 다르고요. 수업은 기본으로 30분, 1시간, 2시간, 3시간, 4시간도 해요. 중국어 같은 경우는 제가 유아부터 성인까지 수업하거든요. 성인들은 중국어 자격증 따는 것까지 다 해야 해요. 성인들이니까 수업을 늦게까지 원해요. 중학생, 고등학생도 중국어 자격증을 따기 위해서 학교 수업 마치고 학원 마치고 밤 시간을 사용해서 수업을 듣죠. 제가 중국어를 가르친 애들이 잘 따라오고 잘 배우는 걸 보면 뿌듯하죠. 중국어 자격증을 딴 학생들을 보거나 100점 맞은 아이들을 보면 뿌듯해요. 느려도 열심히 하면 예뻐요. 중국어는 토요일이나 일요일에도 수업해요. 저 같은 경우는 애가 있어서 토요일까지 수업 마치고 일요일은 나가지 않고요. 제가 수업을 많이 하고 싶으면 많이 받고 지역도 넓고, 제가 조건이 안 되고 조금 하고 싶다면 조금 맡아요. 그럼 수입은 적어지죠."

샤오메이가 처음에 12시간을 일할 수 있었던 것은 친정엄마의 도움이 곁에 있었기 때문이다. 그런데 친정엄마가 중국으로 돌아가자 샤오메이는 일하는 시간을 줄여야 가정을 돌볼 수 있게 되었다.

"아이가 올해 초등학생 1학년인데 주말 보육이 참 힘들어요. 엄마 있을 때는 엄마가 토요일 쉬니까 와서 봐주었는데 엄마가 몸이 편찮으셔서 작년 8월쯤에 아빠와 같이 중국으로 들어갔어요. 나이가 드시니까 직장을 다니기도 힘들고 중국도 그립고 그래서 갔어요. 엄마, 아빠는 중국 사람이니까 중국에서 국민연금도 다 나오는데 그러려면 거기에 살아야 하니까요. 우리도 학교를 다 졸업했으니까 부모님이 노후는 편하게, 직장 안 다니고 사시기로 한 거죠. 그때부터는 참 어렵더라고요. 많이 아쉽고 엄마도 그립고…… 친정엄마니까 우리 집 청소까지 다 해줬는데, 많이 힘들죠. 사람들은 다 그렇잖아요. 많이 힘들 때 엄마 생각나고. 외로울 때 엄마 생각나고."

어머니가 그립다는 이야기를 할 때 샤오메이의 눈에 깊은 눈물이 고였다.

"아이가 아플 때도 많이 힘들죠. 아, 제가 해결하지 못하는 문제도 힘들고. 초등학교 1학년은 그래도 봐줄 수 있는데 2학년이 되면 어떻게 하나 걱정이 돼요. 가끔 어려운 문장도 있고 내 나라 말이 아니어서 이해하기 어려운 것도 많고. 성인이 되고 나서 배운 거라 배울 당시에는 꼼꼼하게 했는데 글자를 배우고 나서 까먹더라고요. 발음에 따라 글자를 쓰는데 받침이 어려워요. 읽기는 천천히 읽으면 읽는데 쓰는 게 가장 어려워요. 한국도 회화체가 있고 문어체가 따로 있잖아요. 자주 접하지 않는 언어를 한 번씩 뉴스에서 듣게 되면 '이건 뭘까?' 싶어요. 학교에서는 선생님이 숙제로 애들한테 설명해주라는 말이 있잖아요. '내가 설명을 제대로 했나, 안 했나?' 이런 생각 들어요. 아이는 엄마가 외국 사람이라는 거 알고 있어요. 엄마가 모르는 거 있으면 가끔 이렇게 얘기해요. '왜 이거도 몰라?'

속상하긴 한데 외국 사람은 어쩔 수 없는 문제고…… 그래서 '엄마가 못하니까 네가 잘해라' 그런 얘기 자주 하거든요. 제가 앞으로 살아갈 때 아이를 돕지 못하는 일이 많을 거잖아요. 그래서 될 수 있으면 혼자 하게 해요."

이따금 샤오메이는 나에게 전화를 했다. 알림장에 적힌 숙제의 뜻이 무엇인지, 준비물이 무엇인지 물어왔다. 일을 하고, '외국인'이기 때문에 한국인 엄마들과 자주 어울리지 못하고 아이가 또래 아이들과 어울릴 기회가 적어졌다. 그것이 안타까워서 모임이 생기면 자신에게도 꼭 알려달라고 신신당부하기도 했다.

"아이가 어렸을 때부터 엄마가 직장을 다니고 다른 사람이 봐줘서 그런지 사람을 그리워하는 것 같아요. 사람을 좋아하고 놀기 좋아하는데 주위에 친구가 없어요. 내가 만약에 주위 엄마들하고 어울려 다니고 친구하면 좋겠는데 그렇지 못하니까 애가 그렇게 된 것 같아요. 애는 사람들을 참 좋아해요. 같이 노는 것도 좋아하는데, 학교 다니기 전에 혼자 집 앞 놀이터에서 형들을 쫓아 놀다가 상처받은 일이 있어서 형들하고는 이제 안 놀더라고요. 나는 토요일에 빨리 일 끝낸 다음이나 일요일에 다른 엄마들하고 어울리고 싶은데 엄마들도 보면 일요일에 자기 친정집에 가든지 시댁에 가든지 해서 만날 일이 잘 없어요.

혼자 지내고 일하고 아이를 보는 게, 처음부터 그렇게 습관이 돼 있어서…… 임신 때부터 아기 아빠 직장이 바뀌어서 떨어져서 계속 지냈어요. 애 낳을 때도 남편이 연락받고 올라왔어요. 지금은 주말 같은 경우 제가 일할 때, 이웃이 소개해준 할머니가 그동안 아이를 봐주세요. 사례비를 드리죠. 우리 신랑은 외지에 많이 가 있어서 다 내가 해야죠. 일주일 동안 지방에서 일하다가 토요일이나 일요일에 많이 와요. 아빠도 자기 생각이 있어서 애랑 많이 놀려고 해요. 자기도 마음이 있는데 체력이 달리니까 행동으로 실천을 못하더라고요. 하하하. 그래도 아빠는 재밌게 놀아줘요. 남자애는 활동적이잖아요. 아빠는 잘 맞춰주니까."

한 걸음 떨어져서 보는 한국

○

샤오메이는 중국어 학습지 교사 일을 하면서 한국인 엄마들의 모습을 가까이서 많이 보게 되었다. 엄마들의 공통된 바람. '아이가 공부를 잘하고 성공하는 것, 건강하고 나쁜 길로 빠지지 않고 자기 일 스스로 해결하는 것.' 하지만 그 바람이 지나쳐 성공에 대한 강박으로 아이에게 부담을 주는 경우가 많았다. 부담을 주면 애들은 다른 길로 더 멀리 간다는 게 샤오메이의 생각이다.

"내가 부담을 준 만큼 애가 받아들이고 따라오는 게 아니에요. 어른들도 마찬가지잖아요. 잔소리를 들어도 내가 하기 싫으면 안 하잖아요. 애들도 그래요. 내가 제대로 지도할 수 있고 애가 따라올 수 있으면 좋아요. 하지만 못 따라오는데 굳이 스트레스 줘가며 하는 건 원하지 않고요. 엄마들은 사비를 들여, 돈을 들여 좋은 선생님, 좋은 학원에 많이 보내요. 하지만 그만큼 얻는 성과는 별로 없어요. 아이는 스스로 파악해서 내가 이걸 잘해야 하는구나, 하고 싶구나 해야 잘하더라고요."

한국 사람들은 중국어를 배우고 싶어하고, 샤오메이에게 중국어는 직업을 가지고 생존할 수 있는 소중한 자원이지만, 가족 안에서, 일상 속에서 중국어는 그렇게 대접받지 않았다.

"집에서 제가 아이에게도 중국어는 조금씩 하고 있는데요, 중국어로 다 하는 건 아니에요. 중국어로 다 말하고 싶은데 아이가 가끔씩 반항하니까요. 일상 회화 정도로 '밥 먹어라, 목욕해라, 샤워해라' 정도 말은 해요. 구체적으로 중국어를 가르쳐주는 건 아니에요. 아이 아버지는 중국어를 못해요. 아이가 '엄마, 집에서 중국어 하지 마'라고 말한 적 있어요. 엄마가 중국 사람이라서 약간 그런 게 있어요. 내 엄마가 다른 엄마랑 좀 다르다는 걸 느끼는 것 같아요. 아이가 클수록 반항하나, 좋게 받아들이나, 그게 문제예요. 우리 아이는 그렇게 밝은 애는 아니에요. 중간 정도고 생각이 많은 애예요. 누가 뭐 하면 자기도 좋아서 뭐 하려 하고, 튀는 거 싫어해요."

샤오메이는 집에서 입을 다물 때가 많다. 그것은 샤오메이에게도 상처가 될 것이다. 똑같은 모습으로 살아야 하고 같은 목표를 향해 돌진해야 하는 곳이다. 그러기에 샤오메이는 한 걸음 떨어져 한국 사회를 찬찬히 바라볼 때가 더 많다.

"한국은 많이 바빠요. 중국과 너무 차이나요. 중국 사람은 일하는 시간이 여덟 시간이에요. 토요일, 일요일은 근무 안 하거든요. 참 편하게 생활해요. 그리고 중국 사람은 직장을 다녀도 내가 필요하다면 휴가를 더 잘 내고 여유롭게 직장을 다녀요. 여기는 기본적으로 12시간, 10시간 일하더라고요. 처음에 와서 너무 힘들었어요. 처음에는 12시간 일하면서 '한국은 돈만 벌 수 있겠구나. 돈만 벌고 집(고향)에 들어가서 살아야겠구나', 생각 많이 했어요. 너무 힘들게 직장 다니고 일하니까요.

지금 하는 일은 학습지 일이니까, 사람 상대하는 일이 힘들잖아요. 그냥 내 할 일을 하고 마치는 게 아니라 사람을 상대하고 애들을 상대하고, 많이 힘들어요. 애들은 좋아하지만 이것도 은근히 스트레스 받아요. 애들이 공부를 잘 따라오면 되는데, 애들도 이건 엄마가 중국어 필요하다고 해서 억지로 시켜서 하는 거라면 선생님한테 반항하는 거 생겨요. 내가 얼마나 잘해주든 상관없이 중국어 싫다고 하면서 선생님 자체도 받아들이지 않아요. 애들은 싫어하는 게 다 표시 나잖아요. 그럼 안 했으면 좋겠는데 엄마는 그만두지 않고, 그때가 가장 힘들더라고요. 하루에 4시간 일하니까 수입이 많진 않아요. 우리 반찬 사는 정도죠. 처음에는 그냥 돈 많이 못 버니까 집에서 애나 볼까 했는데, '내가 집에서 애만 보면 잘할 수 있을까?' 하는 생각이 들었어요. 밖에서도 일하고 애를 돌보는 것이 좋고 학습지 일하는 건 힘들지만 보는 것도 많고 느낀 것도 많아요. 내가 이걸 안 하면 다른 엄마처럼 공부만 지적해서 애를 키울 것 같아요. 가르치면서 많이 보니까 내 애는 이렇게 하지 말아야겠다, 이런 생각도 들어요."

샤오메이는 잘 웃고 솔직하게 말한다. 말하는 중간에 까르르하고 큰 소리로 웃기도 한다. 차이를 자꾸 묻는 내 질문에 "한국 엄마와 중국 엄마는 같다. 다른 것이 없다"라고 대답한다. 한편 샤오메이는 조심스러웠고, 한국에 대해서나 한국 엄마들에 대해, 지난 시간이나 감정에 대해 말을 아꼈다. '외국'에서 살고 '외국' 사람과 인터뷰하니까 속 이야기를 다 하기는 어려울 듯했다. 샤오메이가 답을 머뭇거릴 때는 서슴없이 한 내 질문이 미안해졌다. "그걸 뭐라고 하더라……" 가끔은 단어를 찾으면서 떠오르는 이야기를 외국어인 우리말로 들려주었다. 그래서 '힘들었다'는 한마디로 표현되고 끝나고 마는 이야기도 있었다.

"제가 생각하기에 제2 외국어를 접하면 좋아요. 자기 스스로 높은 단계로 가기도 하지만 남의 나라 문화도 같이 배우는 거잖아요. 제 친구가 싱가포르에 가 있어요. 들어보니 작은 나라인데 외국 사람이 많이 들어온대요. 그래서 싱가포르가 다문화 형태로 되어 있어서 친구가 얘기하는데 참 살기 편하다고 해요. 그 나라는 서로 문화도 통하고 서로 언어도 배워요."

우리나라가 다문화 사회가 되었다고들 하지만 샤오메이는 싱가포르가 '다문화 형태로 되어 있다'고 말하며 우리나라도 그렇게 되었으면 좋겠다고 했다. 싱가포르는 '서로 문화도 통하고 서로 언어도 배우기' 때문이다. 일터에서 허락된 중국어 시간 외에 샤오메이는 자신의 중국어와 중국 문화에 궁금해하지 않고 이웃이 자신과 다를 것이라고 상상하지 않는 문화 속에서 살고 있다. 한국어를 잘하고 김치도 잘 먹지만 가족과 마을과 사회 속에서 그이는 다르다고 표내지 말 것을 암암리에 강요받는 '외국인'이라는 느낌을 여전히 갖고 있다. 그녀는 적응한다. 자신이 선택해서 온 곳이다. 새로운 것을 바라면 그녀는 떠났다. 무언가가 그리우면 그 그리운 자리에 용감하게 머물러 현실로 만들었다. 지금의 삶도 그녀가 만들어낸 것이기에 자신의 일도 삶도 기꺼이 흥미롭게 최선을 다해 살아낼 작정이다.

"처음에 가이드 일을 하고 싶었어요. 직장을 그만두지 못하는 이유는 집에 가만히 있지 못해서요. 활동적인 거 좋아해요. 사람 만나는 거 좋아하고. 처음에는 가이드를 하고 싶었지만 애가 생기고 나서, 가이드는 집에 4일, 5일 붙어 있지는 않잖아요. 그래서 꿈을 그만뒀는데 아직도 하고 싶어요. 한국도 구경하고 싶은 게 너무 많고, 하고 싶어요."

그녀는 먹고살기 위해 어쩔 수 없이 일한다고 말하지 않았다. 힘들다는 말도 하지 않았다. 대신 자신이 원해서 직장 일을 하고 있으며 자신을 찾는 데 의미가 있다고 설명했다. 여행 가이드가 되어 열정적으로 사람들 앞에서 설명하는 그녀의 모습을 떠올려본다. 잘 어울릴 것 같다. 한국에서 그녀는 더 만나고 보고 듣고 싶은 것이 많다. 낯선 세상에 대한 호기심이 왕성하다. 꿈을 묻자 새삼스럽다는 듯 나를 보고 웃으며 대답했다.

"꿈이요? 저는 바라는 거 남들하고 똑같아요. 그냥 애 잘 키우고 신랑은 건강하고 돈 많이 버는 게 소원이죠. 그냥 평범해요."

우리의 삶이 뒤섞일 때 샤오메이는 '외국'이 아니라 자신이 사는 곳에서 이웃과 더 많은 이야기를 나눌 것 같다. 어떤 잡지에 실리는지도 모르면서 흔쾌히 인터뷰를 허락해준 샤오메이는 "얼굴 사진은 안 실어도 되지요?" 하고 물었다. 이름도 다르게 실었으면 좋겠다고 했다. 곰곰이 생각하다 자신이 중국에서 쓰던 아명인 '小梅'를 종이에

또박또박 적어주었다.

"제 이름은 샤오메이小梅로 해주세요. 엄마가 어렸을 때 불러주던 이름이에요. 학교에 다니기 전까지 전 호적 이름을 몰랐어요. 또래 아이들도 다 이 이름으로 불렀어요. 학교에 다닐 때 선생님이 받아쓰기 하는데 제가 이 이름으로 썼거든요. 그때 기억이 있어요. '이 이름 누구야?' 선생님이 물어보던 이름. 샤오메이, 내 이름이었던 거죠."

그 이름을 내려다본다. 그녀는 한국 국적을 취득했지만 외국 사람으로서, 중국인 엄마로서, 한국이 좀 더 다른 언어와 문화를 배우고 소통하기를 바라는 사람으로서 세상을 보았다. 또 한편, 사람 만나는 걸 좋아하고 활동적이고 새롭게 배우고 보는 것을 꿈꾼다는 샤오메이는 중국에서든 한국에서든 샤오메이였다.

이주여성이었던 은주,
한국을 성찰하다

은주(39세)는 서울에서 학원 강사 일을 하는 비혼 여성이다. 대학원을 졸업하고 그이는 네덜란드에 가서 7년 동안 지냈다. 그곳에서 자신에게 익숙했던 문화와 사고방식을 새롭게 반추하고 또 다른 삶의 방식을 경험할 수 있었다. 그이는 입양인의 삶에 관심을 가지고 입양인의 자서전을 우리말로 번역해 출간하기도 했다.

한국에 다시 돌아왔을 때 이전에는 당연하게 보였던 것이 당연하지 않은 것으로 눈에 들어왔다. 일터에서 만나는 동료와의 관계, 학원에서 아이들이 겪어야 하는 시간, 고함치지만 소통되지 않는 말, 길거리에서 마주치는 연인의 표정이 모두 당연하지 않은 것으로 받아들여졌다. 다를 수 있고 달라질 것을 꿈꿀 수도 있는데 시도하지 않는 갇힌 느낌으로 다가왔다. 고립을 느끼면서 속으로 질문을 던져본다.

어째서 말이 흐르지 않고 고여 있는 것일까. 말이 상대에게 가닿지 않고 발화된 자리에서 소멸해버리는 것일까. 대화의 단층斷層, 그에 대한 성찰을 그녀는 말해주었다.

다르다는 것 자체가
상처가 되는 사회
○

"난 네덜란드에서 외국 주재 한국 기업에서 평범한 회사원 생활을 했어요. 지금은 한국에서 4년차로, 한국 사회가 찐득하게 녹아 있는 입시학원에서 일하고 있지요. 직장에서 일하다보면 남자들이 여자 동료를 어떻게 대할지 모르는 걸 봐요. 남자들이 조직을 장악하고 여자 동료와는 대화 경험이 없어서 해프닝도 많지요. 대화한다는 게 자연스럽지 않고, 대화할 때도 술자리에 가서 판을 벌여야만 한다고 착각해요.

유럽 사회가 나이가 많이 든 사회라고 한다면 삶에 대한 균형 감각, 직장생활과 가정의 조화는 탁월하게 잘 잡혀 있어요. 대화가 일상화되어 있어요. 대화 판을 벌이지 않아도 어디서든 다 조곤조곤 대화하는 분위기예요. 자기에 대한 이야기도 늘 하고, 그것이 사회의 균형 감각과 맞물려 있는 것 같아요. 이곳에선 소리 높여 얘기하지만 대화가 성숙되지 않은 문화이고, 그게 큰 차이라는 걸 돌아와서 느꼈어요. 대화의 결핍이 삶에 대한 전체적인 균형 감각을 잃게 한다고 생각해요. 대화가 서투르고 끊임없이 SNS를 하거나 문자를 날리지만 진짜 대화를 하고 있다는 생각이 들지 않아요. 자기 존재를 확인하는 공허한 몸짓같이 느껴져요. 대화라는 건 말을 주고받으며 자기 존재를 확인하는 거예요. 내 말이 경청되는 걸 느끼고 기본적인 자기 확인을 하는 거죠. 자기 확인을 끊임없이 하는 사회와 할 곳이 없는 사회의 차이인 것 같아요.

대화가 일상에 켜켜이 스며들어 있는 사회를 바라게 돼요. 대화가 없다는 건 사회의 속도에도 연유해요. 공동체 구성원이 사건의 의미를 반추하고 들여다보고, 공동체 의식을 가질 수 있게 하는 게 대화예요. 소통할 통로가 없고 많은 걸 빨리 돌려 공허함을 잊으려고 하는 건 그걸 막는 거지요. 대화가 늘 습관화되면, 나의 솔직한 모습을 드러내도 여전히 가족으로 인정받는 거고 어릴 때부터 그렇게 되면 자기를 표현하는 데 두려움이 없어져요.

부모의 이혼처럼 어린 시절의 트라우마 같은 사건이 한 사회에서 상처가 될 때, 다른 사회에서는 아무것도 아닐 수 있어요. 상처에 자유로운 구조를 사람들이 만들 수 있고 그렇지 않을 수도 있어요. 상처에 대해 주변 사람과 스스럼없이 이야기하면서 자연스럽게 바라보면 치유될 수 있는데, 그것이 막혀 있으면 극단적인 방법을 쓰게 돼요. 똑같은 상처가 저 사회에서는 상처가 아닌데, 어떤 사회에는 언어로 표출되지 못하는 에너지로 많이 쌓이게 돼요. 드라마틱한 과잉 에너지죠. 가만히 사람들을 지켜보면, 솔직한 몸짓이 아니라 과장되고 과잉된 제스처가 많은 것 같아요.

난 한국에서 자란 한국 사람이고 한국어가 모국어이니 네덜란드에 동화되지 않고 한국에 왔죠. 하지만 남들의 시선을 의식하지 않는 그곳의 분위기가 위안과 편안했고, 역으로 그런 분위기 속에서 내면을 만날 수 있는 시간이 많았어요. 자신을 드라마틱하게 바라보지 않게 되었어요. 이전에 나를 특별한 자아로서 바라봤다면 이젠 사회 구성원의 일원으로 나를 보는 담담함이 생긴 거죠. 다시 돌아와서도 그게 많이 힘이 되었어요. 입시학원이라는 치열한 곳에서 일하면서도 계속 나와 닿아 있어서 남들의 시선에 나를 맡기지 않는 힘 같은 것을 얻어왔어요. 이전엔 어디서든 나를 바라보는 시선이 있는 한국이었다면, 이젠 그 시선에 개의치 않고 자유롭고 담담하고 소박하고 진실하게 산다는 것이 어떤 것인지 느꼈죠.

삶의 다양한 가능성이 당연한 사회도 실제로 있어요. 아이가 아버지나 어머니하고만 사는 한부모 가족이라 해도, 열등하거나 불행한 것이 아니라 선택의 다양한 항목 중 하나라는 자연스러운 시선 속에 아이가 놓여 있으면 아이가 상처받지 않아요. 드라마틱한 상처는 불가능해요. 그건 복지와도 연결되어 있지만 사람들의 합리적인 사고 방식과도 관련 있어요. 하나의 틀을 이상적인 가족의 모습으로 강요하지 않거든요. 미혼모도 그렇고, 결혼하지 않거나 파트너가 없다는

데 개의치 않고 임신하면 축하해주는 걸 보죠. 이곳에서는 이혼을 했다든지 미혼모가 되면, 정상적인 가정이라 보이는 것과 자신의 가정이 달라서 '나는 왜 정상이 아니지?' 자괴감에 빠져 구분 짓죠. 아직도 입양을 하려면 용기가 필요하고 핏줄에 대한 집착이 강한 편이지요. 다를 뿐이지 열등하거나 우월하다고 가를 수 없는 건데 자신이 실패랑 연결되는 거죠. 텔레비전 드라마에서나 비치는 모습이 아니면 열등한 거 같은 느낌. 이곳에서는 남보다 못하고 남과 같지 않은 것도 상처가 되고, 다르다는 것 자체가 상처가 되는 것 같아요."

이상적인 가족 이데올로기
이면의 텅 빈 가족
○

은주는 '한국 사회의 모순이 찐득하게 녹아 있는' 입시학원에서 일한다. 일주일에 단 하루도 쉬지 못하고 종일 강의를 해야 했다. 휴일에 대한 문제제기를 했다가 냉대를 받았다.

"나는 입시생과 같이 생활하는 시간이 많으니까 재수생을 보면 부모도 아이도 삶의 다양한 가능성에 눈을 돌리지 않고, 획일화된 하나로 몰아붙여진 패러다임 밖으로 나가는 것에 극단적인 공포를 가지고 있는 걸 봐요. 무엇보다 아이들이 행복한 사회가 되는 게 중요한

데, 우리 사회는 엄마 아빠가 아이에게 '몰빵'하지만 아이들이 행복한 사회는 아니에요. 단지 아이에게 엄청난 돈을 들일 뿐이지, 아이들도 하나의 객체로 바라봐주는 게 아니라 자기 연장선상에 바라보니까 특별히 대화하지 않아요. 지금 사람들이 죽자사자 남들만큼 살려고 노력해요. 엄청 잘사는 건 아니라도 남의 집보다 못하지 않게 살아야 하고…… 지방에서 온 재수생을 보면, 서울 강남에서 나고 자라서 교육받고 학원계를 거친 아이와 자기가 다르구나 하는 걸 알고 나서 상처받는 걸 봐요.

대화하지 않으면 내면이나 고충이 중요하지 않고 외면이나 타이틀, 가지고 있는 것이 중요해지고, 타이틀을 획득하는 데 총력을 기울이게 되지요. 재수, 3수, 4수하는 아이들, 전 세계에 없는 입시 현상도 그런 것과 맞물려 오지 않았을까요? 나는 일을 되게 많이 하고 있어요. 주말도 없이 종일 일하고 있어요. 이곳에 돌아와서 나도 극단적으로 흘러간 것 같아요. 살아남기 위해 열심히 일했고, 대화하지 않는 분위기에 다시 익숙해지는 것 같아요. 요 몇 년 동안은 나 자신을 풀어주거나 자유롭게, 여유롭게 시간을 보내는 게 적었어요."

"결혼에 대한 생각은 어때요?"

"결혼은 생각이 없다기보다 육아에 대한 비전이 너무 암울해서 여기서 낳고 키우면서 일을 할 수 있을까 싶어요. 일하면서 육아를 하는 게 섣불리 용기가 안 나요. 사회시스템이 안 갖춰져 있으니 모험 정신을 가져야 하는데 육아는 겁나는 일이지요. 외국에서 봤거든요, 적게 일하고 실업률을 줄이자는 분위기니까 아이 낳고 남자든 여자든 쉴 수 있고 주 5일을 꼭 일해야 하는 문화가 아닌 거예요. 주 3·4일을 엄마 아빠가 일할 수 있고 보육 시설이 있고. 그건 밤늦게까지 하는 야근이나 회식이 없으니 가능한 거죠. 그렇다고 생산성이 떨어지는 건 아니에요. 여기처럼 밤 10시까지 일을 못한다고 핸디캡 되는 게 아닌 거죠. 여기에서 일하면서 아이 키우는 엄마들이 제일 대단해 보여요. 이런 상황에서는 '내가 육아를 해야 할지 안 해야 할지 선택할 수 있을까?' 하는 생각이 들어요.

우리나라에서는 여자에게 너무 과부하가 걸려요. 아빠는 가족과 상관없는 일상을 살고, 엄마들은 광적으로 아이에 집착하고. 부부 관계가 솔직하지 않은 거죠. 대화도 하지 않는데 부부가 '자식 땜에 참고 사셨나? 뭘로 한평생을 사셨나?' 하는 생각이 들어요. 일하는 부부라고 하면 '가사는 여자일'이라는 편견이 없어지는 것만이 아니라 부부가 두 가지를 다 같이 할 수 있게 사회시스템도 잘 갖춰져 있어야 하는 거죠.

한국 사회가 보이는 것과 이면이 달라요. 정말 사랑해서 같이 사는 사람이 적구나 싶어요. 솔직하지 못하다고 할까. 술자리가 잦고 술을 퍼마시는 문화가 많고요. 네덜란드에서는 다섯 시 이후에 문을 여는 상가가 잘 없고 다들 가족에게 가는 모습이 인상적이었어요. 집에 가서 가족과 식사하고 부부가 동반해서 모임에 갈 수도 있는 거예요. 이곳에서 지켜보면 이상적 가족의 이데올로기는 엄청 강한데 실상은 텅텅 비어 있다고 느끼죠. 아빠는 아빠대로 일하고 엄마는 학원에 아이 실어주고 아이는 밤늦게까지 공부하고 밤에 아빠는 술 마시고. 많은 한국 남자가 룸살롱 가는 거 당연히 여기고…… 말도 안 되는 일이 일어나는 거지요."

노동시간이 가정을 유지하는 시간, 삶을 지탱하게 하는 시간을 삼켜버렸다. 최장 노동시간이지만 생산성은 되레 떨어지는 이상한 구도 속에서 사람들은 가족을 희생해야 제대로 일할 수 있는 노동자로 취급받고 있다. 그래서 아이를 낳는 일은 노동 경력을 유지하거나 노동으로써 생존하는 데 위험을 무릅쓰는 일이 되고, 국가와 사회는 가족 유지를 생산과 관련 없는 것, 마땅히 제각기 처리하는 일로 여겨 대책을 제대로 세우지 않아왔다. 은주는 강의만 하고 대부분 남성인 동료들과 교류는 거의 하지 않는다. 비혼 여성으로서 자기 생활을 지키며, 가부장적인 간섭에서 벗어나고 싶었기 때문일 것이다. 또한 생계를 위해서 하는 노동 속에서 소통의 교류는 불가능하다는 판단 때문인지도 모른다.

"나는 직장에서 일체 회식에 끼지 않아 소외되는 측면이 많아요. 여자를 보는 눈이 보수적이더라고요. 동료와 회식하든지 술을 마시는 건 아예 안 하고 있거든요. 지루해서요. 끝도 없는 지루함이 참아내기 힘들더라고요. 그 자리에선 대화도 죽자사자 해야 하고 술도 많이 마셔야 하고요. 직장 내 구도가 회식을 편하게 하는 구도가 아니에요. 한국 사회에 들어와서는 일하고 받을 거 받아 생활하는 거 같아요. 아주 친한 사람과 가끔 이야기하지만, 좀 뭐라고 할까. 소통은 포기하고 살았던 거 같아요."

서울의 새로운 신시가지가 유럽식으로 꾸며지고 동네며 카페, 음식점이 생기지만, 대화라는 것이 스며들지 않는 한 소란할 뿐이라고 은주는 생각한다. 이곳에는 새로운 것을 자꾸 만들어내는 것보다 각기 자기 삶을 사는 게 필요했다. 옳다고 믿는 걸 강요하기보다는 경쟁하지 않고 '쿨'하게 각자 사는 게 필요했다.

은주는 다문화에 관심이 있다. 텔레비전에 다문화 가정에 대한 프로그램이 나오면 열심히 본다. 자신도 유럽에 계속 살았다면 다문화 가정을 이루고 살았을 수 있다. 한국 사회가 천천히 변하는 모습이 보인다. 다문화 가정을 지원하고 관심을 가지고 끌어안으려 노력하는 것도 그 하나다. "그럴 수밖에 없겠지요. 그건 필연적 선택이에요. 사회가 변하고 있으니까."

한국인으로 남기를 선택한 은주는 이곳에서 또 다른 문화가 다양한 목소리를 내며 공존하기를 바란다. 그이에게 희망을 물어보았다.

"나한테는 일이 중요해요. 경제적으로 남자나 누구한테 기대지 않는 자존감, 자립의 상태가 중요해요. 그게 유일하게 나에게 자유롭다는 느낌을 줘요. 일을 해서 경제적인 능력을 가지고 있는 것이. 한국에 돌아와서 직장도 바뀌고 몇 년 동안 새 업종에 적응하는 시기였어요. 어느 정도 살아남기 위해 전력투구하는 단계였죠. 이제 좀 지났거든요. 정말 뭘 하고 살면 좋을까 다시 생각하기 시작해요. 대화가 안 되는 사회라 생각하면서 내가 이 사회 속에 많이 갇혀버리지 않았나 하는 생각이 들어요. 사회에 다양한 가치를 끊임없이 집어넣어 줘야 해요. 내가 앞으로 긍정적이고 가치 있는 일을 한다면 여기가 더 다양화되는 지점, 자연스럽게 다양성이 인정되는 방향으로 기운을 북돋워주는 일을 하고 싶어요."

은주는 자신의 삶에 대해 직접적으로 말하지 않았다. 하지만 "어떤 사회에서 상처가 되지 않는 것이 다른 사회에서 상처가 되는 건 왜 그런가?" 하고 질문을 던졌다. 그 질문 속에, 답을 찾는 과정 속에 삶의 이야기가 보이지 않게 녹아 있었다. 그녀는 앞으로 세상에 자신의 목소리로 말을 걸기 시작하게 될 것이다. 이곳에서 다른 목소리들이 더 많이 공명되기를 바라면서.

그녀가 쓴
희망의 이력서

　　　　　　전아영(42세) 씨는 1972년에 충북 서산에서 태어났다. 어릴 때부터 서울에서 자랐으며 어려워진 가정 형편 때문에 일찍 봉제 보조 일을 했다. 야학에서 공부해 검정고시를 치렀고, 고졸 학력으로 출판사에서 10년 넘게 근무를 했다. 스물여덟 살에 결혼을 했지만 8년 후 이혼했다. 남매를 키우면서 손바느질 일을 하다가 방송통신대에 들어가 학습지 교사 일도 했다. 지금은 보험 판매 일을 하면서 지낸다. 그녀의 평범한 이력에 숨어 있는 이야기를 들으러 나는 그녀의 집을 찾아갔다.

내가 원하는 세상으로
나가야 한다

○

"자랄 때 저는 어머니가 집에 안 계셨어
요. 아버지는 좋은 집안에서 과잉보호를 받고 자라신 분이라서 사회
성이 없으신 거예요. 돈 버는 개념이 없고, 사회하고 부딪히는 것이
힘들고 그래서 술을 드시고. 책상에서 맨날 책을 낸다고 뭘 쓰고. 사
람들이 형편이 좋았다가 힘들어지면 감당을 못해요. 아버지가 알코
올 중독으로 초등학교 때부터 힘들었어요. 이사를 수십 번 다녔고. 아
빠가 우리를 사랑한다는 믿음은 항상 있었지만 원망할 만하죠, 공책
한 권 사준 적 없고, 학교에서 쌀도 모아주고. 나를 양육 못해서 딴 집
에 입양을 한 달 보냈다가 안 되겠다며 집으로 데려오고 그런 평범치
않은 어려움이 많았어요.

어렸을 때부터 할머니가 도시락 싸주면 반찬이 맨날 무 지진 거여
서 창피해서 도시락을 안 꺼냈어요. 어렸을 때 집이 그렇게 살아서,
창피해서 밥 안 싸왔다고 안 먹고 하니까 학교에서 선생님이 저 모르
게 아이들한테 쌀을 가져오게 시켜서 그것을 다 모아줬어요. 아빠가
아파 누웠으니 한겨울에 눈이 쌓였는데 우리가 옆집 리어카를 빌려
그 쌀을 가져와야 했어요. 초등학교 3학년이었는데 여동생하고 그 쌀
을 싣고 왔어요. 할머니가 쌀이 생겼다고 좋아하면 어린 마음에도 '남

한테 얻어 가져오는 게 좋으실까?' 하는 생각이 들었죠. '남한테 도움을 받는 게 할머니, 아빠는 안 창피한가?' 생각도 했어요. 지나고 나니까 어려웠기 때문에 어려운 사람 입장도 이해할 수 있고 그렇게 산 경험이 나를 지탱해주는 것 같아요."

목소리가 나직나직하다. 차분한 목소리다. 좀체 흥분하거나 움츠러들지 않을 것 같은 소리다. 파도가 돌에 무늬를 새기듯 삶이 빚어낸 은근하고도 단단한 음색이다.

"초등학교 6학년 때 집에 문제가 생겨서 그때 공부를 멈췄어요. 처음에 봉제 보조 일을 했어요. 퇴근 시간이 있어도 그 시간보다 더 하는 게 당연하니까 학원을 다닐 수 없었어요. 나 혼자 맨날 교과서 갖다놓고 책 보고 공부했죠. 90년도에 왕십리 근처에서 야학 학생을 모집한다는 광고를 보고 야학에 갔어요. 그때부터 인생이 즐거워졌어요. 갔더니 꿈꾸던 서울대생, 연대생, 고대생이 다 있는 거야. 그때 많은 대학생들이 공부뿐 아니라 사회문제에도 관여했잖아요. 그런 얘기 듣는 거도 좋고 그런 얘기 하는 사람이 옆에 있는 거도 좋고, 공부도 공부답게 하고. 그전에는 어두웠고 빨리 여기에서 내가 원하는 세상으로 나가고 싶었다면, 지하 세상에 있다가 땅 위로 나온 느낌이 들었어요. 야학 간 지 두어 달 후에 아버지가 돌아가셨는데 야학 사람들이 다 와줘서 힘이 되고. 제가 남들 앞에서 먹는 것도 부끄러워할 정도로 수줍음이 많았는데 야학에서 사람들하고 지내면서 바뀌었어요. 함께 공부하는 친구들 많았고 공부도 열심히 했고 시험도 보러 가고,

일하는 시간 빼고 그때는 야학 생활이 전부였어요. 인생에서 열정 있고 즐거울 때라고 해야 하나."

그녀는 야학을 통해 사람들을 만나 세상과 연결되었다. 야학에서 중등 검정고시를 보았다. 대학까지 가고 싶었다. 1994년, 수학능력시험이 생긴 첫해였다. 생생히 기억한다. 만점이 200점일 때였고, 대학 등록금은 100만 원이 넘었다. 자신의 점수는 120점이었고 등록금을 내려면 자취방의 보증금을 빼야 했다. 한 번은 보증금을 빼서 간다 해도 그다음은 방법이 없었다. '고등학교만 졸업하면 번듯한 사무직에 갈 거라고' 생각했지만 그렇지 않았다. 당시 사무직 일은 "50만 원 월급에 전화 받고 커피 타는 일이 다였다." 내년에 대학을 가겠다고 다짐하고, 그때 마침 사세를 확장하던 영어 교재 계열 출판사에 새로 일자리를 구했다. 그곳에서 오래 일했다.

"결혼은 어떻게 하게 되었어요?"

"예상에 없던 결혼을 하게 됐어요. 아는 야학 사람이 시골 자기 신혼집에 놀러 오라고 해서 가보니, 자기 시고모 집에 나를 선 보여주려고 했던 거예요. 고모랑 고모부 좋고 아들이 순하다며 그래요. 나는 아버지 돌아가시고 경제적으로 많이…… 계속 혼자 벌어서 생활하고 공부하고, 잠깐도 쉴 수 없는 인생이었던 거지. 정신적으로 지쳐서 나도 모르게 안식처로 이끌린 거죠. 그쪽은 땅도 몇 천 평 있고, 집도 잘 산다고 해서 나도 모르게 '편하게 살 수 있나?' 했죠. 나중엔 무슨 결혼이야 하며 딱 접었는데 시부모 되시는 분들이 계속 전화해요. 만난

지 3개월 만에 결혼했어요."

그녀는 공부하고 싶고 나아가고 싶은 열망이 큰 사람이었다. 시골 사람인 남편은 살림하고 밥하고 시부모를 잘 챙기면 되는 여자를 원했다. 자신이 원하는 것이 남편에게는 하찮은 게 되었다. '대화는 무슨 대화냐, 먹고살면 되지, 배부른 투정이다' 하는 대꾸 속에서 자주 부딪칠 수밖에 없었다.

"시골 사람하고 결혼하고 보니 생활이 다 술이야. 경조사로 매주 2~3번 나가면 새벽에 돌아오고 지인들과 거의 매일 하는 술자리도 3차까지 하며 일주일을 다 쓰는 거예요. 술 마시는 거 새벽 3~4시에 들어오는 것 때문에 트러블이 생겼어요. 본인도 폭발해서 살 수 없는 상황이 왔어요. 둘째를 가져 만삭일 때 난리가 나서, 우리 아파트 옆집에서 경찰에 신고하고 119를 불러줬어요. 택시까지 불러줘서 타고 인천에 있는 동생에게 온 거예요. 택시 타기 전에 몇 번이나 전화해도 시댁에서 전화를 안 받아요. 그렇게 되려고 그랬던지…… 그렇게 시작이 된 거지."

이혼 법정에 갈 때 몹시 떨렸고 변호사 앞에서 창피했다. 하지만 겪을 수밖에 없는 일이라면 겪고 났을 때 분명히 넓어지고 달라진다고 믿으며 그 시간을 견뎠다. 이혼한 후, 이제 아이를 키우며 혼자 일해야 했다. IMF 경제위기를 거치고 난 때라 일자리 상황은 좋지 않았다. 작은애가 백일이 된 다음부터 예전에 다니던 출판사에 다시 출근했다. 영어 학습지 계열사는 그사이 부도가 나서 직원의 80%는 해고

되었고 남은 노동자들은 다른 회사로 흡수된 상태였다. 낯선 회사로 가서 근무를 해보니 근무 환경과 대우가 이전과 완연히 달랐다. 더 큰 문제가 있었다. 1학년 초등학생인 큰애를 돌봐줄 곳이 없었다. 큰아이는 학교에 다녀오면 혼자 문을 열고 들어가 빈 집에 종일 있어야 했다. 아이들을 돌보기 위해 직장을 그만두고 부업을 찾았다. 집 근처에서 아르바이트를 구했다. 코트 속을 손바느질하는 작업을 반년 넘게 배워 기술로 익혔다. 한 달에 130만 원을 받고 2년 동안 일했다. '딱 먹고만 살 수밖에 없는' 돈이었다. 큰 지출이 생기면 적자가 났다.

"뭔가 즐겁게 하면서 돈도 벌 수 있는, 적성에 맞는 일이 뭘까 하다가 옛날부터 애들 가르치는 일을 하고 싶던 것이 떠올랐어요. 알아보니 방송통신대에 가면 3학년 때부터 학습지 방문 교사 일을 하면서 공부할 수 있다고 해서 방송통신대 영문과에 갔어요. 2년 동안 바느질일을 하며 강의를 들었고 그러면서 학습지 회사에 갈 생각만 했어요. '나한테도 제2의 인생이 열리나 보다' 하고 꿈을 품었지요. 자기소개서를 쓰고 대기업 입사하는 것처럼 떨면서 면접을 봤어요. 일주일 동안 연수원에 들어가야 해서 애들 돌봐줄 사람이 없으니 결석시키고 시골 보냈어요. 그렇게 첨으로 원하던 일을 시작했어요.

가르치는 거 재미있고 좋은데 학습지 교사로 초보 티가 나니까 엄마들이 못 견뎌 했어요. 그거 때문에 몇 개월 정신적으로 힘들었어요. '여기서 이걸 못 넘기면 어떡하나, 2막이 시작된다, 참고 견뎌야지' 했어요. 수업하러 들어갈 때마다 긴장하고 다른 집 가면 또 긴장해서 살이 5킬로그램 이상 쭉쭉 빠졌어요. 그런데 끝나는 시간이 너무 늦는 거예요. 9시에 끝나고 목요일, 금요일은 11시 반에 마쳐요. 애들이 지들끼리 사는 거지. 수입은 200만 원 정도였는데 밖에서 밥 사먹고 차 타고 왔다 갔다 하느라 내 돈을 쓰게 되고 무엇보다 너무 늦게 끝나니 안 되겠더라고요. 또 영업하는 사람들이 과목을 늘리잖아요. 과목이 느니 도저히 못하겠더라고요. 거기는 바로 못 그만둬요. 인수인계 받을 사람이 없어서 그만두기로 했다가 1, 2년 더 있는 사람이 허다해요. 전 1년 될 때 새로운 선생이 와서 그만뒀죠. 그만두기 전에 일을 찾았어요. 계속 어려웠던 게 경제적인 거, 돈 때문에 고민하는 사람들은 그게 제일 큰 고민이잖아요? 돈 때문에 고통스러울 때가 많았어요. 애들 학원은 안 보내더라도 우리 가족 먹고사는 걱정은 하지 말아야 하잖아요."

학습지 교사의 노동권이 보장되지 않는 문제는 오롯이 그녀가 일과 가정을 함께 꾸릴 수 없고, 생활을 지탱할 수 없는 결과로 이어졌다. 예상하지 못한 일이었다. 학습지 교사는 선생님이고 전문직으로만 여겨졌다. 공부하며 앞만 보고 걸어온 그녀에게 학습지 교사가 선생님 대접을 못 받고 장사꾼처럼 취급되는 현실은 뜻밖의 것이었다. 그래서 그녀는 어렵게 시작한 학습지 교사 일을 그만둘 수밖에 없었다. 그러고 나서 보험 일을 시작했다. 텔레마케터 보험 영업 일을 한지 2년이 되었다.

"항상 돈을 벌어야 한다는 게 힘든 거 같아요. 일을 할 때 어느 정도 지적인 욕구도 채우며 즐겁게 돈을 벌면 좋겠는데…… 지금 일이 의미가 없는 건 아니에요. 요즘 질병이 많으니까 누구나 보험이 필요하고 돈이 없는 사람은 더 그렇죠. 하지만 문득문득 생각이 들어요. 내가 진짜 하고 싶은 건 이게 아닌데 어떻게 뭘 해야 할까? 옛날엔 '꿈이 뭐야?' 하면 탁탁 튀어나왔는데 지금은 안 그래요. '내가 그걸 정말 하고 싶은 건가? 내가 할 자신이 있나? 아니야, 할 자신이 없어.' 지금은 내가 뭘 하고 싶은지 잘 모르겠어요."

학습지 회사에 있을 때 대학을 휴학하면 일을 못한다는 규정 때문에, 입사한 다음부터 계속 방통대 3학년으로 대학에 등록만 해놓은 상태다. 지금도 공부를 계속할 생각을 버리지 않았다.

"공부는 파고들지 않으면 안 되는데 회사 갔다가 애들 밥 주고 녹다운돼서, '내가 공부를 계속하려고 한 건 왜 그랬던 거지? 남들에게 보이는 것 때문에? 내가 공부를 해야 하는 이유가 뭐지?' 하는 생각도 했어요. 그런데 공부하는 거 자체가 의미가 있어요. 배우는 게 없던 시절엔 매일 바쁘기는 해도 내가 한 게 없는 느낌이에요. 일하고 배우러 다니면 내가 열심히 사는 거 같아. 일하고 애만 키우는 거는 비어 있는 거 같아요. 올 하반기부터 방통대 3학년 1학기 공부를 다시 하려고요. 보험 일을 하면서 조금 더 즐겁고 재미있는 일을 찾을 수 있으면 좋겠어요."

한부모 가정은 정상이다

○

큰아이가 중학교에 입학한 후 가져온 종이에는 '어머니와 아버지의 직업, 학력, 전세·월세'를 쓰라는 내용이 있었다. 초등학교만 가도 "아빠는? 집은?" 하고 물어댔다. 아이들은 잘못한 거 없는데 남들이 평가를 한다는 것을 느끼니 대답을 제대로 할 수 없게 된다. 편견이 많다보니 미리 마음의 준비를 하게 되었다.

"나 스스로가 먼저 정상적이고 행복하다고 믿고 사람들한테 그렇게 표출해야지요. 그래야 애들도 구김이 없어요. 결혼 생활 속에서 죽은 듯이 살아야지만 '아빠 엄마가 다 있는 모양'이 되고, 사람들이 말하는 정상적인 가정이 되는데 사실은 자신은 존재감이 없는 채로 그냥 남들 보기에만 그런 거잖아요. 그런 엄마 밑에서 자란 아이가 건강할까? 절대 아니야. 나는 할 수밖에 없는 선택을 한 거야. 맨날 그 생각을 해요. '엄마는 아빠한테 나쁜 감정이 없다, 사랑하지 않을 뿐이다' 하는 것을 전달하죠. 계속 아빠를 만나게 했어요. 이혼하고 나서 남편 입장도 이해했어요. 시골 사람들이 살듯 애들 아빠는 살림이나 하는 여자면 되는데 안 맞는 여자를 만나 힘들었겠지요. 남편은 재혼도 했거든요. 엄마들이 조금 용감해지는 수밖에 없어요."

힘들 때도 있다. 혼자 직장 일과 집안일을 모두 해내야 하는 데서 오는 피로함 때문이다.

"회사에서 피곤한 날이 있잖아요. 시간에서 오는 빠듯함이 애들 성장이나 정서적인 데 영향을 미친다고 느끼는 게 제일 힘들어요. 남편 있는 사람은 힘들거나 아프면 쉴 수 있어도 우린 못 쉬잖아요. 직장에서 힘들면 애들한테 짜증내고 야단치는 횟수도 잦아지고. 혼자 양육할 때 육체적으로 힘들고 애가 아프면 내가 회사를 결근하거나 조퇴해야 하는데 직장 생활에선 그런 배려가 안 되니까. 점심시간까지 이용해 내가 직장 일을 하고 일찍 가려고 해도 눈총받지요. 먹고사는 거생각하면 경제적으로 아빠가 키우는 게 맞아요. 내가 키우는 게 아이한테 낫다고 잘못 생각한 걸 수도 있어요. 그런데 나는 다른 세상, 다른 인생도 보고 경험했으면 하고 아이들을 내가 키운 거죠."

큰아들은 중학교 2학년이고 둘째는 초등학교 6학년이다. 그녀 자신은 피로가 누적되어 항상 피곤한 편이다. 사구체신염 진단을 받았고 신부전증이 되기 전에 약을 먹고 몸을 돌봐야 한다.

"그동안 피로가 누적되어서 안 피곤한 날이 없었어요. 회사에서 스트레스 받은 게 해소가 안 되고, 애들 뒤치다꺼리해야 하고, 정신적으로 피로하고, 피로하니 건강을 안 챙겨서 아프게 된 거죠. 약을 먹고 인제 신경 써야 해요. 애들 건강만 신경 썼지, 제 건강은 신경 못 썼거든요."

그녀는 사회에 하고 싶은 말이 있다.

"한부모 가정은 사회구조상 점점 많아질 수밖에 없어요. 사람들이 성취욕이 높아지고 교육 수준도 높아지고 자기주장도 생기고 꿈꾸는 이상과 생활이 있는데, 여자는 집에서 밥하는 사람, 남자는 일하는 사람, 이럴 수 없기 때문에 점점 더 생길 수밖에 없어요. 정부 기관은 이런 걸 예측하지 않고 발등에 떨어진 불만 끄는 식이에요. 학교에서도 어디에서도 이 애가 한부모 가정의 아이일 수도 있다는 생각을 하고 정부 기관에서 그것을 미리 인식해야 하는데 안 되잖아요. 개개인이 변하기 전에 큰 집단이 변화된 구조로 사람을 대하면 점차 그게 없어질 거 같아요. 사람들은 편견을 깨기 어려우니까요."

더 나은 사람이 되고 싶은 꿈
○

내가 그녀를 만난 날은 토요일이었다. 일주일 동안 안팎에서 일했으므로 푹 쉬어야 하는 소중한 주말 아침이었다. 집에는 책이 많았다. 책상 위에 제인 오스틴의 《오만과 편견》이 있었다. 책은 그녀의 삶을 지탱해준 또 다른 버팀목이었다.

"저한테 깨달음을 준 건 사람들보다 책이었어요. '내가 죽을 때 애들한테 남겨줄 건 읽은 책, 들은 음악, 본 영화다!' 하는 생각에서 목록을 적기 시작했어요. 애들한테 자연스럽게 책을 많이 보게 해주는 게 제일 중요한 일이라고 생각해요. 애들도 스스로 깨우치고 생각할 수 있게 하는 거는 책이 가장 좋지요. 나는 나를 바라보는 내면이, 고

된 삶에 버팀목이었어요. '이런 상황에서 이렇게 가면 안 돼, 힘들어도 이런 길로 가면 안 돼, 더 나은 사람이 되어야겠다' 하는 생각을 20대 초부터 많이 했어요."

액자 속에는 오래전부터 후원해온 아프리카 어린이들의 사진이 있었다. 돈이 없을 때도 그녀는 후원을 멈추지 않았다. 이 아이들이 후원을 받다가 못 받게 되었을 때의 마음을 생각하면 중단할 수 없었다. 그녀는 딱히 종교가 없었지만, 자신을 이끌어주는 힘을 믿는다.

"지금까지 살아보니 힘든 일만 있진 않았어요. 빠져나올 수 없는 어둠 속에 있는 것 같지만 실오라기 같은 빛이 점점 나를 이끌어주더라고요. 어떤 어려움도 다음에 희망이 온다고 생각해요. 긍정적인 생각이 이 세상에서 가장 큰 유산인 거 같아요.

어떤 위험한 길을 가야 하는데 사람들은 안 가지요. 근데 여기 있으면 여기 있다 죽는 거고, 건너가면 건너가다 죽는 거야, 그럼 저는 건너가요. 어려운 일은 답이 나오면 힘들어도 답대로 최선을 다하고, 답이 없어 어떻게 할 수 없으면 놔둬요. 그때는 맡겨요. 항상 희망적으로 잘될 거라고 내가 믿는 거예요. 그것 하나가 내 믿음이죠. 어려워질 때는 매순간 많지요. 어떻게든지 살 방법은 있을 거야 하면서, 불가능한 거는 우주 만물의 이치에 맡겨두고 포기할 거는 포기하고 결정해요. 고민이나 걱정을 오래 붙들고 있지 않는 편이에요. 그래서 이렇게 잘 살고 있는 거예요."

그녀는 아무도 허락하지 않아도 이 삶에서 저 삶으로 건너갔고 혼신의 힘을 다해 경계를 넘었다. 묵묵한 노동과 삶, 평범한 이력 속에는 그 무엇도 꺾을 수 없는 희망과, 그리고 피안과 차안 사이에서 끊임없이 날갯짓하는 동경 어린 변태變態가 있었다.

나의 집, 나의 일,
쉰여덟, 최경자 씨 이야기

인천에 사는 최경자(58세) 씨는 10년 넘게 식당에서 일했다. 처음 식당 일을 시작한 것은 마흔다섯 살 때였다.

"음식 만드는 걸 좋아하니까, 내가 하고 싶어서 했어."

일찍 결혼한 그이는 자식이 대학에 들어가자 처음에 몰래 식당 일을 시작했다. 자신이 하고 싶어서 '선택한' 일이라고 강조했다. 남편이 여자는 집에 있어야 된다고 반대를 했지만, 10시부터 4시까지 한 김밥 집에서 일했다.

6시간 일하는데 시계를 쳐다보고 또 쳐다봤다. 서서 김밥 재료를 준비하고 끊임없이 김밥을 마는 시간이 길고 길어서 퇴근 시간만 기다렸다. 남편을 출근시켜놓고 자식들이 학교 간 다음 일한 6시간, 그래서 받은 월급은 45만 원이었다. 쉬는 날은 한 달에 두 번밖에 없었다. 한 달 월급만 타보자고 했다. 한 달 월급을 타면 또 한 달 더 일하자, 한 달 더…… 그렇게 그 가게에서 3년을 일했다.

"다니다 힘들어 그만두고 싶다가도, 일한다고 나가서 포기하면 애들이 본받을까 싶어서 못하겠더라고."

내 식당이 꿈이었지만
○

　　　　　　　식당 일은 꿈이기도 했다. 조리사 자격증을 딸 때는 나중에 식당을 차릴 거라는 기대가 있었다. 자기 식당을 가지면 편할 것 같았다. 김밥 집에서 3년 일하고 나서 고등학교 앞에 작은 분식집을 냈다. 정문 앞이라 괜찮을 것 같아서 보증금 1,000만 원에 월세 40만 원을 내고 문을 열었지만 손님이 없었다. 학생들은 학교에서 점심을 먹어서 나오지 않았고, 저녁에 이따금 올 뿐이었다.

"장사가 안 되니까 재료 살 돈도 안 되는 거야. 어쩌다 사람이 밀려 오면 혼자 처리하기 너무 힘들어. 내 가게니까 아침에 나가서 밤까지 문을 열어놓아야지. 온종일 꼼짝달싹 할 수 없지. 아침에 식구들이 밥 먹으면 8시에 바로 나가고 저녁에도 음식 만들어놓은 게 남아 있으니 문 닫지도 못하고, 완전히 감옥살이했어. 나 그거 하면서 너무 힘들었어."

신경을 쓰면서 살이 쭉쭉 빠졌고 결국 한 달 만에 식당을 그만두게 되었다. 그 뒤부터 자기 식당을 하겠다는 생각은 다시 하지 않았다.

식당 일을 하면서 집안일을 같이 하기는 어땠느냐고 물었다. 가정 생활에 대한 부분은 말씀을 아낀다.

"힘들지, 아무래도. 여자들은 일 다니고 집안일 하려면 힘들지."

식당에서 일하는 여성들은 평균적으로 하루 11시간 59분, 주 76시간 30분을 일한다. 날마다 하는 가사 노동 1시간 41분까지 치면 평일에 13시간 40분을 일하는 것으로 한국여성연구소에서(2006년) 조사된 적이 있다.

최경자 씨는 이번엔 남동공단에 있는 식당에 다시 취직했다. 요리를 배웠으니 주방에서 음식을 만드는 일을 했다. 상가에 있는 식당이라 메뉴가 많고 배달을 주로 하는 곳이었다.

"점심시간에는 정말 정신이 없어. 요리를 주문하면 바로 해줘야 하니까. 지금 하라면 못할 거 같아. 12시간을 하기로 하고 갔는데 도저히 안 되겠더라고. 조금 일찍 퇴근하고 일한 시간만 돈을 달라고 했지."

최경자 씨는 '정말' '너무'라는 말을 길게 힘주어 강조했다. 말하면서 뺨이 붉게 물들었다. 식당에서 8시간만 일하기로 하고 시간당 5,000원씩 받았다.

"10년 전인데 다른 사람 3,000~4,000원 받을 때 나만 음식 만든다고 5,000원씩 받았어. 월급을 받으려면 종일 12시간 일해야 하는데 100만 원, 많이 받아야 120만 원 받는 거야. 쉬는 날도 없고, 개인 식당이라 보험도 안 되고."

그곳에서도 3년을 일했다. 무릎이 아파서 그만두지 않았다면 더 했을 것이다. 출근한다고 탄 버스가 급정거하는 바람에 부딪혀 탈이 난 것 같다고 했다. 무릎이 아프고, 손가락의 관절이 붓고, 손마디가 튀어나와 주먹도 쥐어지지 않았다. 무리한 식당 일의 영향이 있었을 것이다. 의사는 퇴행성관절염이라고 했다. 쉰 살도 되기 전에 무슨 관절염이냐고, 처음엔 '돌팔이 의사'라고 생각했다. 하지만 한 달 동안 제대로 걷지 못해 집에서 1년 동안 쉬면서 물리치료를 받고 약을 먹어야 했다.

"지금은 먹는 장사 말도 꺼내기 싫어, 힘들어서. 몸만 골병든다니까."

자식들이 지나가는 말로 '식당 할까' 하면 말도 하지 말라고 엄포를 놓는 그였다. 길에서 식당을 보면 '힘들겠다'는 생각이 가장 먼저 든다고 했다. 하지만 몸이 아프고 힘이 들어도 일을 그만두지 않았다.

"엄마가 되면 그럴 수밖에 없어. 이런 얘기도 애들 컸으니까 하지, 애들 공부하고 힘들 땐 얘기도 못하잖아. '저렇게 힘든데 내가 무슨 공부를 해'라고 생각할까봐. 집에선 힘든 내색 안 하고, 공부하겠다고 돈 달라고 하면 돈 없어서 못 준다는 소리를 한 번도 안 해봤어. 애들한테는 그냥 티 안 내고 공부하고 싶으면 끝까지 시켜준다고 했지."

"나는 없는 거지, 나 자신은"

○

　　　　　　　　그다음에 의자를 만드는 회사의 식당에 다녔다. 새벽 5시 반이면 나가서 6시부터 음식을 만들어 저녁 6시까지 세 끼를 차려내는 식당이었다. 아침 일찍 나가는 게 힘들었다. 7시면 회사 사람들이 아침을 먹었다. 아침 저녁에는 50명 정도가 먹었고, 점심에는 많을 때는 200명, 적을 때는 150명이 밥을 먹었다. 식당은 CJ에서 용역으로 하는 것이었다. 최경자 씨는 주방장이었고 밑에 두 사람이 일했다. 몇 백 명이 먹을 음식을 날마다 해야 하니 오른팔이 몹시 아팠다. 일을 안 하고 쉬어야 낫는다고 했지만 치료하지 않고 계속 일을 했다.

　최경자 씨는 얘기하는 중에도 책상 다리 모서리에 등을 꼿꼿이 대고 양반 다리를 하고 있다. 등이 아파서 그렇게 해야 편하다고 했다. 회사는 토요일에 격주로 한 번씩 쉬었지만 갑자기 출근해야 할 때도 있었다. 4대 보험은 됐다. 하지만 월급에서 따로 용역비가 빠져나갔다.

　"월급이 너무 적어. 실컷 해봐야 이것저것 다 빼고 100만 원이야. 종일 12시간 일하고 100만 원, 그건 말도 안 되잖아."

　2007년 시간당 최저임금은 3,480원이었다. 그녀는 하루 12시간 장시간 노동을 해서 한 달에 100만 원을 받았다.

　최경자 씨는 일한 곳마다 주인들과 맺은 관계는 다 좋게 기억했다.

인간적으로 대해주는 곳도 있었고, 자식의 결혼식에까지 찾아와준 이들도 있었다. 하지만 12시간의 노동과 100만 원은 언제나 이해할 수 없는 조건이었다.

"그 월급으로 어떻게 가계를 꾸렸어요?"

내 질문에 말씀을 멈춘다. 민감한 질문이다. 당시 4인 가구의 최저생계비는 120만 원이었다. 최저생계비도 안 되는 돈으로 어떻게 살아냈을까. '말을 잘 못해서 도움이 될지 모르겠다'던 최경자 씨는 그 어렵던 시절을 남에게 내색해본 적도 표현해본 적도 없다. 그것은 '힘들다'는 말 이전의 문제였다. 침묵하며 나를 쳐다보는 눈빛에 내가 되레 당황한다. 깊은 자존심이거나, 이루 말할 수 없는 고단함 같은 것이 느껴진다.

"힘들지, 아무래도 그것 가지고. 일단은 교육시킬 때 교육비를 먼저 저금해둬. 다른 거는 나중이고. 다른 거는 안 써도 되니까. 남들처럼 먹고 싶은 거, 하고 싶은 거 하고는 못 살았지. 내가 할 거 아무것도 못하지. 나는 없는 거지, 나 자신은."

두 아들은 대학을 무사히 마쳤다. 돌에서 물을 짜내듯 그이가 모은 돈으로 비싼 사립대 학비를 모두 냈다.

"남편도 집안일을 많이 도와줬지. 일 다니고 그럴 때는 밥 먹고 설거지 그런 거도 다 해주고. 쓰레기도 잘 버려주고. 많이 그래 했어."

시골에 살던 시어머니가 치매 때문에 자식 집으로 왔다. 며느리였던 그이는 간병 때문에 회사를 그만두게 되었다. 그즈음 한 친구가 권유했다.

"학교 식당으로 같이 자리를 옮기자."

토요일과 일요일을 다 쉰다는 것이 일터를 바꾸기로 결정한 이유였다. 인천전문대 식당으로 갔다. 정말 학교의 식당이 더 좋았을까?

"학교가 더 힘들더라고. 사람이 많아서 그쪽이 쉬울 줄 알았는데, 일이 그만큼 많으니까. 마스크에 고무장갑, 앞치마에 모자 쓰고, 여름에 더울 땐 덥고. 기계가 있어도 밥 먹으러 오는 학생들이 엄청 많으니까, 음식도 너무 많이 만들어야 하니까. 아우, 진짜 힘들어."

진저리를 친다. 그곳에서는 이전에 보지도 듣지도 못한 일이 벌어지고 있었다.

"학교에서 방학 때 돈을 안 주려고 계약직으로 한 학기씩 써. 자르고 싶으면 딱 잘라버리고. 참 못됐더라고. 부장이란 사람이 자기 마음대로 실컷 부려먹고 사람을 잘라버리더라고. 일을 오래하면 사람을 대우해주는 게 정상인데 그걸 안 하고 잘라버려. 다음 학기에 또 그 밑의 사람을 올려 쓰고. 이럴 줄 알았으면 회사에 그냥 있을 걸 싶더라고."

학교는 교내 식당에 필요한 인원을 용역으로 썼다.

"방학 때마다 일을 할 수 있을지 없을지 모르는 거야. 일을 진짜 잘하는 중국 애가 있었는데 이쪽으로 시집와서 일하고 사는 걸 잘라버려. 새로 일할 사람은 전화로 나오라 그러는데, 불러다놓고도 일을 시키다 말고 잘라버리는 거야. 영양사는 일하는 사람 생각하는데, 부장은 영양사 편이다 싶은 사람을 또 잘라버리고. 그런 게 괘씸했지.”

일하는 동안 그런 모습을 보며 두 번의 계약을 갱신했다. 고민이 되었다. 불안했고 계속 일할 수 있을 것 같지 않았다. 세 번째 계약을 앞두고 “야, 다음엔 우리가 잘릴 거니까 미리 나가버리자”고 친구가 먼저 말을 꺼냈다.

이번에는 이전과 딴판의 일을 했다. 학교에서 청소 일을 시작하게 된 것이다. 체육관과 강의실을 청소했다. 뜻밖에 그는 이렇게 말했다.

“난 식당 일이 더 힘들었어. 청소는 그래도 잠시라도 쉴 수 있잖아. 식당은 앉아 밥 먹는 시간 빼고는 일이 늘 있는 거고 쉴 시간도 없었어.”

잠시 생각하다 덧붙였다.

“식당은 노조가 없어. 그러니까 힘들지.”

청소 일을 하면서, 그곳에서 처음 노동조합을 만났다. 전국여성노동조합 인천지부에 속한 곳이었다.

“임금협상을 하기 전에 최저임금을 올려달라고 서울이나 부평에 모여 가서 데모하고. 거기 보니까 깃발이 많대. 금속노조, 여성노조 다 모여 똘똘 뭉쳐 데모하대.”

그이는 그 깃발을 보며 생각했다. 식당에도 노조가 있었다면 그렇게 함부로 사람을 자르지 못했을 텐데. 노조가 있었다면 임금협상이라도 할 수 있었을 텐데.

최경자 씨는 청소 일보다 식당 일이 임금이 더 적었다고 기억한다.

아침 9시부터 저녁 7시까지 청소 일을 하고 80~90만 원을 받았다. 하지만 식당에서는 그보다 더 일하고도 일을 더 하는 시간을 임금으로 쳐주지 않았으니 더 적게 받은 셈이었다.

그러나 청소 일도 만만치 않았다. 일을 하다가 허리가 아파왔다. 잘한다는 정형외과에 가서 등뼈에 주사를 맞기도 하고, 한의원에 가서 침을 맞고 약을 두 달 동안 지어먹기도 했다. 민간요법을 쓰기도 했다. 나중에 MRI를 찍어보니 허리디스크 판정이 났다.

"힘든 일도 없는데 내가 허리가 약했나 봐."

최경자 씨는 그렇게 말하고 만다. 노동조합이 있었지만 산재처리 같은 것을 생각하지 못했다. 병가도 없어서 일을 그만두고 자기 돈으로 수술을 받았다. 몇 년이 지났지만 아직 허리에 통증이 있다.

남몰래 다시 꾸는 꿈
○

"모두 얼마나 일하신 거예요?"

내 질문에 그이는 곰곰이 손을 꼽는다.

"그러니까 보자, 마흔다섯에 김밥 집 3년, 남동공단 3년, 듀오백 3년, 학교 1년 반, 2년 잡아야지. 그리고……"

'하고 싶어서 한 일'이라고 강조했지만, 한 달만 버티자고 시작한 일이 긴 시간으로 이어져온 것이다. 그녀는 주어진 일을 온몸으로 수행해냈지만 자신을 노동자로서 자리매김하기보다는, 집안을 책임지고 자식들을 온전히 교육시켜 자립시켰다는 어미로서의 자부심이 강했다. 무얼 하고 싶으셨는지 물었다.

"자식들 잘 벌어먹고 사는 거, 부모는 자식이 행복하게 사는 거, 그거밖에 없지."

다시 물어보았다. 무얼 하고 싶으셨냐고.

"공부를 끝까지 못해서 맨날 그 생각밖에 없었어. 학교 다닐 때 가세가 기우는 바람에 공부를 못했는데, 맨날 나는 공부하고 싶다는 그 생각뿐이 없었어. 우리 동네에 야간으로 공부하는 데가 있어. 옛날부터 그거 하고 싶었어."

공부하는 자식을 뒷바라지하는 데 혼신의 힘을 쏟으며 그녀는 자신도 공부를 하고 싶다는 꿈을 남몰래 꾸었다. 자식들을 모두 교육시키고 길러냈으니 이제 자신을 위한 시간을 가져도 될 것이라고 조심스럽게 입 밖에 꺼내보는 것이다.

각박한 세상에서 오롯이 혼자 힘으로 식구들을 지켜냈다. "내가 쓰러지면 우리 집은 풍비박산"이라는 말에는 벼랑 앞에 선 듯한 절박함과 함께 자부심이 숨어 있었다.

"살다보면 너무 힘들어서 도저히 살 수 없을 거 같은 시간이 오지만, 그 순간이 지나면 또 살게 되더라고. 닥치는 대로 살아왔어."

쉰여덟, 집에 혼자 있는 그이는 식당 일을 자신이 다시 할 수 있는 일이라며 꼽았다. 괜찮다고 했다. 집을 지키기 위해 밖에서 밥을 짓고 청소를 했다. 남을 살리려고 평생 지은 밥이, 쓸고 닦은 자리가 그이의 집이었다. 무례한 상상을 해본다. 가만히 밤에 이불을 덮고 누워 있으면, 이제 아무도 없는 집에서 홀로 누워 뒤척이다보면 눈물이 날 때가 있지 않을까. 깊은 밤, 팽팽한 줄이 끊어지듯, 멈추고 있던 숨이 토해지듯 나오는 한숨이 그이에게도 있지 않을까.

"이제 인터뷰 끝났어요?"

그녀가 웃었다. 나의 심각함을 되레 위무하듯. 자신은 다른 이들처럼 살아왔을 뿐이라고. 나도 알고 있다. 단지, 혼자 외로운 상을 차려온 그이에게, 너무 염치없던 세상도 그 밥을 돌려주어야 했다고 뒤늦게 바라보았을 뿐이다.

청춘이 꾸는 꿈,
지상의 방 한 칸

봄비가 내리는 4월 오후, 스물두 살 대학생인 다빈을 만나러 그이가 다니는 대학교 근처로 갔다. 산수유나무가 빗속에 서 있고 가지마다 노랗게 피어나는 꽃들은 반짝이는 별들처럼 싱그러워 보였다. 2학년인 다빈은 국어국문학을 배우고 있고 지금은 중간고사 기간이라 바쁜 때였다. 오늘까지 내야 할 리포트를 모두 막 제출했고 이제 시험 준비를 해야 한다고 했다. 고3처럼 공부하면 A+ 학점을 받을 수 있다고 들었다며 그렇게 공부하겠다고 말하며 웃는다. 다빈은 대구에서 태어나 토박이로 살다가 재수하고 대학 진학을 위해 상경했다. 대학 기숙사에서 생활하다 얼마 전 대학생 임대주택에 들어가 살고 있다. 기자가 꿈인 다빈은 학업과 함께 학보사 기자 일을 하면서 바쁜 나날을 보내고 있다. 학교 앞 카페에 마주 앉아, 서울에 2년째 살고 있는 다빈의 생각과 그이의 꿈을 들어보았다.

"대학교에 처음 들어왔을 땐, 뭐든지 새로우니까 받아들일 때였고 2학년이 되니 학업에 집중하고 사회현상에 관심을 가지고 앞으로 내가 발전할 수 있는 뭔가를 더 찾게 돼요. 1학년 때는 빨리 적응을 해야 하니까 조바심과 욕심도 생겼어요. 서울 사람들은 이미 다 알고 있지만 나는 지리적인 거도 모르니까 찾아가서 보고, 가게나 서점이나 물건 파는 곳도 일일이 알아내야 하고. 정보가 차이 나도 그건 결국 시간문제죠. 서울 사람들하고 차이가 있어요. 발품을 팔아야 하고, 난 이제야 알아가니까 시행착오를 겪고, 격차가 있고 확신이 없을 때도 있고. 대구 같으면 지리적으로 다 한 곳에 밀집되어 있는데 서울은 넓고 강남과 강북이 다르고 상가들도 제각각 다른 데 있고요. 대구는 사람들이 거칠게 말하는 것 같아도 뒤에서 챙겨주는 인정이 있는데, 서울에서 사람들을 만나보면 앞에선 웃는데 뒤에서 이익을 챙기는 것도 낯설었어요. 처음엔 자상해서 천사같이 느껴지다가도 진심으로 대해주기보다는 자기 이익 때문에 상대를 이용할 뿐이거나, 자기 손해가 안 가니까 사람을 그렇게 대한다는 느낌이 들어요. 사람 관계에서 심리적인 것도 낯설었어요."

낯선 여자가 되는 시간

○

서울에 오고 싶었다. 고향보다 뭐든지 경험할 기회가 많다고 여겼기 때문이다. 앞으로도 서울에 살고 싶다. 보금자리를 서울에 마련하고 싶어서 미리 온 거였다. 캠퍼스 커플도 하고 싶은데, 여대에 와서 캠퍼스 커플은 못한다고 웃는다.

"아르바이트도 제 로망이었어요. 이제 어른 신분이니까 과외 알바나 영화관 알바, 패스트푸드점 알바를 하면 된다 싶었는데, 제약이 많더라고요. 내가 학생이니까 방학 때 하려는데, 아르바이트 뽑는 걸 보면 기간제나 파트제가 아니라 종일 일하는 사람을 주로 뽑아요. 과외 알바 같은 건 정보력도 필요하고 서울에 지인도 있어야 하고 학벌도 있어야 하는데, 대학교가 좋을수록 과외할 기회가 더 느는데 난 구하기 힘들더라고요. 방학 때 대학로 레스토랑에서 서빙을 두 달간 했어요."

하루에 4~5시간 일했고 시급은 4,500원이었다. 대학로에 있는 스파게티 가게였다. 대학로라 사람들이 많았다. 일하면서 보는 풍경은 어쩐지 마음을 고프게 했다. 가족과 연인들이 외식하는 모습을 보면, 엄마랑 여기 오고 싶다는 생각을 했다.

"학교에서는 학보사에서 문화부 기자로 활동해요. 학보사가 신문이잖아요. 학교 사안에 대해 보도의 성격이 있고 학교에 대해 비판적

266

인 시각과 관심을 가지고 보는 거니까 의의가 있어요. 문화 현상도 취재하고 학교 전반적인 사안에도 예민해야 하고. 난 에세이를 쓰는 데 관심이 많은데, 기사를 쓰고 정세를 알게 되면서 배우는 점이 많이 있어요. 학업과 같이 병행하는 건 힘들지만요. 이 일로 선배나 동기, 다른 대학 기자들을 만나고 문화 체험도 하게 되니까 좋죠. 책임감도 있고, 나는 글 쓰는 거 좋아하는데 꼭 쓰게 되니까."

다빈은 앞으로 하고 싶은 일, 잘하고 싶은 일에 대한 고민이 요즘 많다. 가족들은 서울로 대학을 간 다빈이 안정적인 교사나 공무원이 되기를 바란다. 국문과에 인원이 70명이 있는데 교직 이수는 10%인 7명만 할 수 있고, 그것도 2학년 때까지의 성적으로 뽑는다. 안 하면 나중에 혹시 후회할까봐 자격증은 따려고 하는데, 못 딸 수도 있고 아직 직업에 확신은 없다.

"국문과를 보고 '굶는과'라고 부르더라고요. 교수님들도 그렇게 말씀하면서 '문학에 취해 살아라'라고 우리보고 그래요. 나가서 어떤 일을 할 수 있을지 잘 모르겠어요. 걱정이 되죠. 내가 하고 싶은 건 잡지에 기사를 쓰는 거예요. 기삿거리를 찾고 기사를 쓸 때 사물을 다른 시각으로 보면서 일을 하는 게 즐거워요."

새로 겪는 시간 속에는 생각지 않은 것들이 있었다. 자신을 여자로서 낯설게 보게 되는 시선도 그중 하나다.

"지내면서 슬퍼질 때는 한계를 인식할 때죠. 나는 한 번도 여자가 약자라는 생각은 하지 않았어요. 그런데 친구들이 얘기하는 거 들어보면 학벌이 중요하고 인성보다 외모가 중요하고, 노골적으로 그런 걸 당연하게 받아들이는 게 힘들어요. 애들이 남자친구 조건으로 '키가 커야 하고 잘생겨야 하고 돈 많아야 한다'고 이야기하는데 미팅에 나가서 남자들을 만나보면 '여자는 여성스럽고 말 잘 듣는 여자가 좋다'고 하거든요. 돈이 많은 친구가 착하지 않더라도 좋은 친구라고 여기는 분위기가 씁쓸해요. 어렸을 때 아니라고 생각한 게 맞다는 것처럼 되고."

성인이 되어 자신 앞에 놓인 여성의 역할은 일종의 연기 같았다.

"여자는 희생하거나 감내해야 할 게 많은 거 같아요. 그러면서도 항상 우아해야 한다는 게 슬픈 거 같아요. 힘들어도 여자니까 꾸미고 고고한 척하는 게 더 슬픈 거죠. '내가 너무 어린가? 이상적인 것과 동떨어진 현실, 그게 사회인가?' 나는 어린 시절에 배웠던 것을 유지하며 살아가고 싶은데…… 사람에겐 돈이 중요한 게 아니라 인격이 중요하고, 외모보다 심성이, 돈보다는 직업이, 그리고 그 직업은 꿈을 위해 선택하는 거다, 그런 것들이요. 내가 겪는 일들이 무슨 일인지 잘 모를 때가 있어요. 화가 나는데 그 상황이 다른 사람이 잘못한 건지 내가 잘못한 건지 분간이 안 될 때가 있는 거죠."

여대에 올 땐 여대니까 여성들이 강하고 남자들한테 지지 않는 에너지를 가지고 있을 거라고 여겼다. 그런데 학교에서는 여대생의 지고지순하고 청순한 현모양처 이미지로 학교 홍보를 했고 그것에 맞춘 양 친구들은 부드럽고 상냥한 태도를 보였다.

"그건 요즘 시대에 안 맞고 답답한 느낌이 들죠. 그러면 나쁘다고 생각해요. 연애를 했을 때 남자친구는 제가 돈을 못 쓰게 했어요. 그 런데 '돈에 따라 권력이 생기는 걸까?' 하는 생각을 한 게, 그 애만 돈을 내게 되니까 나중에 내 의견을 세게 이야기하지 못하게 되더라고 요. 처음에 술 먹을 때도 여자 친구들하고 먹을 때처럼 편하게 먹었는데 남자들은 여자들한테 자꾸 취하도록 술을 일부러 많이 먹여요. 아무래도 술이 들어가면 스킨십을 유도할 수 있으니까. 가정에서 나는 술 먹으면 안 되고 그냥 다른 남자도 우리 오빠같이 여기는 게 있는데, 사회에 갓 나와 합석해보니 '나는 약자고 여자구나' 하는 걸 겪으면서 알게 되죠."

세상이 젊은 여성을 어떻게 대하는지 알게 되었을 때 자신이 약자라는 생각을 처음으로 했다. 그러나 세상의 틀지어진 시간과 경험 속에서도, 그녀는 여전히 거침없이 성장하고 싶다.

그래도 이유 없이 좋은 청춘

○

"나는 20대 초반이고 대학생이에요. 청춘인 게 이유 없이 좋아요. 아직 기회가 열려 있고 서울에 기회가 많으니까 노력하면 노력하는 만큼 얻을 수 있어요. 내가 아직 조금이지만 돈 벌며 살 수 있고, 고등학교 때 할 수 없었던 것을 할 수 있지요. 내 의지대로 나를 움직일 수 있잖아요. 독립할 수 있는 거고. 집에 있을 때는 일단 집에서 나를 너무 보호했는데, 내가 직접 확인하고 경험하고 싶어요. 엄마가 걱정하는 거, 안 좋은 거, 틀려도 내 생각대로 내가 그걸 겪어서 알아야지요. 내 생활과 내 시간과 내 공간이 있다는 게 너무 좋은 거예요.

대구에 있을 때 그랬거든요. '곧 이곳을 벗어날 거야. 무슨 일이 있어도. 이곳을 안 벗어나면 죽는다.' 우리 집이 좁고 방도 없으니까. 만약 내 방이 있고 집도 넓고 엄마가 여유롭다면 그런 생각을 안 했겠죠. 엄마가 일을 하니 서로 도와가며 살아야 하는데 서로 보는 것도 괴롭고 내 생활이 정리가 안 되니까. 나랑 오빠랑 엄마랑 사는데 방이 두 칸이고, 한 칸은 오빠가 쓰고 한 칸은 엄마랑 내가 쓰니까 재수 생활 할 때, 아침에 나와서 집에 공간이 없으니까 늦게 들어가고 그런 게 너무 힘들었어요. 3명 다 힘이 되고 도움이 되어야 하는데 서로 짐이 되니까 내가 나와야겠다, 한 거죠. 내가 엄마 일 도와주고 내 일을 엄마가 돕고 그래야 하는데 엄마가 일하고 와서 투덜대고 힘들고 나랑 같이 있는 게 더 힘든 상황인 것 같았어요. 내가 빨리 돈을 벌어 같이 살았으면 싶고, 그래서 서울에 온 건 잘 온 거예요."

'고향에서 벗어나지 못하면 죽는다'는 마음으로 악착같이 공부를 해서 서울로 올라왔다. 형편이 되지 않는다고 주변에서 반대하는 말을 무릅썼다. 대구의 집은 임대주택이고 엄마가 살 수 있는 기한이 다

되어서 그것도 걱정이다. 서울에 온 후 가족한테 힘들다는 소리는 한 번도 하지 않았다. 안다. 자신이 서울에서 힘들다 해도 고향의 가족이 어쩔 수 없는 것이고 엄마는 일하면서 생활비까지 부쳐주는데 걱정을 끼치면 안 된다.

"나는 혼자 다 알아서 했거든요. 어릴 때부터 엄마가 그랬어요. '원래 세상은 혼자다.' 다 나 혼자 하게 내버려뒀어요. 외로울 때 다른 사람한테 기대는 게 부질없다는 걸 일찍 알았죠. 어렸을 때부터 너무 외로웠어요. 내가 해결해야 하는데 남들한테 도와달라고 하거나 힘들다는 소리를 하면 다른 사람이 해줄 수도 없는데 분위기만 무거워지는 거고. 주변에선 나보고 어떻게 혼자 그렇게 잘하냐고 하는데, 나는 습관이 돼서 인식을 잘 못해요."

"그럼, 많이 외로울 땐 어떻게 해요?"

"서울에 와서 힘들 때 처음엔 술을 많이 마셨어요. 그냥 술 먹고 잊는 거죠. 학교 과제도 해야 하고 빨래도 해야 하는데, 오늘 스트레스 받았는데 터놓고 얘기할 사람이 없으면 그냥 다른 친구들 만나 내 얘기는 안 하고 딴 얘기 하면서 술 먹고 놀고, 그러면 기분 좋아지고. 그러다보니 되는 게 없는 것 같아 요즘은 술도 안 먹어요. 일기 쓰는 것도 좋고, 어린애들 돌봐주는 봉사활동을 하고 싶어요. 그러면 마음이 좋아질 것 같아요."

"친구들한테 의지하기도 하잖아요. 남자친구한테라든지……"

"나는 남자친구한테 의지를 잘 안 해요. 다 비슷한 입장이고 학생인데 의지를 잘 안 하게 돼요. 아직 가족한테 의지하는 거와 남자친구에게 의지하는 거를 구분을 잘 못하겠어요. 되도록 나 스스로 책임지고 남한테 의지 안 하고 구속도 안 하고 지내려고 하죠. 그러다보니 표현을 잘 안 해서 남들이 오해하기도 해요."

다빈은 서울에서 꿋꿋이 시작하고 있다. 외로움을 다 말하지 않고, 부대끼지 않으려고 노력하며, 열심히 공부하며, 사람들을 만나고 시야를 넓히며, '청춘인 게 이유 없이 좋은' 이 소중한 시간에 발자국을 찍으며 나아간다. 노력하면 노력하는 만큼 얻을 수 있다고 믿는다. '기회가 많은' 서울에서 최선을 다하고 그만큼 굴레에서 벗어나 얻고 싶다. 그이는 가족 중에서 유일하게 4년제 대학에 들어왔다. 현실을 떠메고 살아야 하는 가족이 버텨내며 쏘아올린 꿈이다. 그것을 알기에 더 높이, 높이 날아올라 자리 잡고 싶다. 자신의 노력을 믿을 뿐이다. 세상이 공정하게 자신에게 대가를 돌려줄 거라고 믿는다.

"대학 다니면서 앞으로 할 일, 좋아하는 일 찾고, 확신하고 사회에 나가고 싶어요. 사회에 나가서 뭘 구체적으로 하고 싶고, 할 수 있는지 알고 싶어요. 꿈이 이거예요. 학교 다니며 외국어 3개 배우기, 주기적으로 봉사활동 하기, 서울에 의지할 수 있는 친구 3명 사귀기, 남자친구 만들기, 제일 좋은 거는 돈이 우리 집에든 나한테든 많이 생겨서 가족이 같이 모여 사는 거죠."

그녀의 가장 큰 꿈은 가족이 함께 다시 모여 살 수 있는 집이다.

한땀 한땀
개미를 그리다

그림으로 세상과 소통하기

○

16년 전, 해밀을 처음 만났을 때 그녀는 텅 빈 벽에 그림을 그리고 싶다고 했다. 그 말이 오래 기억에 남았다. 하고 싶은 것이 현실 때문에 불가능해지는 게 익숙해질 무렵, 그녀가 화가가 되었다는 소식을 들었다. 작년 여름 그녀의 첫 개인 전시회에 다녀왔다. 팸플릿에는 짤막한 문장이 있었다.

삶은 내게 절망스러운 현실과 희망의 끈을 동시에 주었다. 절박한 가난함과 누구와도 그림에 대한 이야기를 나눌 수 없었던 고독함이 작업에 대해 더 큰 열망을 가지게 했고 첫 개인전을 통해 세상 밖으로 과감하게 나올 수 있는 용기를 내게 주었다.

은평구에 있는 작업실에서 그녀를 다시 만났다. 그녀는 10대 때 혼자 자취하면서 오래된 물감으로 벽화를 그리던 이야기부터 시작했다. 자신이 '그림을 꼭 그려야 할 사람인지 아닌지 고민했고' 그러면서 2000년에 재료 쓰는 방법을 배우려고 개인 화실에 몇 개월을 다녔다고 했다.

"그림을 나 혼자만 집에서 그리다가 나란 사람이 그림으로 세상과 소통할 수도 있겠다, 나는 뜻하지 않게 그림을 그릴 수 있는 삶이 안 돼서 이렇게 온 거지, 화가가 될 기질이 다분하구나 하는 걸 알았어요."

언제나 생계를 위해 직장에서 일했다. 공부를 하고 싶은데 야간으로 미술을 공부할 곳이 없었다. 그림에 대해 남들이 다 아는 정도는 알고 싶어서 야간 학교를 찾았다. '지금도 돈을 벌기 위해서 나하고 맞지 않는, 하기 싫은 일을 너무 오래 하는데 간절하게 원하는 꿈조차 제대로 안 하면 안 된다'는 절박함이 있었다.

한 예술대학에 입학하고 미술을 공부했다. 20대 새내기들이나 기존 작가가 섞여 있는 가운데에서 공부했다. 해밀은 직장에서 영업 쪽 일을 해서 시간에 맞춰 학교에 가는 것도 쉽지 않았다. 오랜 시간 일을 해 팀장이 되어 받는 월급이 있었는데 학교에 다니기 위해 팀장을 그만두고 다시 신입 직원하고 똑같이 영업 일을 해야 했다.

"학교를 다니기 직전이나 학교 다닐 때 그림 스타일이 있는데 제가 살아오면서 너무 힘들고 너무 외롭고, 어떤 슬프고 아픈 단어 앞에

'너무'라는 단어가 들어간단 말이에요. 속에 나도 모르게 응어리진 게 너무 많은 거예요. 미술로 속에 내 응어리진 걸 표현하고…… 그럴 때 임페스토impasto 기법이라고, 물감을 그냥 진짜 한 번에 발산하듯이 짜서 두껍게 칠하는 작업인데 저도 미처 놀라울 정도로 빠르고 급하게 많은 물감을 쓰면서 그림을 그렸어요."

자신이 사회에서 미술로 학업을 인정받고 세상에 나가기는 어렵다 싶었다. 그녀는 대한민국 여성미술대전에서 특선을 하고 대한민국 미술대전에서 입선을, 대한민국 미술대상전에서는 특선을 한 경력이 있다. 그러나 그녀는 '학연과 금권이 횡행하는 우리나라 미술계 시스템에서 자신이 계속 작업하기는 무리한 상황이고 간극이 높다'는 것을 느꼈다. 고민을 하다가 마침내 첫 번째 개인전을 열기로 마음먹었다.

"나란 사람이 너무 작고 내가 늘 이렇게 뭔가 아등바등하다가 이대로 죽는 거 아닐까, 끝나는 거 아닐까 하는 생각이 들었어요. 내 작품을 한번 세상에 보여주고 싶었어요. 내 작품을 죽 놓고 보면 스스로가 아팠어요. 전시를 앞두고 이것을 재해석하려면 어떻게 할까, 아픈 내면을 치료하고 수술해주고 싶은 욕구가 들어서 낚싯줄을 바늘에 꿰어 그림에 바느질을 했어요."

개미를 만나다

○

개인전을 준비하는 과정에서 그녀는 자신을 표현할 수 있는 중요한 모티브를 발견했다. 그것은 '개미'였다.

"언니 집에 가서 조카가 그린 걸 보는데 개미가 사과 같은 빨간 덩어리를 쥐고 있는 걸 봤어요. 저 개미가 나 같다, 나처럼 너무 많은 짐을 지고 있는 거 같아. 개미가 사과에 깔려 죽잖아요. 집에 와서 작업에 내가 어떤 메시지로 개미를 넣어야 할지 생각하기 시작했어요. 저는 어렸을 때 장난감 같은 것을 구경한 적이 없어요. 중학교도 자퇴를 했는데, 단 한 번도 새 참고서로 공부해본 적도 없어요. 어디에서 중고를 얻든지, 생각하면 애들 먹다가 흘린 것도 주워 먹고 했단 말이에요. 어쨌든 지금까지 지내면서 아주 위험한 일을 피해가며 생존해 있어요. 개미가 주는 메시지가 저한테 컸어요.

세상은 넓고 사람들은 출발선도 다 다르잖아요. 삶 속에서 누구한테 보이지도 않고 너무 작고 왜소하고 하찮게 살아가는 나…… 내가 그렇게 살아왔고 그렇게 지내다보니까 그렇게 살아가는 사람들이 보이잖아요. 저 사람들이 저렇게 힘들게 지내다가 저 사람들의 끝은 어떨까. 그 끝이 늘 슬펐어요.

제가 이제 많이 행복해진 게, 개미를 계속 그리다보니까 애네들이 무질서한 중에도 질서가 생기고 어떤 형태를 만들어가잖아요. 저렇게 힘겹게 하루하루 살아가는 사람들도 그 삶이 모이면 반드시 어떤 의미라도 가지게 되겠구나, 어떤 삶의 끝을 생각하게 되고 의미를 갖게 되는 게 달라졌어요."

그녀가 발견한 개미는 작업에 대한 의지를 새롭게 했다. 이전엔 그리고 싶은 느낌대로 그려나갔다면, 지금은 호흡도 절제하고 자신을 통제하며 작업을 하게 되었다. 작업실에는 아크릴 물감으로 검게 칠한 대형 캔버스가 있었다. 그것은 기본 칠을 다섯 번 하면서 붓털 하나 묻지 않게 작업한 후 다시 말리고 칠하고 말리고 칠하는 과정을 여덟 번을 반복해 마쳐놓은 것이었다. 그렇게 공을 들이는 이유를 그녀는 이렇게 말했다.

"개미를 올리기 위해서죠. 미약한 존재를 보이게 하기 위해서 밑작업을 충실하게 하는 거예요."

그 위에 바느질이 올라가고 개미가 올라갈 것이었다. 그녀는 투명한 낚싯줄을 바늘에 꿰어 한 땀 한 땀 캔버스를 꿰매고, 그림의 나무틀을 톱으로 자르고 다시 이어붙이기도 한다. 낚싯줄로 작업하는 건 끈과 끈의 매듭을 연결함으로써 끊어진 자아를 연결하거나 관계를 재해석하기 위해서라고 했다.

"개미는 모든 사람이 가지고 있는 첫 시작, 태어남이에요. 사람이 태어나면서 한 점을 찍는 것처럼 살아가면서 수많은 점과 점들이 만나잖아요. 저도 태어나서 맨 먼저 본 사람이 할머니하고 아빠인데, 가족, 사회, 여러 관계가 이어지잖아요. 수많은 관계 속에서 많은 이야기들이 삶을 만들어간다고 생각해요."

　요즘 그녀는 직장에서 종일 일하고 작업실에서 밤새도록 작업한다. 추운 작업실에서 쪽잠을 자고 아침에 바로 출근한다. 외롭지 않냐고 물으니 '외로움은 필수'라며 웃었다. 12월에 전시회가 있어서 그 준비를 하고 있다.

　"모든 사람들 내면에는 끄집어내기 힘든 고민과 아픔이 있을 것 같아요. 제 작품을 감상하다가 자기 안에 응어리진 어떤 슬픔, 아픔, 고독함, 고통, 이런 것을 만나고 위로받았으면 좋겠어요. 내가 막 슬프고 아픈데 그걸 감추고 있을 때 누가 건드리며 위로 한마디를 해줄 때 툭 터지는 눈물이 있잖아요. 제 작품이 그랬으면 좋겠어요."

　"세상에 있는 그대로의 아름다움보다 더 큰 아름다움은 없다"고 그녀가 말했다. 예쁜 그림, 기분이 유쾌해지는 그림도 있지만, 자신이 추구해야 하는 것은 그렇지 않은 고독함이나 생각하게 하는 작업, 아픈 작업이라고 그녀는 생각한다. 마지막으로 그녀의 숨겨놓은 꿈에 대한 이야기를 들었다.

　"저는요, 전업 화가가 목표인데, 그 과정이 더 힘들게 남아 있을지 어떨지는 예측을 못하겠어요. 그림 그리는 일이 제가 간절히 원하는 일이고 꿈이고 하지만 이루고 싶은 목표는 나눔이에요. 세상이 똑같은 개미, 점인데 거기에서 누군가 더 많이 갖고 태어나잖아요. 조금 더 다른, 좀 다른 특혜를 받는 삶을 산다면 그건 그 사람의 것이 아니라고 생각해요. 나눠야 하는 게 너무도 당연한데 전반적으로 그렇지 않잖아요. 제 작품도 어둡고 아픈 이런 쪽으로 하는 이유도 좋은 것보다 힘들고 아픈 걸 좀 더 나누고 싶기 때문이에요. 제가 나중에 재능을 인정받아서 제 작품으로 여유로워지면 그것도 나누고 그 과정에서도 나누고 서로 느낄 수 있게 하고 싶어요. 제가 가지고 있는 재능이 감사해요. 온전하게 제가 원하는 대로 쓰였으면 좋겠어요."

캔버스에 한 마리, 한 마리 그려진 개미들, 한 땀, 한 땀 공들여 꿰맨 자국들, 나는 그것이 무엇인지 안다. 그것은 가난하고 보잘것없는 삶에 대한 뜨거운 격려이자 찬사이며, 그녀가 온몸으로 보내는 갈채다. 아프고 고통받는 이들이 이루는 장엄한 질서에 대한 믿음. 나는 그 갈채를 다시 그녀에게 보내고 싶다. 그녀가 선택한 삶과 꿈을 우리 모두를 위해 응원하고 싶다.

여성주의, 세상 밖으로
나가는 길

'찐한 위로'가 된 여성주의

○

내가 하람을 처음 만났을 때, 그녀는 대학생이었다. 여성주의자인 하람은 대학교에서 활발히 활동하고 있었다. 학내 청소 노동자의 투쟁에 연대하고 사회주의 계열 학생운동에 동참하기도 했다. 나는 새로운 것을 두려워하지 않고 열린 마음으로 적극적으로 함께하는 하람의 태도에 깊은 인상을 받았다. 그 후 하람은 졸업 후 섹슈얼리티 인권센터에서 상근 활동을 했으며 지금은 다른 단체에서 성매매 여성들을 만나 상담하는 일을 하고 있다. 하람은 대학생 때 만난 여성주의로, 오랜 우울에서 벗어나 질문하는 법, 새롭게 관계를 맺는 법을 배웠다고 했다.

"대학교에 와서 여성주의를 만났어요. 그전에 나는 우울했는데 여성주의가 저에게 '찐한 위로'가 됐어요. 학회에서 이끄는 선배가 여성주의를 설명해주고 총여학생회도 있고 여성학 수업도 재미있어서 자연스럽게 여성주의 활동을 하게 되었지요. 몸, 인간관계, 가족, 자신과 관련된 여러 가지를 새롭게 질문할 수 있고 새로운 시각을 주는 게 여성주의였어요. 질문할 수 있는 힘이 여성주의에는 있어요. '그래, 그래' 하고 사는 게 아니라, '그게 왜? 그게 뭐가? 어째서?' 계속 물어보게 만들더라고요. 내 삶에 대해서, 일어나는 현상에 대해서. 여성주의는 '나'로 시작하는 거예요. 그게 좋았어요.

또 학교에 청소노조가 생기면서 처음으로 고령 여성 노동자들을 만난 거예요. 전혀 몰랐던 세계를 그때 알게 되었죠. 그동안 제가 무관심해서 못 본 거였어요. 치워주는 사람이 당연히 있었을 텐데 몰랐어요. 조합원을 만나기 전까지 생각을 해본 적이 없었던 거죠. 내가 아예 못 봤다는 게 충격적이었고, 누군가 일하고 있고 그 덕분에 내가 살고 있는데 보이지 않는 것처럼 느꼈던 것, 그게 가장 크게 깨졌어요. 학생으로서 청소노조와 결합해서 같이 투쟁했죠. 나는 삶에서 중요한 느낌이 드는 것, 내 일이라 여길 때 움직여요. 여성, 성소수자, 임금노동. 이 이슈에 끌렸던 것도 내 삶에서 중요한 것이었기 때문이에요. 하지만 이게 내 얘기라는 걸 사람들이 믿어주지 않는다는 느낌을 받을 때도 있어요. 당사자성이 뭘까? 생각해요. 사회주의 학생운동을 할 때도 다들 노동 현장에 가야 한다는데 '내가 있는 곳은 노동 현장이 아닌가?' 하는 고민이 겹치더라고요. 다른 사람이 어떻게 보는지와 별개로 나는 내 삶과 연결된 것으로 활동을 선택했어요."

퇴근 후 지하철역 근처의 도넛 가게에서 만난 하람은 질문에 집중하며 성실히 이야기해준다. 접시에는 먹다 만 도넛 한 개가 놓여 있다. 그녀의 저녁식사다. 크게 틀어놓은 음악과 사람들의 소음 속에서 하람은 또렷하고 작은 소리로 말을 이었다. 처음 이야기를 시작했을 때, '우울했다'는 말마디가 마음에 남아 있었던 터라, 대학생이 되기 이전에는 어떻게 살았는지 물어보았다.

"난 고등학생 때 되게 우울했어요. 초중고 때 너무너무 우울한 애였어요. 전반적으로 자존감이 없었고 할 줄 아는 게 공부밖에 없었어요. 엄마, 아빠, 가족과도 친밀감이 제로였고 친구 관계에서도 나를 충만하게 하는 만족감이 없었어요. 어렸을 때부터 생각을 말할 기회도 없고 친구들과 이야기하면 헛헛하고, 있는 그대로 욕구를 표현하면 이상하거나 잘난 척하는 애 취급을 받으니 점점 숨겨야 하고 우울해지고. 특수목적 고등학교를 나왔거든요. 특목고는 입시 경쟁, 성적 경쟁이 치열해서 대학 가는 게 목표였어요. 중3 때는 고등학교 입시를 준비해야 해서 새벽 2~3시까지 공부하고 집에 왔어요. 고등학생 때는 야간자율학습을 하고 집에 가고. 그때 생각하면 돌아가고 싶지 않아요. 내가 대체 뭐하고 있는 걸까? 하고 싶어서 하는 건지, 하라고 해서 하는 건지, 뭘 하는지도 모르겠고. 그 상황을 견디려면 사람이 둔해져야 하잖아요. 전 계속 둔하게 있었어요. 나를 무디게 만들어야 했어요."

하람은 이른바 명문대에 들어갔다. 그다음은 통념대로 대기업에 취직하거나 출세를 해야 했을 터였다. 하지만 더는 그렇게 하지 않았다. 지독한 입시 생활이었다. 더는 경쟁하거나 미래를 위해 현재를 저당 잡히고 싶지 않았다. '찬란한 미래를 위해 싫어하면서도 읽고 외우는 것이 끔찍하고 의미 없다'는 것을 깨달았다. 그건 충분히 했다. 부모는 아쉽다. 경쟁에서 이긴 자식이 왜 탄탄대로를 더 달리지 않는지 이해가 되지 않는다. 하람은 말했다.

"저는 대기업에서 일을 못해요. 취업 준비하느라 온갖 시험을 보고, 토익, 토플을 봐야 하고, 살도 빼야 하고, 정장을 입고 머리하고 화장하고 그럴 자신이 없어요. 대기업에 간 친구는 갈 수 있기 때문에 갔다고 생각해요. 견딜 수 있기 때문에 간 것이고, 전 견딜 수 없어요. 나는 걔네가 대단하다고 생각해요. 시험은 생각만 해도 너무 끔찍하고. 논술 알바 했는데 학생처럼 하지 말고 화장하고 구두를 신고 나오라고 해서 몸서리쳐졌어요. 그 일을 하려면 그렇게 하라는 게 전 참을 수 없는 지점이어서, 거기 안 맞는 사람이어서 나온 거예요."

세상에 대한 무수한 질문들

○

여성주의를 만나서, 우울하게 속에 눌러 놓은 걸 다 끄집어낼 수 있어서, '복'이었다. 잠도 안 자고 활동했다. 청소 노동자들을 만났고 연대했다. 자본주의가 아닌 또 다른 세상을 상상하며 토론했다. 이때까지 받아들이기만 해야 했던 세상에 질문했다.

사람을 직접 만나는 것, 자신의 경험을 성찰할 수 있는 것, 좁은 세상의 틀을 깨뜨리고 또 다른 세상을 알게 되고 경험하게 되는 것, 그것이 일과 삶을 선택하는 기준이었다. 하람은 스스로 질문을 많이 한다. 대학을 졸업하고 활동을 선택한 건 일과 삶을 분리하고 싶지 않았기 때문이었다.

"졸업하고 나서 혼자 상근자로 일하는 단체에 있었는데 노동환경에 대한 생각을 많이 했어요. 한 달에 평균 60만 원에서 70만 원을 받았어요. 성 전반에 대한 상담을 하고 싶어서 그곳에서 일했죠. 활동하면서 좋았던 건 성폭력 피해를 입은 친구들과 성교육을 함께한 거였어요. 섹슈얼리티, 성과 관련된 무언가를 이야기하고 나누는 것이 재미있었어요. 기본 사업을 하고 프로젝트를 받아 진행했으니 항상 일이 있었죠. 많이 힘들었죠. '돈을 받지 않아도 무리해서 힘들게 할 수 있을까? 돈을 많이 받으면 좋을까? 아닌데. 즐겁게 일할 수 있는 게 뭐가 있을까? 돈을 받고 하는 일 중에 그게 가능할까?' 고민을 했어요."

노동환경과 그 공간의 가치관이 중요할 것 같았다. 그 일을 정리할 무렵 성매매 관련 단체의 공채 소식을 보았다. 학생 때 성매매는 항상 논쟁거리였다. 노동이냐 피해냐의 구도로 '난리법석으로 논쟁한' 기억이 있었다. 관련한 활동을 해보고 싶다고 생각한 터라 상담원 활동을 시작했다.

"언니들(성매매 여성) 지원하고 강좌도 열고 연구도 하고 간담회도 하고 사업을 많이 해요. 사건 처리하며 상담을 해보니 어쩜 하나하나 이렇게 다를 수 있는지, 10대 친구부터 30~40대, 70대 할머니도 있고. 드는 생각은 '나와 뭐가 그렇게 다르다고 이 사람들이 이런 일을 겪어야 하나? 성매매가 뭐라고 10년 전에 한 성매매 때문에 결혼 생활이 파탄 날까봐 걱정하고, 이 차이가 뭘까?' 하는 생각을 해요. 차별. 서로의 삶 자체가 너무 달라요. 왜 이렇게 다를까? 환경, 자원, 선택할 수 있는 게 너무 달라요. 우리는 다를 게 없는데, 사람들이 자신이 사는 모습이 전부가 아닌데 이 세계 밖을 정말 모르고 사는 것 같아요."

그녀는 의아하다. 여기서 살고 있는데 세계가 벽으로 막혀 있어서 서로의 존재를 모르는 것처럼 느껴진다고 했다. 차별받는 이들이 소수이며 특수한 경우라고들 하지만 그건 특수한 게 아니었다. 단지 자신의 옆에 있었는데 몰랐을 뿐인 '사실'이었다.

"들어보면 성매매를 하기까지 하나하나 다 그 선택을 할 수밖에 없는 이유가 있는데 그건 법적인 언어로 해석이 안 돼요. 절박하게 느껴지지 않는 이유라 해도 어쨌든 선택한 과정이 있는데…… 이 사람이 어떤 이유로 이렇게 선택을 해왔는지 상관없이 최대한 피해자처럼 말해야 법의 선처를 받기 때문에, 그이를 돕기 위해 전략적으로 내가 그렇게 만들기도 하는데 여러 생각이 오가죠. 피해를 입었는지가 중요한 게 아니라 다양한 경험을 드러내고 이해해야 하는데 그 작업은 잘 안 되는 것 같아요. 단순히 여성문제가 아니라 권력관계에서 오는 문제다, 여성차별뿐 아니라 사회 전반적인 구조의 문제를 드러낼 수 있어야 한다고 생각하죠."

활동을 하면서 얻는 것은 못 본 것들을 보게 되는 것이라고 했다. 보고 싶다. 숨어 있는 사실을 알고 싶다. 이 세계 밖에 다른 세계가 있다고 믿으며 차별이 숨기는 목소리가 드러내는 또 다른 세계를 만나고 싶다.

"세상은 정말 많잖아요. 나는 서로 교류하면서 바꾸어가는 활동을 하고 싶어요. 나에 대해서도 끊임없이 성찰하고 해석하고 싶어요. 이 사람이 얘기할 곳이 있다는 게 좋고 이 사람이 뭘 얘기하면 나는 들어줄 수 있다는 게 좋고. 사람을 만날 수 있어서 좋아요."

그녀는 질문을 던져도 되는 곳을 찾아 일터로, 삶의 장소로 삼았다. 누군가 자신을 보고 그랬다. '이렇게 활동을 하려면 분노가 많은 사람이겠다.' 아니었다.

"분노라기보다는 오히려 슬픈 거에 가까운 게 더 컸던 거예요. 막

슬픈 거야. 이런 일이 벌어지고 있다는 게…… 연민의 감정, 화보다는 슬픔에 가까운 동력. 제가 꿈이 없더라고요. 최근에 알았어요. 하고 싶은 게 분명히 있지 않고 살고 싶은 모습도 자주 바뀌어서 어떻게 살아야 할지 분명한 그림이 그려지는 게 없어요. 저는 앞으로도 선택하면서 살고 싶은데 어떤 작업이든 내가 하는 선택은 나에게서 나온 것이었으면 좋겠어요. 재능은 별로 없지만 건강한 힘으로 사람들을 만나고 찾고 표현하고 싶은 욕구가 항상 있어요. 포기하지 않았어요. 절 표현할 수 있는 방법을 찾고 싶어요, 내 마음을 전달하고 싶어요. 그리고 저는 그 위치가 좋더라고요. 경계에 설 수 있는 위치, 아예 중심에 서지 않았을 때 볼 수 있는 것들이 생기잖아요. 여성일 때, 성소수자일 때, 저임금 노동자일 때 볼 수 있는 게 있잖아요. 그게 복인 것 같아요. 나쁘다거나 불편하다는 생각해본 적 없어요.”

하람은 '경계에 설 수 있는 위치'를 선택했다. 그녀는 앞으로도 끊임없이 질문할 것이다. 나로부터 질문을 던지고 선택하는 자리, 그곳에서 시작해 그녀는 다른 사람들과 함께 세상 밖으로 나는 길을 만들고 있었다.

1부 여성, 섹슈얼리티

1 사전 피임제 광고에는 식품의약품안전청의 요청에 따라 '장기 사용 시 병·의원 진료를 받아야 한다'는 문구를 반드시 기재해야 하며 그렇지 않으면 광고 심의를 통과할 수 없다. 이 경구피임약 광고에 대해 '새롭게 느껴지고 재미있다. 이제 이런 광고가 필요하다'는 긍정적 의견과 '20대를 등장시키는 것이 옳지 않다. 가족이 다 보는 광고로서 적절하지 않다'는 부정적 의견이 있다.

2 식품의약품안전청 홈페이지, '의약품 재분류(안) 및 향후 계획 발표' 보도자료(2012. 6. 7).

3 "정부가 진정 여성들의 건강을 우려한다면 모든 여성들이 원치 않는 임신을 예방하고 스스로 임신과 출산에 대한 결정을 할 수 있도록 경구피임약과 사후 응급 피임약을 모두 일반의약품으로 허용하여 피임약에 대한 접근성을 높이되, 약제의 특성과 부작용, 개인별 특성에 따른 위험요소 등에 대한 철저한 복약 안내를 의무화하여 여성들이 충분한 정보를 가지고 안전하게 이용할 수 있도록 해야 한다. 나아가 지금까지의 관행대로 단순히 출산력 연구만을 목적으로 피임약 복용 실태를 조사할 것이 아니라 다양한 용도의 피임약 이용 현황을 조사, 연구하여 여성들이 안전하게 피임약을 이용할 수 있는 제반의 정책을 마련해야 할 것이다." 여성의 임신·출산 결정권을 위한 네트워크 기자회견 '피임약 재분류 결정은 여성의 결정권과 의료 접근권을 중심으로 고려되어야 한다'(2012. 6. 15).

4 이윤상, '피임정책에 사회문화적 논의가 중요한 까닭', 한국성폭력상담소 이사 토론 발제문 참조.

5 "미국국제개발처(USAID)의 재정 지원이 미국 소재 국제가족계획후원회 (FPIA)를 통해 한국여자의사회에 전달되었다. 국제가족계획후원회는 1975 년에 한국여자의사회를 사업 파트너로 삼아 한국에서 가족계획 사업을 하기 로 결정했다. 그 다음 해인 1976년 3월에 먹는 피임약(노리닐) 10만 싸이클을 무상 제공하여 여자의사회 회원들의 병원을 통해 배포하도록 했고, 2년 뒤인 1978년과 1979년에는 여성 불임수술 시술에 필요한 장비를 제공해 여자의사 회로 하여금 무료 시술을 하도록 했다. 이 기간 동안 여자의사회의 사업을 통 해 불임 수술을 받은 한국 여성의 수는 14,000명에 이르렀다."《현대 한국의 인간 재생산》(배은경, 시간여행, 2012), 149쪽.

6 《현대 한국의 인간 재생산》(배은경, 시간여행, 2012), 90~92쪽.

7 '남윤인순의 치유와 대안의 정치'(http://nisoon.tistory.com/250) 블로그, 보도자 료 '피임약 선택과 분류, 여성이 결정 주체여야'(2012. 7. 6)에서 인용.

8 연세대학교 보건대학원, 〈전국 인공임신중절 변동 실태조사〉(2011) 참조.

9 "피임약의 경우 중앙약심(중앙약사심의위원회)에서도 과학적으로는 사전 피임 약은 전문의약품으로, 긴급 피임약은 일반의약품으로 분류하는 것이 타당하 나, 그간의 사용 관행, 사회·문화적 여건 등을 고려하여 현 분류 체계를 유지 하되, 피임약 사용실태 및 부작용에 대한 모니터링 결과를 토대로 재검토할 것을 요청했다. 정부는 피임약 재분류 의견수렴 결과와 중앙약심 건의사항을 반영하여, 향후 3년간 집중적으로 모니터링하면서 올바른 약 사용 등 여성 건 강보호를 위한 특별 보완 대책을 추진키로 했다." 식품의약품안전청 홈페이 지, '의약품 재분류 최종 확정' 보도자료(2012. 8. 30).

10 고(故) 고정희 시인의 〈여자가 된다는 것은 사자와 사는 일인가〉.

11   한국여성민우회 성폭력상담소, 〈데이트, 짜릿함과 난감함 사이〉(2012). 일
     부 응답은 복수 응답이다.

12   "우리 법률상 낙태와 인공 임신중절의 의미는 동일하지 않다. 낙태는 인위
     적인 범죄이지만 모자보건법(제2조 6호)상 인공 임신중절 수술은 태아가 모
     체 외에서 생명을 유지할 수 없는 시기에 시행하는 수술을 말한다. 이 글에
     서 낙태는 인공 임신중절과 동일한 개념으로 사용할 것이며, 앞으로는 '임
     신종결(termination of pregnancy)같이 임산부 행위 주체를 드러낼 수 있는 용어
     를 더 널리 사용해야 할 것이다."《재생산권》(양현아, 사람생각, 2005), 203~204
     쪽.

13   "이번 토론회에서 임신중절 시술 실태를 보고한 김해중 고려대학교 산부인
     과 교수는 2005년 한 해 시행된 낙태 건수가 '34만 2,233건으로 추정'된다고
     밝혔다. '기혼 19만 8,515건, 미혼 14만 3,918건으로 추정'됐다. 전체 인공 임
     신중절률로 본다면 '서구 선진국에 비해서 높은 편'이다." 윤정은, "한국에
     서도 '여성의 낙태권' 인정될까?", 여성주의 저널 〈일다〉(2007. 12. 4).

14   연세대학교 보건대학원, 〈2010 전국 인공 임신중절 변동 실태조사 및 정책
     개발 연구〉, 보건복지부(2011).

15   한국여성민우회 홈페이지, '인권위 낙태 진정 결과'(2010. 11. 24).

16   《재생산권》(양현아, 사람생각, 2005), 231쪽.

17   《있잖아… 나, 낙태했어》(한국여성민우회, 다른, 2013), 176쪽.

18   한국여성민우회 성명서, "'낙태' 처벌을 즉각 중단할 것을 촉구합니다"
     (2012. 11. 15).

19 한국여성민우회, '낙태'한 여성에게 벌금형 200만 원을 선고한 의정부지방
법원 판결에 대한 논평 "책임도, 비난도, 처벌도 여성만의 몫인가"(2013. 8.
12).

20 《재생산권》(양현아, 사람생각. 2005), 103쪽.

21 《재생산권》(양현아, 사람생각. 2005), 183~188쪽.

22 "12주 내 임신중절 허용하자", 박희정, 여성주의 저널 〈일다〉(2010. 7. 9).

23 "'낙태죄 폐지' 여성의 생명권 보장하라", 박희정, 여성주의 저널 〈일다〉
(2010. 4. 7).

24 "성폭력처벌특례법이 제정(2010)되어 기존의 아동성폭력 범죄자의 신상을
공개하던 것에 더하여서 일반 성폭력 범죄자까지 신상 정보를 등록하여 온
라인 신상 공개를 하게 되고, 19세 미만의 자녀가 있는 지역 주민에게는 신
상 정보를 우편으로 고지하게 되었다." 권인숙·이화연, 〈성폭력 두려움과
사회통제: 언론의 아동 성폭력 사건 대응을 중심으로〉, 《아시아여성연구》
제50권 2호, 99쪽.

25 "김길태 사건은 초기에 기사가 많지 않았지만 '이 사건에 전력투구하라'는
대통령의 특별지시(2010년 3월 8일) 이후 언론의 기사 수가 급증했다." 권인
숙·이화연, 〈성폭력 두려움과 사회통제: 언론의 아동 성폭력 사건 대응을
중심으로〉, 《아시아여성연구》제50권 2호, 93쪽.

26 "화학적 거세 제도나 전자 발찌가 적용될 수 있는 비율은 전체 성폭력 사건
중 1% 미만이다. 2009년 및 2010년의 전자 발찌 예산은 45억 원 이상이며
화학적 거세의 경우 첫 해의 필요예산은 약 9억 원으로 추산된다고 한다. 그

런데 여성가족부 예산 중 성폭력 피해자 보호 시설 관련 예산은 6억 1,700만 원이었으며 성폭력 피해자에 대한 치료 지원 예산은 5억 500만 원에 불과했다(2007년 기준), (이경환, 2010, 54). 실제로 한국성폭력상담소의 친족 성폭력 피해자 쉼터인 열림터의 경우 대부분 중·고등학생인 피해자에게 정부에서 지급하는 비용이 한 달 13만 1,500원, 일 년으로 치면 157만 8,000원 정도인데 반해서 화학적 거세를 위한 비용은 1인당 적게 잡아도 1년에 6~700만 원 수준이라고 한다." 권인숙·이화연, 〈성폭력 두려움과 사회통제: 언론의 아동 성폭력 사건 대응을 중심으로〉,《아시아여성연구》제50권 2호, 100쪽.

27 "조두순 사건으로 여론이 들끓던 작년 가을 같은 시기 한국성폭력상담소가 친족성폭력 피해자를 위해 쉼터로 분양받으려 한 무료 임대아파트가 그 사실을 안 주민들의 민원 때문에 취소된 적이 있다. 나영이 사건을 실화로 다룬 소설에서도 성폭력 피해 아동의 초등학교 입학을 교장들이 허가를 하지 않고 간신히 입학한 한 학교에서도 같은 반 학부모들이 함께 수업을 받는 것을 공개적으로 반대하는 장면이 나온다." 권인숙·이화연, 〈성폭력 두려움과 사회통제: 언론의 아동 성폭력 사건 대응을 중심으로〉,《아시아여성연구》제50권 2호, 98~99쪽.

28 "여성들은 반복되는 폭력 상황에 직면해 시공간의 자유를 상당 부분 박탈당하고 있으며, 남성과는 또 다른 차원에서 위험 사회의 현실에 직면하고 있다. 그러나 바로 그렇기 때문에 여성에 대한 젠더·성폭력은 더 넓은 맥락에서 포괄적으로 접근해야 한다. 선동적인 치안 정책으로서가 아니라 정치, 경제, 사회, 문화 전반에서 여전히 사라지지 않고 있는 여성 혐오의 관점에서 진지하게 논의되어야 한다. 그리고 이것은 폭력이 없는 상태로서의 안보를 국가 안보가 아닌 인간 안보, 여성 안보의 문제로 보는 관점을 전제로 한다. 인간의 생존과 복지를 중심에 두는 인간 안보 개념은 여성이나 어린이를 비롯한 사회적 약자의 경제적 안정과 식량, 건강, 환경, 그리고 공동체의 안녕을 포함한다." 김영옥, 〈폭력의 은유, 폭력의 매개로서 여성의 몸〉, 한국여성

연구학회협의회 2013 연합 심포지엄 '여성에 대한 폭력문화 비판과 대안' (2013. 9. 27).

2부 여성, 가족

1 "통계청 인구조사 자료를 보면, 2000년 11만 7,000여 명이었던 미혼모는 2010년 16만 6,000여 명으로 5만 명 가까이 늘었다. 한국여성정책연구원이 2009년 전국 48개 기관 430명의 미혼모를 대상으로 벌인 실태조사 결과를 보면, 미혼모 10명 중 9명(89%)은 '우리 사회의 미혼모에 대한 편견과 차별이 심각하다'고 답했다. 아이를 입양한 가정은 조건 없이 월 13만 원의 양육비를 지원받지만 미혼모 가정은 월 7만 원에 불과하다." "'왜 미혼모 됐나' 질문이 싫어요", 한겨레(2013. 4. 11).

2 2012년 5월 4일 오후 2시에 있었던 한국미혼모가족협회의 리빙 라이브러리 행사.

3 입양인 제인 정 트렌카의 자전적 소설 제목.

4 이 글은 필자의 글쓰기 수업에서 발표된 글의 일부로, 제2회 싱글맘의 날 국제컨퍼런스(2012. 5. 11) 인간도서관 자료집에도 실려 있다.

5 "입양특례법 전면 개정안은 2011년 8월 4일 국회 본의회를 통과해 2012년 8월 5일부터 시행되었다. 입양은 기존의 신고제에서 법원의 허가제로 바뀌었다. 또한 입양특례법 개정안에 따라 아동이 출생하고 1주일이 지난 후부터 입양 동의가 가능한 '입양숙려 기간'이 생겼다. 해외 입양인 새넌 하이트는 제3회 싱글맘의 날 국제 컨퍼런스에서 이렇게 발언했다. '입양특례법 때문에 아기들이 버려지고 있다는 주장은 오도된 것이다. 버려지는 아기들은 입양법이

아니라 미혼모에 대한 사회적 차별 때문에 버려지고 있다. 한국 노동시장에서 미혼모들은 미혼모에 대한 차별로 인한 고용 기회와 복지 혜택의 부족으로 근본적으로 아기를 버리는 선택을 할 수밖에 없게 된다. …… 한국은 인권 침해 기록을 바로잡고 다시는 일어나지 않도록 보장할 것인가? 입양되었던 우리들의 목소리를 들어야만 하지 않을까? 입양특례법은 우리가 개인적으로 겪고 대가를 치러야 했던 과거 비윤리적인 입양 관행을 바로잡는다. 우리 입양인들은 새로운 입양인 세대들이 우리가 겪었던 것을 겪지 않게 하기 위해 입양특례법을 위해 싸웠다.'" 제3회 싱글맘의 날 국제 컨퍼런스(2013.5.10) 자료집.

6 "2012년 복지부의 입양 통계는 입양 아동 10명 중 9명이 '미혼모' 가정 출신임을 밝혔다. 한국은 세계 4위의 해외 입양국이다. 공식적으로 2010년까지 16만 4,894명의 아동이 한국에서 입양되었다. 국내 입양과 해외 입양에서 미혼모가 낳은 아이들이 80%를 웃돌며 2002년과 2004년에 해외 입양아의 100%가 미혼모가 낳은 아이들이었다. OECD 국가에서 미혼모 가정 자녀의 평균은 36.3%지만, 2009년 기준 국내에서 전체 출생아 중 미혼모 가정 자녀의 비중은 OECD 국가 중 최하위인 1.5%였다." 제3회 싱글맘의 날 국제 컨퍼런스 자료집.

7 2012 한국여성민우회 부설 성폭력상담소 성폭력전문상담원 교육 중 '아내 폭력 피해 여성의 실태와 인권 지원 체계' 강의.

8 개정된 가정폭력방지법이 2014년 1월 31일부터 시행됨에 따라 앞으로 가정 폭력 신고가 들어올 땐 경찰이 예외 없이 출동하게 된다. 또 가정 폭력 가해자 등이 이를 방해하면 500만 원 이하의 과태료가 부과된다.

9 "성인의 절반 정도만이 가정 폭력 발생 시 신고", 연합뉴스(2014.2.6).

10 정부는 2013년 6월 28일 제9차 국가정책조정회의에서 8개 관계 부처 합동으로 '가정 폭력 방지 종합대책'을 발표했다. 가정 폭력 방지 종합대책은 예방 체계 내실화, 초기 대응 및 처벌 강화, 피해자 및 가족 보호로 이루어져 있다. 이에 대해 한국여성의전화는 실효성 있는 대책을 위해 가정 폭력 예방교육을 확대하고 경찰, 검찰, 법원에도 교육을 실시하며 가해자 교정 내실화를 위한 감호위탁보호처분제 실효성 제고, 교정치료 프로그램 강화를 제안했다. 긴급 대응과 피해자 안전 확보를 위한 제도 개선, 가해자 엄정 처벌과 피해자 보호·지원 체계 내실화도 강조했다.

11 여성가족부의 '2013년 가정 폭력 실태조사' 결과에서 가정 폭력이 시작된 시기는 62.1%가 결혼 후 5년 미만으로 결혼한 지 얼마 되지 않아 배우자 폭력이 시작되는 비율이 높은 것으로 나타났다.

12 Weiss, E., *Family and Friend's Guide to Domestic Violence*, 35쪽.

13 《가정 폭력 프로그램》(이원숙·박미선, 학지사), 107쪽.

14 "김상희 의원, 19대 첫 발의한 양육비 선지급법안 통과 눈앞", 부천 자치신문(2014. 3. 8).

15 한국한부모여성네트워크, '2012 총선·대선 대비 한부모여성가족 정책토론회'(2011. 9. 26).

16 "이혼 후 양육비, 정부가 대신 받아준다", 여성신문(2014. 3. 2).

17 "여성가족부는 11일 한부모 가족을 위한 양육비 이행관리기관 설립 등의 내용을 담은 '2014년도 업무추진계획'을 박근혜 대통령에게 보고했다. 내년에 설립되는 양육비 이행관리기관은 양육비를 받지 못하는 한부모 가정의

양육부모가 지원 신청을 하면 법률상담과 함께 양육비를 주지 않는 전 배우자에게 관련 사실을 통보하는 한편 신청인에게 양육비 긴급지원 등을 하는 '원스톱 서비스 기관'으로, 박근혜 대통령 공약사항이기도 하다. 이혼 뒤 전 배우자가 주지 않는 자녀 양육비를 대신 받아주는 공공기관이 설립된다. 딱한 처지의 한부모 가정에 국가가 직접 도움의 손길을 내민다는 좋은 취지에도 불구하고, 국가가 사실상의 채권추심업을 할 수 있느냐는 논란을 낳고 있다." "배우자가 안 주는 양육비, 국가가 받아준다고?", 한겨레(2014. 2. 12).

18　권명애, 〈한부모 당사자가 요구하는 정책들〉, 한국한부모여성네트워크 주관 '2012 총선·대선 대비 한부모여성가족 정책토론회'(2011. 9. 26).

19　"22일 인천시에 따르면 여성가족부는 매주 수요일을 '가족 사랑의 날'로 정하고 있다. 시 역시 이날 직원들의 정시 퇴근을 유도하며 오후 6시에 맞춰서 가족송을 틀고 있다. 인천시가 여성가족부의 가족송 가사를 양성평등적인 내용으로 개사할 필요성이 있다고 지적했다. 가사에 담긴 내용 중 일부가 맞벌이 부부 및 사회활동을 통한 자아실현을 이룩하는 여성의 모습과 대치된다는 게 시의 주장이다." "여성부 '가족송' 양성평등과 인천시, 가사 일부 내용 변경 주장", 기호일보(2013. 8. 23).

20　"'중앙장애아동지원센터가 전국 18살 미만의 장애아동을 둔 부모 1,400명을 대상으로 벌인 실태조사를 보면, 응답자의 81.5%가 '경제적 부담을 느끼고 있다'고 대답했다. 장애아동 양육이나 특수교육은 단기간에 끝나는 것이 아니고 아이가 성장하더라도 지속적으로 이뤄져야 하기 때문인 것으로 풀이된다. 또 장애아동 양육을 위해 응답자의 49.0%가 '직장을 그만둔 적이 있다'고 밝혔다. 특히 장애아동을 키우는 부모들은 상시적인 차별에 노출돼 있는 것으로 나타났다. 69.1%가 자녀 양육 과정에서 '장애로 인한 차별을 경험한 적이 있다'고 답했다. 이들은 국가나 지방정부의 지원이 우선적으로 필요하다고 지적했다. '장애아동의 보육에 가장 필요한 것이 무엇이냐'는 질문

에 응답자의 23.9%가 '장애 영유아 보육비 및 교육비 추가지원'을, 20.2%가 '장애 영아 보육·교육기관 확충'을 꼽았다. 김경미 숭실대 교수(사회복지학)는 '장애아동을 키울 때는 비장애아동을 키울 때보다 1.5배 이상의 추가비용이 발생한다. 장애아동에 대한 양육·교육비 지원을 확대하지 않고, 장애아와 부모에 대한 사회적 인식이 바뀌지 않는다면 장애아동 유기는 더욱 늘어날 수밖에 없다'고 말했다." "장애아 양육·치료 온전히 떠안은 부모… 포기 내몰려", 한겨레(2013. 12. 3).

21 "전체 어린이집 수 중 가장 많이 증가한 것은 가정 어린이집이며, 2003년 전체 영유아의 23.7%만이 어린이집을 이용하던 것이 2013년에는 49.2%로 영유아 2명 중 1명은 어린이집을 이용하고 있으며 이를 연령별 분포로 보면 0~2세 영아 이용률에서 변화가 있다. 0~2세 영아 이용률은 2003년 14.9%에 불과하던 것이 0~2세아 전면 무상보육이 시행되던 2012년에는 63%로 급격히 증가해 3명 중 2명이 어린이집을 이용했다." 고양파주여성민우회, 〈2013 보육정책 토론회, 보육, 제도와 현실 사이〉.

22 고양파주여성민우회, 〈2013 보육정책 토론회, 보육, 제도와 현실 사이〉, 77쪽.

23 "서울 국공립 어린이집 올해 97곳 문 연다", 한겨레(2014. 1. 23).

24 "작년 1명당 출산 1.19명… 다시 '초저출산국'으로", 한겨레(2014. 2. 28).

25 《여성 날개를 달다》(한국미래발전연구원, 2012), 161쪽.

26 《여성 날개를 달다》(한국미래발전연구원, 2012), 152쪽.

27 "혼자 집에서 아이를 돌보는 여성은 일시적으로 아이를 맡길 곳이 있는지

묻는 질문에 응답자 3명 중 2명은 '전혀 없거나 거의 없다'고 답했다. '아이 돌보미 서비스나 일시 보육기관 등 공적 서비스'를 이용하는 경우는 1.7%에 불과했다. 양육을 담당하는 여성들에게 자신만의 시간을 갖고 있느냐는 질문에 3명 중 2명인 68.4%가 거의 갖지 못하거나 전혀 갖지 못한다고 답했다. 취학 전 자녀를 양육하는 부모들이 보육정책과 관련해 가장 시급히 개선되어야 한다고 느끼는 것은 '국공립 보육시설 등 믿고 맡길 수 있는 시설 확충'(29.3%)이었고 '보육시설에 대한 관리감독 강화'(13.0%), '일 가정 양립을 위한 사회적 지원 확대'(13.0%) 순으로 일 가정의 양립을 위한 사회적 인프라를 조성하는 것을 중요하게 생각했다." 고양파주여성민우회, 〈2013 보육정책 토론회, 보육, 제도와 현실 사이〉, 44~51쪽.

보건복지부는 전국의 어린이집과 육아종합지원센터 기관에서 2014년 7월 8일부터 시간제 보육반 시범사업을 차례로 시행하기로 했다.

28 "장애인단체를 중심으로 2007년 4월 기금 조성, 지원센터 설립, 정착금 지원 등의 내용을 담은 '발달장애인 지원 및 권리보장에 관한 법률'(발달장애인법) 제정을 추진했지만, 지지부진한 상태다. 2012년 5월 19대 국회에서는 국회의원 13명이 법안을 발의했지만 다른 중증장애인과 형평성에 맞지 않는다는 이유로 논의조차 제대로 못했다. 박근혜 대통령도 대선 당시 발달장애법을 단계적으로 제정하겠다고 공약한 바 있다. 우리나라 발달장애인은 2012년 현재 19만여 명에 이르고, 가족까지 포함하면 70만여 명이 발달장애로 고통을 받고 있다." "'엄마·아빠 못 알아봐 마음 아파' 유서 남기고 3명 숨진 채 발견", 한겨레(2013. 3. 13).

3부 여성, 노동

1 "한국고용정보원(2009)에 따르면 한국의 30~60만 명 가사 노동자 중 99.8%가 평균연령 53.3세 여성으로 가사 노동자의 대부분이 중장년층 여성인 것으

로 나타났다. 현재 한국은 가사 노동자에 대한 노동법상 보호가 없으며 노동 시간제한·최저임금제도 적용도 받지 못하는 매우 드문 사례에 속하는데 그 원인은 1954년 제정된 근로기준법이 아직 유지되고 있기 때문으로 여겨진다. '가사사용인' 분류로 법 적용에서 제외돼 결과적으로 가사 노동자를 보호하기 위한 제도가 없는 것이다. 현재 전 세계적으로 노동자를 위한 법 개정이 지속적으로 변화되는 가운데 한국도 가사 근로자의 고용안정·복지증진 도모를 위한 '가사 근로자 보호 등에 관련한 법률안'을 발의했으나 후속 조치 부재 등으로 효력이 발휘되지 않고 있다." 한국여성정책연구원, '중장년층 여성이 대부분인 가사 노동자 권리보호 위한 정책 시급', 국내정책동향(2013. 7. 19).

2 "한국여성단체연합·한국여성노동자회·전국가정관리사협회는 목동 SBS 사옥 정문 앞에서 9월 23일부터 방영예정인 SBS 드라마 〈수상한 가정부〉의 제목 변경을 요구하는 공동 기자회견을 가졌다. 한국여성단체연합 관계자는 '가정부라는 이름을 가사 노동자들이 거부하고 있는데도 SBS는 이 명칭을 고수하고 있다'며 '사회에 큰 영향력을 미치는 방송사에서 구시대적 언어의 사용을 고집하는 것은 시대의 변화와 흐름에 대한 거부인 동시에 30만 가사 노동자에 대한 모욕이고 무시'라고 강조했다." 한국인권신문(2013. 9. 6).

3 현재 산모 도우미 서비스를 이용하려면 가구소득이 전국 가구 월평균 소득의 50% 이하여야 하며 건강보험료 납부금액으로 대상자를 판정한다.

4 "국제노동기구(ILO)가 9일 2011년 가사노동협약이 체결된 이후 이에 관한 첫 보고서를 발표했다. '전 세계 가사 노동자들'이라는 제목으로 나온 이 보고서는 가사 노동자에 관한 지구적, 지역적 통계와 함께 법의 보호 정도를 조사한 것이다. 한국은 선진국으로 분류됐지만 가사 노동자에 대한 노동법상 보호가 없고, 노동시간 제한과 최저임금제도의 적용도 받지 않는 드문 사례로 언급됐다." "한국 가사 노동자, 노동시간 제한·최저임금서 배제", 경향신문 (2013. 1. 9).

5 “민주통합당 김상희 의원은 가사도우미 등 관리·보육 등을 대행해주는 '가 사 근로자'에 대해 고용보험 및 산업재해보상보험 적용대상으로 인정, 보험 에 가입할 수 있도록 하는 내용의 '고용보험 및 산업재해보상보험의 보험료 징수 등에 관한 법률'을 비롯해 '근로기준법' 및 '고용보험법', '산업재해보 상보험법' 등 관련 4개 개정 법률안을 대표 발의했다고 3일 밝혔다.”“김상희, '가사도우미 고용보험 적용 개정안 발의'”, 경기신문(2013.2.4).

6 “감정 노동자 97%, '기분 무관, 늘 웃는 표정'-노동환경건강연구소 2,025명 설문 '미소 스트레스' 호소”, 경향신문(2013.10.1).

7 “감정 노동자 보호 대책 마련 시급하다”, 한겨레(2013.12.6).

8 “2012 여성취업자 1000만 명 중 '서비스 종사자'는 약 165만 명(16.27%)이고 '판매 종사자'는 약 149만 명(14.64%)으로 약 315만 명(30.91%)이 서비스, 판매 분야에 종사했다. 서비스 종사자의 약 66%, 판매 종사자의 약 50%가 여성이 다.” 최낙영(국가인권위원회 차별조사과 여성인권팀), “여성 감정 노동자와 인권”, '여자, 노동을 말하다-감정 노동자' 토론회(2013.5.14).

9 “고용불안에 떨며 눈칫밥… 비굴을 강요하는 사회”, 한겨레(2013.11.28).

10 “유럽의 경우에는 직무 스트레스를 제조업과 서비스업에 광범위하게 적용 해 산업재해의 범위를 사고 중심에서 질병 중심으로 확대하고 있고, 유럽연 합에서는 2000년부터 직장에서 받는 직무 스트레스를 차별행위라고 간주하 여 이를 법으로 처벌할 수 있도록 되었다고 한다. 일본의 경우는 노동안전위 생법에 따라 사업자는 사업장에서 '노동자 마음 건강 유지를 위한 지침서'를 정하도록 하고 있으며, 이 기준에 따라 발병의 원인이 된 작업을 했다고 인 정되면 산재로 인정된다.”“감정 노동자 보호 대책 마련 시급하다”, 한겨레 (2013.12.17).

11 "USDAW는 소매업, 유통서비스 업종에서 폭력의 문제를 주목하며 상점이
   나 서비스직에 종사하는 노동자들을 함부로 대해도 된다는 인식을 개선하
   려고 '두려움 없는 현장' 운동을 벌인다. 서비스 노동자들을 존중하는 분위
   기를 만들어 노동자의 안전과 권리를 지키려는 것이다." 윤정은, "항상 웃어
   야 하는 게 제일 힘들어", 여성주의 저널 〈일다〉(2007. 12. 31).

12 이 인터뷰는 2010년 2월에 이루어졌다.

13 미국계 화장품 회사 엘카코리아는 에스티 로더, 바비브라운, 아베다 같은
   유명 브랜드 화장품을 판매한다. 2009년 화장품 총매출액은 4,200억 원으로
   국내 최고였다.

14 감정수당은 2005년 최초로 로레알화장품노동조합이 회사에 요구해 처음에
   는 서비스 수당이라는 이름으로 3만 원을 받았으며 이후 이름이 감정수당으
   로 바뀌었다. 로레알노동조합은 2010년 감정수당을 7만 원으로 인상했다.
   화장품노동조합은 2005년에 1개에서 2010년 현재 6개로 늘어났으며 전체
   2,500여 명의 조합원이 있다. 현재 로레알화장품노동조합은 감정노동수당 9
   만 원, 감정노동휴가 1일, 치유 프로그램을 1년 3회로 노사 협상을 통해 체결
   을 했으며, 2013년 현재 엘카, 시세이도, 엘브이엠에이츠, 클라란스, 부루벨
   면세점, 엘코 면세점, 부산신세계 면세점, 교보핫트랙스, 부산노보텔 호텔,
   전북은행도 감정노동수당을 3~10만 원으로 책정하거나 감정노동휴가를 두
   는 등의 내용을 노사 협상에서 체결했다.

15 "여성 감정 노동자로부터 허리 깊이 숙인 인사를 받았을 때 소비자들의
   57.5%는 지나친 인사는 불편하다고 응답했다." 국가인권위원회, 〈여성감정
   노동자 인권개선사업 브리핑〉(2011. 11. 29).

16 "서울시는 2009년 서울형 어린이집을 도입하면서 학부모들이 인터넷으로

어린이집의 보육 상황을 실시간 볼 수 있는 IPTV와 CCTV 설치를 추진한 바 있다. 하지만 국가인권위원회에서 '보육교사들의 인권을 침해할 우려가 있다'며 추진 중단을 권고함에 따라 무산됐다. 복지부는 인권 침해 논란이 일자 2011년 보육교사와 원장, 학부모 3자가 동의했을 때만 설치하도록 지침을 정했다. 서울시에 따르면 2013년 4월 말 현재 서울 시내 6,538개 어린이집 가운데 1,199개 어린이집에 총 5,980대의 CCTV와 IPTV가 설치돼 있다." "보육교사 자질부터… CCTV에 맡겨 될 일 아니다", 세계일보(2013. 5. 2).

17 "복지부에 따르면 어린이집 보육교사 1명이 돌보는 법정 아동 수는 0세(12 개월 미만)는 3명, 1세는 5명, 2세 7세, 3세 15명, 4세는 20명까지 늘어난다. 0 세반을 제외하고는 담당 아동이 2명씩 더 늘어날 수 있다. 법정 아동 수보다 더 심각한 것은 근무시간과 보육 외에 각종 가욋일이다. 육아정책연구소가 지난해 어린이집 보육교사들의 근무시간을 조사한 결과 하루 평균 9.9시간 이었다. 월평균 급여는 144만 3000원, 가정 어린이집은 120만 원도 채 안 된 다." "보육교사 자질부터… CCTV에 맡겨 될 일 아니다", 세계일보(2013. 5. 2).

18 "다산콜 상담사 성희롱 땐 바로 고소, 고발", 한겨레(2014. 2. 10).

19 "근로기준법 개정안의 주요 내용은 근로기준법 제2조(정의) 1항 3호 '근로' 의 정의 내용에 감정 노동을 정신 노동에 포함하여 정의함으로써 감정 노동 의 존재 가치를 공식화하고 감정 노동으로 인한 정신과적 증상이나 질병에 대하여 산업재해로 인정하기 위한 기초적인 근로기준을 정한다는 것이다. 산업안전보건법 개정안의 주요 내용은 법률 제2조(정의) 1호 '산업재해'에 감정 노동으로 인한 정신과적 증상이나 질병을 재해로 인정하기 위한 기초 적인 개념과 내용을 명시하는 것이다. 우리나라 서비스업종(감정 노동 종사 근 로자)에 대한 산재 현황은 별도 관리되고 있지 않으며 '금융 및 보험업'과 '기

타 사업'에 대한 산재 신청은 매년 50여 건에 못 미치게 신청되고 이중 10건 안팎이 승인되는 실정이다." 최낙영, "여성 감정 노동자와 인권", '여자, 노동을 말하다-감정 노동자' 토론회(2013. 5. 14).

20 "대도시 시민들은 서비스업 직원들의 감정 노동에 대하여 50.4%가 모른다고 한 반면, 47.2%는 알고 있다고 응답했다. 또한 감정 노동 해소 방안을 법률에 넣자는 의견에 68.0%가 찬성했고 반대는 16%에 지나지 않았다." 서비스연맹, '2012년 한길리서치 여론조사'.

21 《감정 노동》(러셀 혹실드, 이매진, 2009).

22 《작은 꽃, 아픔으로 피다》(전국학생행진 페미니즘 사업 기획단), 77쪽.

23 "현대차 사내하청 여성 노동자 성희롱 피해 산업재해 승인을 환영한다!", 한국여성민우회 성명서(2011.12.1).

24 《작은 꽃, 아픔으로 피다》(전국학생행진 페미니즘 사업 기획단), '승리를 향한 거리투쟁' 중에서.

25 현대차 사내하청 성희롱 사건 손해배상 판결에 대한 규탄 성명서 참조 (2012.8.21), 현대자동차 아산공장 사내하청 성희롱 부당해고 피해 노동자 지원대책위원회.

26 "남성은 일하고 여성은 애쓴다?", 한겨레21(2009.10.16).

27 "식당아줌마의 싸움 5년… 대법 '허리병은 산재다'", 한겨레(2011.8.19).

28 "2013년 기준 전체 임금근로자 중 최저임금 미달자로 추정되는 비율은

11.8%로, 10명의 임금근로자 중 1명은 최저임금을 보장받지 못하고 있다. 전체 임금근로자 중 최저임금에 미달하는 여성 근로자는 7.5%이고, 남성 근로자는 4.3%이다. 비정규직 여성 근로자 중 최저임금 미달자 비율은 28.5%로, 비정규직 여성 근로자 3.5명 중 1명은 최저임금을 보장받지 못하고 있다. 이와 같이 최저임금에 미달하는 근로자가 많은 이유는 법 준수 여부가 순전히 사용자에게 달려 있을 뿐 노동 현장 곳곳으로 행정력이 제대로 미치지 못하고 있기 때문이다." 신경아, 국가인권위원회 '비정규직 여성 근로자 임금 실태조사 결과 발표 및 정책 제언 토론회' 자료집(2014. 3. 12) 11쪽.

29 매일노동뉴스가 홍익대 2009년 예결산 내역을 분석한 결과에 따르면, 학교 측은 시설 용역비를 예산보다 7억 원가량 적게 지출했고 교직원 보수도 12억 9,000여 만 원 적게 지출했다. 이 돈은 모두 재단 금고로 들어갔다.